Competing
on the Edge
Strategy as
Structured Chaos

—

边缘竞争

混沌时代的竞争法则

—

[美]

肖纳·L. 布朗
(Shona L. Brown)

凯瑟琳·M. 艾森哈特
(Kathleen M. Eisenhardt)

著

—

刘玉青
覃 宇

译

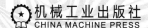

机械工业出版社
CHINA MACHINE PRESS

图书在版编目（CIP）数据

边缘竞争：混沌时代的竞争法则 /（美）肖纳·L. 布朗（Shona L. Brown），（美）凯瑟琳·M. 艾森哈特（Kathleen M. Eisenhardt）著；刘玉青，覃宇译 . —北京：机械工业出版社，2023.6

书名原文：Competing on the Edge: Strategy as Structured Chaos

ISBN 978-7-111-73263-1

I. ①边… II. ①肖… ②凯… ③刘… ④覃… III. ①企业管理—战略管理 IV. ① F272.1

中国国家版本馆 CIP 数据核字（2023）第 097435 号

机械工业出版社（北京市百万庄大街 22 号　邮政编码 100037）
策划编辑：章集香　　　　　　责任编辑：章集香
责任校对：张昕妍　李　婷　　责任印制：张　博
保定市中画美凯印刷有限公司印刷
2023 年 10 月第 1 版第 1 次印刷
170mm × 230mm · 18 印张 · 1 插页 · 263 千字
标准书号：ISBN 978-7-111-73263-1
定价：79.00 元

电话服务　　　　　　　　　　网络服务
客服电话：010-88361066　　机 工 官 网：www.cmpbook.com
　　　　　010-88379833　　机 工 官 博：weibo.com/cmp1952
　　　　　010-68326294　　金 书 网：www.golden-book.com
封底无防伪标均为盗版　　　机工教育服务网：www.cmpedu.com

谨以本书献给我们的父母：

玛丽莲（Marilyn）和理查德·布朗（Richard Brown）、

玛丽（Marie）和威廉·肯尼迪（William Kennedy），

致以我们最深沉的爱和最衷心的感谢。

译者序 THE TRANSLATOR'S WORDS

接到这本书的翻译工作后，我与同事刘玉青既有动力又有压力。

这本书的英文书名 *Competing on the Edge: Strategy as Structured Chaos* 非常贴切地描述了我们当下所处的商业环境（尤其是计算机行业）：所有的企业和管理者仿佛都站在悬崖边缘，在激烈竞争的重压之下，稍有不慎就会从成功的巅峰跌入谷底。过去十年，我们作为计算机软件顾问亲眼见到甚至服务过许多这样的行业客户，我们迫不及待地想在这本书中找到能够帮助这些客户缓解焦虑的灵药，也想为我们的一些还算行之有效的实践找到理论依据。这让我们动力十足，充满期待。

肖纳与凯瑟琳是管理咨询界的顶尖大师，她们在 20 世纪末就敏锐地发现在快速发展、充满不确定性的商业世界（尤其是计算机行业）里应对和管理变化才是战略的核心。在《边缘竞争》一书中，她们旁征博引，将复杂理论、进化论、系统动力等理论，通过体育运动、生物现象、社会活动等生动的比喻呈现出来，结合现实计算机行业中的变革案例，总结出了商业世界的边缘竞争战略。她们的学术知识背景和管理咨询经验是我们可望而不可即的。这让我们压力巨大，诚惶诚恐。

随着翻译工作的展开，我们逐渐找到了与作者的共鸣，压力也渐渐转变成了动力。我们也找到了打开这本战略和管理经典著作的一些方法，在这里与广大读者分享。

本书第 1 章的章首语"商场上唯一不变的就是万物皆在变化"是对过去 30 年计算机行业最好的总结。计算机软件、互联网、移动互联网的迅猛发展远超作者们的想象。一方面，大大小小的企业在这股历史洪流中起起伏伏，生动地诠释了书中所提及的边缘竞争理念。另一方面，互联网的发展和开源热潮也让我们能够接触到比作者所处的时代更为丰富开放的信息。这为我们提供了一种独特的"事后诸葛亮"的视角。虽然书中隐去名字的 12 家公司后来的经历我们无法考证，但提及名字的那些公司，我们可以关注其中生存下来的翘楚——它们后来的发展、演进和变革是否符合边缘竞争的脉络。例如，亚马逊是如何从一家线上书店发展成一家云服务供应商的？贝佐斯那份著名的"API 指令"备忘录是不是就是混沌边缘上那些不多不少的结构？微软是如何摆脱过去成功的惰性一次次地抓住互联网浏览器、云服务、开源、AI 等机会重塑业务和组织的？盖茨、纳德拉的领导力在这些变革中发挥了哪些作用？其他书中提及的一些公司，有的已经从当年的新锐步入中年（如星巴克、英特尔），有的则遇到了最严峻的生存挑战（如本田、丰田），有的甚至已经化为历史天空中的一颗流星。还有一些书中没有提及名称（如苹果）或当时还不存在的公司（如谷歌、Meta、字节跳动、腾讯、阿里等）在近 20 年里异军突起。这些都是我们理解边缘竞争的绝佳案例。

时间倒回 25 年前，边缘竞争理论中的一些理念颇具新意，甚至还有些让人难以接受。25 年后，其中的一部分理念早已深入人心，也有了更具体的诠释。例如，书中提及的以低成本进行探针试验的方法如今有了更全面的阐述和验证：精益创业。2011 年，根据之前在美国数个新创公司的工作经验，埃里克·莱斯认为新创团队可以通过整合"以实验验证商业假设""快速更新、迭代产品"、最简可行产品（Minimum Viable Product,

MVP）以及"验证式学习"，来缩短产品开发周期，这样便能降低市场风险，避免早期计划带来的浪费和失败。又如书中提及的利用模块化拼接重组、重构业务能力的理念，早已在各种计算机软件架构中（如微服务、中台）体现得淋漓尽致。再如迭代开发的节奏早已变成了 Scrum、IPD 等方法和流程，植入企业的日常运作中。这些体现着边缘竞争理念的具体落地实践弥补了本书成书之时内容当中对实操方法一笔带过的遗憾。

作者们在前言中提到，她们对计算机行业的研究融合了商业实践和科学理论的视角，尤其是通过复杂理论和进化论来探究商业世界的变化本质。这给了我们一个启示：在面对瞬息万变的商业竞争时，我们可以借助复杂理论、系统动力学、进化论等科学知识，理解变化的本质并找到解决问题的方法。例如，我们在顾问工作中经常要在复杂环境中做出决策，这时我们便会求助于 Cynefin 框架。21 世纪初，David Snowden 发现以有序假设为基础的科学管理的不足，通过对政府和产业实践的探索与研究，结合复杂性科学与认知科学，开发了 Cynefin 框架，拓展了传统的领导和决策方法，帮助管理者透彻地理解复杂概念，聚焦真实世界的问题和机遇。类似 Cynefin 框架这样迁移科学理论来解决商业问题的工具已经有很多了（如排队论、约束理论等）。

本书的翻译工作离不开家人的支持，感谢他们牺牲了宝贵的家庭时间让我们尽可能地全身心投入。也感谢本书的编辑，他们的专业和耐心让本书的质量更上一层楼。我们尽了自己最大的努力，以求能为读者展现出最好的译文。但由于知识、经验所限，难免会出现纰漏，还望读者海涵并斧正。

覃宇

2023 年 8 月

本书的写作源于我们对计算机行业的浓厚兴趣。计算机行业可能将是世界上最有活力、节奏最快的行业。提起这个行业，人们就会想起互联网、多媒体、视频游戏和网络世界。这个行业催生了一个又一个新鲜的词语，比如带宽、互联网时代；它孵化了新的商业模式；它创造了地球村的概念。我们在 20 世纪 90 年代初开始合作时，很难不被高科技领域的激情和能量吸引。从《华尔街日报》《商业周刊》到《经济学人》《福布斯》以及《财富》，杂志上追踪计算机行业发展的文章比比皆是。太阳计算机系统公司的 Java 语言会成功吗？比尔·盖茨的下一步行动是什么？网景公司能否渡过难关活下来？IBM 和美国数字设备公司（DEC）还能东山再起吗？计算机行业的玩家深刻地影响着人们的生活，创造出巨大的财富。更为重要的是，20 世纪 90 年代计算机行业的发展也是市场动荡变化的先兆，这种变化必将对其他行业产生深远的影响。在高速发展、竞争激烈的市场新形势下，计算机行业为我们树立了典范。

本书的写作还源于我们对最激动人心的科学的兴趣，复杂理论和进化论的融合深深地吸引了我们。在我们合作研究本课题的时候，生物学家、物理学家和古生物学家都在探究变化的本质。这些科学家发现达尔文进化论并不是牢不可破的，并试图找出破绽：如何解释为什么在化石记录中找不到进化过渡的证据呢？宇宙的诞生是否推翻了热力学第二定律？寒武纪生命大爆发中涌现的大量无脊椎动物要做何解释？恐龙为什么会灭绝？物理学中关于变化的术语也在不断刷新：非线性、混沌和奇怪吸引子，等等。这些围绕进化的新思维充满了动力和热情，让我们很难无动于衷。

不过我们对计算机行业的兴趣非常务实。在我们看来，计算机行业面临着前所未有的管理问题。在节奏如此之快、竞争如此激烈的行业中，高管们如何管理他们的企业？按部就班地规划是不现实的，因为市场具有高度不确定性；被动反应也是不可取的，因为这意味着管理者要不断地追赶竞争对手。这个行业里充斥着"要么吃掉别人，要么被别人吃掉""一不留神就错失良机""只有偏执狂才能生存"的口号，管理者们将如何应对？相比之下，我们对科学的兴趣又是学院派的。在某种程度上，我们是痴迷于这些理念的"科学怪人"。更为重要的是，我们正在寻找新的模式，以取代那些主导战略和组织思维的成熟范式。

在对计算机行业的研究中，我们融合了商业实践和科学理论的视角，形成了本书的基础。我们收集了12家企业的战略以及组织的有关数据，这些企业来自欧洲、亚洲和北美洲。我们运用真正的归纳法，以真实数据为基础构筑了本书的观点和思想，这不仅让我们既保持了实事求是的态度，又贴近管理者关心的问题。同时，这些来源于实际案例的真实数据，也让我们更好地审视并修正我们的理论，归纳法学者都知道，数据能为真正的新思维提供真知灼见。在意识到我们的工作与复杂理论和进化论有关后，我们的研究取得重大突破。我们发现，传统学科的研究者也在努力探究变化的本质，虽然大家的研究方法不同，但我们在研究中发现的框架和他们的发现非常相似。"要么吃掉别人，要么被别人吃掉"原来和"混沌边缘"如此接近。

本书充满了两个世界之间的"紧张与对立"：一个是竞争激烈、充满挑战的商业管理世界，另一个是充满复杂思维、速度本质和进化论等理论的科学世界。我们希望写一本对管理者有价值的书。这些管理者不仅创造了股市的奇迹，他们缔造的公司也带来了更多的就业机会。我们并非羡慕这些创造奇迹的管理者（不仅仅是他们自己，还包括和他们一起工作的人）对成功的追求，而是想为学术界同行写一点和理论相关的东西，用新的方式促进他们的思考。

在写作本书的过程中，最难的部分就是如何平衡这些紧张的关系，让实用主义者、科学家以及像我们一样对二者都感兴趣的人能理解我们想要表达什么。这种平衡体现了我们对待研究工作的根本观点：研究，特别是专业院校的研究，要求的是严谨和翔实，研究需要从多个正交的维度展开，而不能局限于正反两个极端。《经济学人》《哈佛商业评论》和《商业周刊》（将一些学术语言进行了通俗易懂的转化）上的文章和主要学术期刊上的论文都是最好的研究。但是平衡也带来了风险，本书也许无法让所有读者都满意。

我们试图向科学家阐述混沌边缘、遗传算法、拼接、半结构化、自组织以及耗散平衡这些理念在实际公司运作中的作用。我们希望展示这些理念的价值，以及它们与务实的商业世界之间的相关性，毕竟基本的科学原理放之四海而皆准，但它们在每个学术领域中的呈现方式却是独一无二的。我们加入了自己对复杂理论和进化论的理解，比如我们从收集的数据中获得了混沌边缘和复杂性的定义。盲目照搬别人的理论，对管理者和科研学者的帮助并不大。最后，我们还加入了一些对时间步调和试验探索的新想法。

我们试图帮助管理者和管理咨询顾问建立一种动态的战略观。这种战略观在快速发展、高度竞争的行业中确实有用武之地，还显示了产生这些洞见的实地研究的巨大威力。我们编写这本管理学图书，还有一部分原因是为了拓宽本书的读者群体。唐·汉布里克（Don Hambrick）在管理学

会 (Academy of Management) 发表的主席演讲中鼓励学会中的研究人员在其自身社区以外扩大影响力，本书的写作也体现了我们对这种鼓励的回应。

归根结底，本书是为管理者而写的。尽管我们在本书中加入了一些基础的科学理论知识，但是这些内容只是为了满足部分有兴趣的读者。实际上，本书的真正目的是服务于管理者，帮助他们有效地应对要求高、节奏快、高度不确定的世界，这是他们当中大部分人都要面对的现实。我们以一种非常务实的方式尝试捕捉这种背景下行之有效的战略。我们着重介绍了最佳实践和管理陷阱，详细介绍了其中的细节和其背后的原因。

感谢 Karl Weick 在学术上对我们的无私帮助，他的松散耦合理论解释了混沌边缘的概念，他对进化过程的睿智思考也是我们洞察的主要来源；感谢 Connie Gersick，她对时间步调和间断平衡论的研究让我们受益匪浅；感谢 Andy Van de Ven，他对创新以及变革的思考非常深入；感谢 Henry Mintzberg，他在应急战略方面的洞察颇有见地。Kaye Schoonhoven 为我们提供了动态结构的初步观点。Charlie Galunic 的研究为我们的拼接理论提供了重要的支持。Anne Miner 和 Jo Hatch 向我们介绍了即兴发挥的知识。我们还从许多其他同事那里学到了很多东西，他们是 Robert Burgelman、Michael Cusumano、Rich D'Aveni、Jane Dutton、Sumantra Ghoshal、Gary Hamel、Rebecca Henderson、Dan Levinthal、Arie Lewin、Jim March、Bill McKelvey、C.K. Prahalad、Jitendra Singh 以及 Mike Tushman，在这里我们深表谢意。

感谢艾尔弗雷德·P. 斯隆基金会（Alfred P. Sloan Foundation），特别是 Hirsh Cohen 和 Frank Mayadas，感谢他们对我们研究的慷慨解囊以及耐心支持。感谢 Cate Muther 对我们工作的大力支持，她一直致力于帮助学术界女性开展开创性研究。感谢斯坦福计算机行业项目（Stanford Computer Industry Project，SCIP）和我们的同事 Tim Bresnahan 以及 Bill Miller 给予我们的大力支持。感谢 Marshall Meyer

在我们的相关学术写作中提供了重要的意见和反馈。感谢美国国家科学基金会（National Science Foundation）和加拿大自然科学与工程研究理事会（National Science and Engineering Research Council of Canada）给予我们的大力支持。

感谢 Linda Lakats、Melissa Graebner 和 Carlo Pugnetti 不辞辛劳地协助我们收集各种数据。感谢 Laura Kopczak 为我们提供了宝贵的意见，本书最后的定名她有一半功劳。我们还非常感激那些花时间阅读本书各个章节并给予我们反馈的早期读者，本书的很多内容都得益于他们的反馈和评论。他们是 Beth Bechky、Susan Burnett、Tom Byers、Russ Craig、Sam Felton、Ann Fletcher、Lee Fleming、Charlie Galunic、Andy Hargadon、Quintus Jett、Jean Kahwajy、Tom Kosnik、Mike Lyons、Joan Magretta、Heidi Neck、Gerardo Okhuysen、Tim Ruefli、Erik Strasser、Barbara Waugh 以及 Jeff Wong。还要特别感谢 The Neighborhood 读书俱乐部的朋友 Margaret、Tim、Dick、Pat、Sheryl、Lois、Richard、Nancy、Steve 的支持，我们知道你们会认真地阅读这本书。感谢麦肯锡的朋友 Richard Benson-Armer、Tom Copeland、Stephanie Coyles、Mike Dickstein、Stacey Grant-Thompson、Tsun-yan Hsieh、Linda Mantia，他们中肯的评论和反馈让我们获益良多。还有 Michael Cohen 和 Robert Axelrod，可能他们自己都没有意识到，朋友间的小酌帮助我们梳理了思路。感谢来自各大高校（包括哈佛大学、加州大学伯克利分校、加州大学洛杉矶分校、不列颠哥伦比亚大学、得克萨斯大学奥斯汀分校、杜克大学、俄勒冈大学、沃顿商学院、科罗拉多大学和密歇根大学）的同行们，他们帮忙审阅了本书内容的早期版本，并提供了非常好的反馈，让我们进一步完善了观点。感谢参加 IE270 课程的学生们，他们非常耐心地帮助我们对书中的内容进行了验证。还要感谢 Fahey 一家为我们提供了关于棒球的资料。当然，我们非常感谢斯坦福大学的同学们，特别是 Mike Chang、Eric Cielaszyk、

Seema Gupta 和 Yee Lee，他们承担了原始图表、参考文献等繁重的整理工作，完成得既出色又专业。

本书的编辑 Marjorie Williams 和哈佛商学院出版社的工作人员也提供了非常多的指导意见，本书的出版离不开他们的辛勤付出。在整个过程中，他们一直鼓励我们，也提供了非常多的反馈意见和建议。他们从各个方面都给我们提供了不可或缺的帮助，让我们获益匪浅。

我们还想感谢家人和朋友们在整个研究项目中对我们的支持，感谢他们没有一直追问我们本书何时才能真正出版。

最后，我们要向众多百忙之中抽出时间完成访谈的管理者们表示感谢，感谢他们允许我们近距离地观察他们的工作场所。本书正是献给这些管理者的礼物，怀着兴奋和热切的心情直面边缘竞争的是他们。与他们所经历的艰难困苦相比，我们的观察研究所遇到的困难不值一提。

CONTENTS 目录

1

变革的战略挑战

商场上唯一不变的就是万物皆在变化。我们必须利用并驾驭变化而不是屈从于它。我们一定要抢占先机。

——迈克尔·戴尔（Michael Dell），
戴尔计算机公司（Dell Computer
Corporation）

Competing on the Edge
Strategy as Structured Chaos

裁员、调整、重组，这是 20 世纪 90 年代管理上老生常谈的内容，但是管理者们已经意识到精简业务只是万里长征的第一步。为了实现企业的繁荣与发展，他们把目光越来越多地转向更加本质的问题——战略。何谓战略？从根本上讲，战略就是两件事：决定业务发展方向以及到达的路径[1]。

传统的战略方法侧重于"业务要达成什么样的目标"，它们强调企业应该选择富有吸引力的市场和独一无二的战略定位，并制定与众不同的竞争力组合或是特立独行的未来愿景。只有在这样的前提条件下，"如何达成业务目标"才会切中要害。然而，传统的战略方法在面对变化迅速且难以预测的行业时往往显得束手无策。这些方法之所以失效，是因为它们高估了对行业、能力或战略定位可行性和可持续性的预测能力，而低估了实际制定战略和战略执行的重要性以及在这个过程中面临的挑战。这不是传统战略方法的错，它们只是无法满足变化快速、频繁的行业。

变化就是当代商业的显著特征，因此我们抛出了关于变革的问题。变革无处不在，它们发生在每一个行业、每一家公司。变革重塑了制药业的新药研发过程，变革让纽柯（Nucor）成为美国钢铁产业的龙头企业，并改变了亚洲在全球商业中的中心地位。从汽车制造到电信，从圣地亚哥到斯德哥尔摩，不断的变革已然成为常态。

鉴于变革的普遍性，管理变革就成了关键的战略挑战，困难在于如何去管理变革。我们是应该专注于高效执行以获取当前市场的收益，还是应该专注于发挥创造力来适应不断变化的格局？我们需要为预期中的转向提前规划，还是应该保持灵活，做好应对变化的准备？我们应该专注于基于过往经验建立适应性，还是应该更加注重开创一个崭新的视角？无论经营公司、管理业务还是领导项目团队，关键的战略挑战从未改变。上至董事会，下至团队办公室，所有人都要面对管理变革的挑战。处于这样的挑战之下，什么样的战略才能在瞬息万变的行业中立于不败之地呢？

答案就是我们称为边缘竞争的战略方法。边缘竞争对战略的定义是，创造源源不断的竞争优势，将这些优势累加在一起，形成一个半连贯的战略方向。变革能力是创造卓越业绩的关键驱动力。生存能力、变革能力以及持续革新企业的终极能力才是企业成功的衡量标准。

　　我们深入实地研究了 12 家跨国企业，以它们的实践经验为基础构筑了边缘竞争背后的理念。我们把复杂理论、速度本质和周期演化中对变化的基本思考与这些经验联系起来，得出了边缘竞争的战略思想及其五个关键组成构件：即兴发挥、协同适应、再生、试验探索和时间步调。边缘竞争的核心是通过不断重塑竞争优势迎接变革的战略挑战，即使是在市场无法预测且变化迅速的情况下，其目标也是通过源源不断的竞争优势革新企业。在战略上，边缘竞争将"业务要达成什么样的目标"和"如何达成业务目标"紧密地联系在一起，最终得到的是一种无法预测、不受控制，甚至效率不高的战略，但是……它能发挥作用。

管理变革

　　如果核心战略的挑战是管理变革，那么管理变革究竟意味着什么？从最基础的层面讲，管理变革意味着响应变化。例如，推出更好的产品来回应竞争对手的产品动向，创建新服务来适应新出台的政府政策，将变化加以利用，或者通过创新性地重新包装现有产品来满足超出预期的客户需求。响应变化是一种防守策略，这种方式不太可能创造出新的机会，但毫无疑问，它是实现变革的必要武器。

　　从更高的层面上讲，管理变革意味着预见变化。我们所说的预见变化，是指深刻地洞察可能发生的事情，然后找准未来的定位。预见变化意味着着眼于全球市场需求，然后提前安排好适当的资源，如风险投资合作伙伴、具备多元文化背景的员工和成熟的外汇交易能力。预见变化或许还意味着预见新的客户细分市场，并开拓营销渠道参与新细分市场的竞争。和响应变化一样，预见变化仍然是防守策略，因为发号施令的是客户和竞争对手等来自公司外部的力量。然而，预见变化会创造更多的新机会，是一种更佳的改革方式。

　　管理变革的最高层次是引领变革。通过引领变革，迫使市场上的其他公司做出反应。这意味着开拓新市场，提升行业服务标准，重新定义客户期望，或者加快行业产品生命周期的节奏。引领变革意味着走在变化的前面，甚至改变游戏规则。在极端情况下，表现最好的企业始终引领着行业的变革。这些企业总是能够成为市场的引领者，事实上，它们已经成为同行业中其他企业生存的"环境"。它们不仅引领着变革，而且往往主宰着行业的变革节奏和时间步调（见图 1-1）。

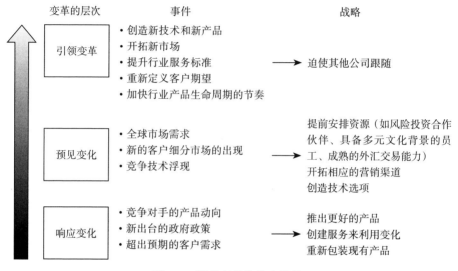

图 1-1　管理变革的战略挑战

英特尔之心

　　半导体巨人英特尔（Intel）就是一个很好的例子，公司的管理层有效地将管理变革三个层次的内容融合到了一起。对于英特尔的管理层来讲，响应变化是家常便饭。就拿突然出现的网络计算机来说，这种更加廉价的计算机能够替代个人电脑作为互联网入口。太阳计算机系统公司、甲骨文（Oracle）和 IBM 在网络计算机市场上处于领先地位，大幅地"抢占"了桌面电脑市场，并减少了其对复杂微处理器芯片的需求，而这恰恰是英特尔业务的重中之重。英特尔管理层惊慌失措了吗？也许吧，但是他们立即做出了响应，先是成立了互联网部门，接着宣布了联合微软（Microsoft）开发 NetPC 的计划——一种直接针对网络计算机市场的混合型产品。

面对变化，英特尔管理层可不只是响应而已，他们同样有效地预见了变化。例如，他们预见了微处理器业务中图形图像和多媒体细分市场的崛起。在 20 世纪 90 年代初，他们就联合电信公司、电话公司和电影公司成立了前瞻性联盟。其中，他们联合美国世界通信公司（MCI）开发互联网服务器⊖，还联合好莱坞权威的创新艺人经纪公司（CAA）成立了媒体实验室⊜。此外，英特尔管理层还悄悄投资了许多媒体、互联网以及图形图像公司，总数超过 50 家，投资总额超过 5 亿美元。总的来说，英特尔管理层通过一系列全方位的运作在爆发的多媒体和 3D 图形图像细分市场中取得了先发优势，占领了市场制高点。

最后也是最广为人知的是，英特尔控制了个人电脑市场的发展节奏，引领着市场变化。《财富》杂志称"英特尔的目标是成为整个计算机行业最有远见的领导者"[2]。事实上，通过与微软共同制定的 Wintel（Windows + Intel）架构标准，英特尔设定了计算机硬件、计算机软件以及半导体等多个行业的标准，不断推陈出新的产品让 AMD 这样的克隆制造商难以招架、疲于应付，也让戴尔（Dell）这样的客户和 Adobe 软件公司这样的合作伙伴与自己同呼吸共命运。此外，在 1995 年年初的"奔腾芯片召回"事件中，英特尔的控制力体现得淋漓尽致。尽管产品出现了严重问题，但英特尔的行业标准却几乎没有受到影响。公司长远的前景从未受到质疑。目前，英特尔不仅牢牢控制着市场份额，而且还在坚持不懈地推动变革，将竞争对手远远地抛在身后，带领采购商、合作伙伴和最终客户共同前进。

变革的复杂性

当然，管理变革并不容易。管理变革之所以困难，是因为管理者们无法

⊖ https://www.cnet.com/news/mci-teams-with-intel-for-web-servers/.

⊜ https://www.intel.com/pressroom/archive/releases/1996/cn121296.htm.

有效地提前计划来应对变革。变革的趋势变幻莫测，它可能来自公司内部，也可能来自公司外部；它可能来自行业内的供应商、客户、竞争对手或者合作伙伴，也可能来自行业外部。正因为情况多变，未来才难以预测，无法提前规划。

管理者们也不能坐以待毙，否则，他们将被行业无情地抛在身后，并且几乎不可能再迎头赶上。的确，变革的速度越快，追赶变革的难度就越大，落伍的后果就越悲惨。因此，"等待－观望"的方法并不是一种可行的战略选择。

在大多数高速发展的行业中，异常激烈的市场竞争使得管理变革难上加难。身处这种行业之中，管理者不能出现重大失误，让知识渊博的竞争对手有机可乘。一着不慎，满盘皆输，企业可能因此落后于市场，从此一蹶不振。

管理变革是复杂的，管理者不能只专注于变革。管理者不可能因为失控的变化而无视短期财务目标，相反，他们必须在何时、如何改变和创造并维持当前收入以及利润之间谋求平衡。企业必须在满足财务目标和社会效益双重要求的前提下管理变革，而不是只关注变革本身，这是每个管理者都要直面的现实。

因此，在高速发展、难以预测的行业中，战略挑战是在必要时响应变化，尽可能预见变化，在恰当的时机引领变革，从而管理变革。鉴于这一战略挑战，采取边缘竞争的方法意义重大。

边缘竞争

边缘竞争和其他战略方法形成了鲜明对比，其他方法总是假设行业之间泾渭分明、竞争在意料之中，或者未来清晰明了（见图1-2）。由于这些假设，对于变化足够缓慢的市场来说，这些方法能够颇具洞见地设定一个宽泛的战略方向，因为在这些市场上能够找到长期延续的优势，或者保持长期稳固的市场地位，这些优势和地位甚至可能延续"十年或更长"[3]。博弈论这种更加动态的策略方法则更接近许多公司面对的快速变化的竞争现实，但这还不够，因为这种方法还是聚焦在"业务要达成什么样的目标"，忽略了战略的另一半——"如何达成业务目标"。相比之下，边缘竞争假设行业的变化迅速且无法预知，由此带来的核心战略挑战是管理变革。

	五力模型	核心竞争力	博弈论	边缘竞争
假设	稳定的行业结构	企业是一系列竞争力组合	动态寡头垄断的市场	行业快速变化、不可预测
目标	稳固的市场地位	可持续的竞争优势	暂时的竞争优势	源源不断的竞争优势
业绩驱动力	行业结构	独一无二的竞争优势	恰当的举措	变革能力
战略	选定行业和方向，调整组织以适应行业和定位	设立愿景，构建并利用竞争力实现愿景	采取"正确的"竞争和合作策略	进入"边缘"，设定时间步调，形成清晰的战略方向
成功的衡量	利润	长期支配市场	短期盈利	持续重塑

图 1-2　不同的战略模型

边缘竞争背后的基本观点是"战略是一家企业组织持续变化产生的结果，而且半连贯的战略方向会在这个组织中浮现出来"[4]。换句话说，这种方法兼顾了战略的两个部分，同时解决了"业务要达成什么样的目标"和"如何达成业务目标"这两个问题。半连贯的战略方向与传统意义上的战略有着本质的不同。这种标新立异的方法拥有什么独特之处呢？

（1）无法预测。边缘竞争面对的是意料之外的状况。它不会设定好方法并寄希望于计划能够按部就班地实施。未来充斥着不确定性，无法做到精确。边缘竞争更多的是采取一些行动，并观察它们的具体效果，再从中挑选出那些看起来有效的措施继续执行。尽管过去和未来都很重要，但注意力应该聚焦当下。

（2）不受控制。边缘竞争与高层管理者的命令和精确规划无关。行业瞬息万变，发生的事件实在是太多了，少数人组成的单一团队根本无法协调企业的每一步行动。相反，企业中许多人必须自主地采取多种行动。边缘竞争以业务部门为中心制定战略，而不是让企业总部发号施令。

（3）效率不高。在短期内，边缘竞争未必有效。它很有可能让企业跌入错误的市场里摸爬滚打，企业在犯下错误后重整旗鼓，才找到正确的方向。边缘竞争总是与反复尝试、得到不适合的结果、不断犯错有关，有时甚至还要主动营造更多的不确定性。边缘竞争并不追求让企业在特定时间内成为最高效的公司或最赚钱的公司。它不会去迎合变化，而是要利用变化，通过发现增长机会不断地革新企业，利润自然也会随之滚滚而来。

（4）积极主动。边缘竞争不是消极地观察市场上的变化，也不是坐视竞争对手在自己采取行动之前抢占先机。边缘竞争提倡尽早预见变化，并抓住机会引领变革。

（5）持续不断。边缘竞争是指持续的、有节奏的行动，而不是一系列脱节的动作。它并不是由几次大规模的行动组成的，例如大规模的企业转型或者公司合并等。换言之，它由一系列反复进行的、坚持不懈的变革行动组成，这也是采取边缘竞争战略的组织的特有属性。

（6）多种多样。边缘竞争是指在不同的规模和风险下采取各种行动。因此，边缘竞争成功靠的不是一种单一的通用策略，不是一种特定的能力，也不是一次惊人的行动，而是一种强大的、多样化的战略。边缘竞争采取的各种行动，有一部分很明智，大多数效果很好，有一小部分会失败。

比尔·盖茨的战略

相比世界上大部分人来说，微软公司首席执行官比尔·盖茨是一位少年老成的商业天才，他的商业战略令人惊叹，而且经商也同样成功，他使微软跻身全球企业的顶尖行列。人们普遍认为，盖茨几乎是单枪匹马地制定了微软的战略，在雷德蒙德（微软总部所在地）大本营向热切等待的、纪律严明的公司发号施令。显然，盖茨将深刻的行业分析、对微软竞争力令人信服的掌控以及对竞争手段马基雅维利式的领悟紧密结合，他几乎就是顶尖企业战略家的代表。

但是，人们印象中这种受控的、理智的、精心策划的战略是否正确呢？

一位观察家称微软最近的战略"果断、迅速、激动人心",这与微软计划、命令和控制的公众形象一致。相对地,其他人却认为微软的真实战略意图是应对快节奏和无情的变化。他们注意到,"微软在进行投资下注的同时调整战略"[5]。盖茨自己也声称,"微软是一家从不做任何预测的公司"[6]。从这个角度看,微软的战略和半连贯的战略方向惊人相似。

例如,微软的互联网战略是无法预测的。微软最初的互联网战略包括开发专有替代服务,向美国在线(American Online,AOL)发起精心策划的攻击。这一战略在一定程度上反映了微软高管的一种信念,即互联网无法给公司带来利润,因为互联网是免费访问的。结果,微软高层最终放弃了这一正式的战略,投入了非专有服务的怀抱。他们选择接受太阳计算机系统公司的Java 技术,并收购了一系列互联网公司,而且更具有讽刺意味的是,他们还和曾经的竞争对手 —— 美国在线形成了紧密的战略合作伙伴关系。几乎没有人预测到微软的这一战略。

微软的战略是不受控制的。事实上,对公司互联网产品的战略思考大部分都不是来自公司高层。一位经理在访问康奈尔大学期间,看到了学生们在互联网上的"黑客"行为,并促成公司内部引入这种创新的变化。微软的第一个互联网服务器就是由一群"叛逆"的员工在未经批准的项目中开发出来的。而这项涌现出来的战略只不过是后来由微软高层宣布而已。

微软的战略是效率不高的。公司浪费了大量资源开发微软网络(Microsoft Network)的专有版本,最终造成了数百万美元的损失。花钱从其他公司购买的技术和大力推广的产品最终也都惨遭淘汰。还有一些后期花费更多的收购项目也被放弃了,比如微软花了很大代价去解决与网景的竞争对手 Spyglass Inc. 的授权协议问题。

微软的战略是积极主动的。公司经理们积极进军由 NBC 担纲制作的有线新闻频道和网站,创办网络杂志 Slate,与电影制作公司梦工厂(Dreamworks)合作进军信息内容领域,等等。微软有时有些被动,但更多时候是积极主动,雷厉风行。

微软的战略是持续不断的。微软的步子不会太大,他们的战略不是一笔重量级的收购，不是一次重大的公司重组，也不是一次华丽的转身。几年时间里，微软的一系列连续动作凝聚成了战略。例如，1993 年，微软推出了在线服务 Marvel，也就是后来的微软网络。1994 年，微软发布了互联网视频服务器 Tiger，同时，微软的文字处理软件 Microsoft Word 增加了网页功能，Windows 95 还预装了 Web 浏览器。1995 年，微软制订对接太阳计算机系统公司 Java 语言的计划。1996 年，微软收购了 Vermeer Technologie，该公司创造了 FrontPage，这是一款用于创建和管理网络文档的软件。1997 年，微软收购了 WebTV。

微软的战略是多种多样的。它涉及了不同规模下和不同时间范围内的战略合作、收购以及内部研发。它包括各种各样的项目，如与交互式电视视频服务器、在线杂志、卫星信息通信系统的战略合作，收购信息内容公司，以及主打国际象棋、桥牌等多人游戏的互联网游戏空间。

归根结底，微软的战略制定方法并不是"进行行业分析，选择战略定位，然后执行"。它不像是"先审视自身的核心竞争力并在此基础上确定战略"，而更像是"创造一种源源不断的竞争优势"，这些优势会巧妙地串联在一起，形成一种半连贯的战略方向。事实上，盖茨和他的同事们显然是通过边缘竞争战略（见图 1-3）整合形成了微软的互联网方法。其结果是，微软时而被动响应变化，与 Java 和美国在线结成联盟；时而提前预见变化，采取各种内容的打造行动。同时，它越来越多地引领变革，在网络浏览器领域向网景发起挑战。

核心概念

如果半连贯的战略方向解答了"业务要达成什么样的目标"，那么接下来要回答的战略问题就是"如何达成业务目标"。答案就是创建能够持续变革的组织，然后让竞争优势源源不断地涌现出来，形成半连贯的战略方向。能够持续变革的组织包括三个核心概念：混沌边缘、时间边缘和时间步调。

混沌边缘是指"有序和混沌之间的一种自然状态，是存在于结构和意外之间巨大的折中地带"[7]。更具体地说，处在混沌边缘意味着只有一部分结构存在（见图 1-4）。

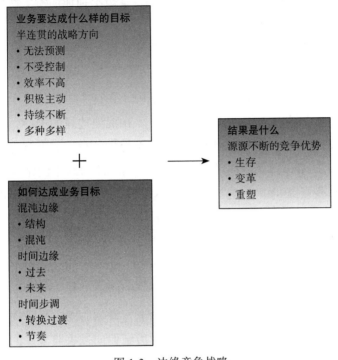

图 1-3 边缘竞争战略

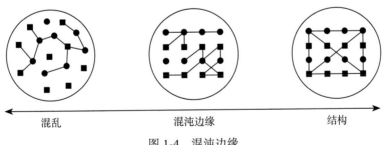

图 1-4 混沌边缘

混沌边缘直观的解释是战略及其相关组织足够严格但又不至于过于严格时就会有变化发生，它们足够严格让变化可以有组织地发生，又不会过于严格以至于阻止变化发生。太过混沌是一个极端，变化难以协调。变化失去连贯性，混沌四起，竞争举措毫无章法，组织也分崩离析。太多结构是另一个极端，公司寸步难行。战略变得脆弱，还会意想不到地崩溃。严格按照环境配置的业务是一个例证。

与这两个极端形成鲜明对比的是，混沌边缘位于中间地带，组织既不会进入太稳定的平衡态，也不会变得四分五裂。无论是哪种类型的系统——生物系统、物理系统、经济系统还是社会系统，在这个中间地带上都处于最具活力、最出人意料而且也是最灵活的状态。在混沌边缘的中心，几个简单的结构就足以引发极其复杂的适应性行为，无论是鸟类的群聚行为、韧性政府（如民主制度），还是大型企业的成功表现。当混沌边缘中的结构不多也不少的时候，那些复杂的、不受控制的、不可预测的，但又具有适应性（或称"自组织"）的行为就可以被捕获[8]。处于混沌边缘时要回答的关键管理问题是组织中哪些结构应该存在，以及哪些结构不应该存在。

边缘竞争的第二个核心概念是时间边缘。变革需要同时思考多个时间跨度。成功的变革需要部分汲取过去的经验，同时要专注于当下的执行，还要放眼未来。这可以用时间边缘的平衡概念进行概括，既立足于现在，又认识到过去和未来。时间边缘让人们意识到从边缘偏向过去或未来的倾向，而这种倾向促使管理者过多地关注过去或未来。如果陷于过去的泥沼中，管理者很快就会过度依赖过去；如果迷恋未来，管理者就会把时间浪费在过度规划上。时间边缘管理的挑战就在于如何在边缘上取得平衡而不至于偏向任何一边（见图1-5）。

图 1-5　时间边缘

如果过于关注过去，战略和组织就会沉浸在过时的竞争模式中故步自封。例如，法航（Air France）就被过去所困。"高卢人的惰性"致使法航在采用枢纽辐射式网络和自动化行李系统等创新上一直落后于整个航空业。法航只有靠着政府补贴和本土保护措施才能保住地位。然而，如果忘记了过去，那么管理者就无法利用过去的经验。他们就会总是从零开始，不断重复以往的错误，最终导致变革进展很缓慢。有效的变革需要管理者在边缘上保持平衡，关注过去但不会被过去所困。

如果过于关注未来，战略和组织就会过于超前，管理者最终会无暇顾及当下的业务。美国硅图公司（Silicon Graphics Inc., SGI）的管理者就过于迷恋未来。SGI 的管理者一边幻想着未来的产品能够产生令人惊叹的侏罗纪公园式的特效，一边却在核心计算机业务的日常战略和执行上磕磕绊绊。然而，如果管理者忽视未来，他们最终就会在其他公司创造出来的市场中疲于应对。他们将不断地追赶竞争对手，无法预见变化并引领变革。有效的变革需要管理者在边缘上保持平衡，关注未来但不迷恋未来。

更具体地说，时间边缘是指聚焦当下，并兼顾过去和未来。在中间区域，管理者能够在聚焦当下的同时回顾过去并展望未来，让时间边缘捕捉那些复杂但具有适应性的行为。处于时间边缘时要回答的关键管理问题是如何同时管理所有的时间跨度却不被任何时间跨度所禁锢。

边缘竞争的第三个核心概念是时间步调。时间步调意味着变革是随着时间推移的间隔发生的，而不是由于事件出现而发生的。例如，时间步调意味着每半年就要推出新产品或者新服务，而不是在需要做出竞争响应时才推出新产品或新服务；时间步调意味着每三个季度就要进入新兴市场，而不是在前景看好的机会出现时才进入市场；时间步调意味着每三年就要刷新品牌，而不是等到市场信号表明品牌已经过时的时候才刷新品牌。

总而言之，时间步调就是营造一种内在的节奏律动来激发变革的动力。时间步调和速度不同，能够区别二者并把时间步调当作有效战略武器的管理者都能够认识到节奏的强大和过渡的重要性。这样一个至关重要的概念却是不可预测和高速发展行业的战略中最不为人所理解的方面之一。在时间步调上要回答的关键管理问题，便是如何选择正确的节奏，以及如何编排产品到产品或者市场到市场的完美过渡。

组织如何变化

我们对组织（或者统称系统）如何变化的科学的认识本身也在发生着变化。从物理学、生物学到经济学、战略学等各个学科都出现了一种全新的思考——变化是两个过程的结合。第一个过程强调从部分连接的系统（被称为复杂适应性系统）中涌现出来的出人意料的甚至是颠覆性的变化。这就是复杂理论。第二个过程描述的是通过变异、选择和遗传形成的渐进变化。这就是进化论。虽然两种理论截然不同，但它们都关注生命的生长、适应和变化。

复杂理论是如何看待变化的较新观点。复杂理论诞生于人们对混沌中迸发出来的秩序的好奇。根据复杂理论，只有在部分连接的系统才存在有效的自适应。其观点是，过多的结构容易导致系统僵化，过少的结构容易导致系统混沌。城市的交通信号灯便是一个典型的例子。如果没有信号灯，交通就会乱成一团；如果到处都是信号灯，就会出现交通堵塞。只有适当数量的信号灯才会产生结构，还能让司机根据不断变化的交通状况灵活调整路线。因此，保持在混沌边缘才是有效变化的关键。复杂理论对管理的思考聚焦于组织内不同部分之间的相互关系，以及如何用更少的控制换取更多的适应性。

进化论是达尔文关于生物如何生长、适应和变化的老观点。自然界系统通过世世代代的自然选择，经历遗传、基因变异不断进化。这个过程中存在的一些随机性和低效性反而强化了变异，让进化过程更有效。再者，系统最有效的进化过程就是吐故纳新。因此，流连在时间边缘，连接过去和未来才是有效进化的关键。进化论对管理的思考跨越了更长的时间跨度，包括了过去和未来，并着重于随机性的思考。

本书的基本论点是，在快速变化的行业中，那些能够将两个变化过程结合起来并不断自我革新的企业才能出类拔萃。复杂理论阐述的是管理者根据当前市场情况调整业务战略时发生的快速变化过程。进化论描述的则是随着时间推移而发生的缓慢的、渐进式的变化过程。我们还加入了对时间步调和意向性的见解来丰富我们的论述。时间步调即设定公司内部变革步调的内部节拍器；意向性即人们自觉影响这两个变化过程的信念。[9]

屹立在边缘的 3M

　　反光护栏、砂纸、纸胶带、新雪丽保温棉、即时贴……这一系列的产品看似毫无关联，但它们却是一家公司的产品组合，这家公司在边缘上竞争的历史可以说比其他任何公司都要悠久。3M 公司的历史始于 1902 年在寒冷的明尼苏达图哈伯斯创立的明尼苏达矿业和制造公司（Minnesota Mining and Manufacturing）。自创立以来，3M 公司不断地进行自我革新。最早，3M 公司的管理者完成了从刚玉开采到砂纸制造的转向，后来又转向透明胶带，再后来又转向即时贴。停滞不前的公司比比皆是，已经成为商业世界的常态，3M 公司的管理者却通过一系列技术不断改造公司，使公司始终占据着《财富》美国 500 强的一席之地。这些管理者很少采取大规模的行动，也很少进行高风险的投资；相反，他们年复一年坚持不懈地改变公司。

　　3M 公司的管理者通过边缘竞争战略创造了卓越的财务业绩。他们将公司保持在混沌边缘和时间边缘，并强制推行时间步调（即战略中关于"如何达成业务目标"的部分），让半连贯的战略方向逐渐浮现（即战略中关于"业务要达成什么样的目标"的部分），为公司带来了源源不断的竞争优势。

　　纵观 3M 公司的历史，它总是有点两极分化，一方面动力十足、秩序井然；另一方面又有点反复无常。《财富》杂志这样描述："3M 公司的核心秘密：公司外表像一处中西部风格的房产，整整齐齐，评价极高的外表下，内部却是一团糟。"[10] 3M 公司首席执行官德西·德西蒙（Desi DeSimone）把这一特征称为"创新和稳定"。我们则认为它一直处于混沌边缘。3M 公司的管理者是如何做到这一点的？他们的做法是让公司保持以下的特点。

　　（1）混乱。各个业务部门（业务部门的划分方式通常也有些违反逻辑）的科学家可以自由地将 15% 的时间花在他们喜欢的事情上。业务运营拥有很大的自由度，计划也没有那么严格，这样他们就可以追逐意料之外的机会。公司为了正常业务之外的项目向高级科学家提供创始奖金。3M 公司的文化中有一种对老板的意见不管不顾、死磕项目的基因。最为人津津乐道的就是新雪丽保温棉的故事，它曾被公司高管拒绝了五次（其中就包括后来的首席执行官德西蒙），但它仍屡败屡战，直至成为一个非常成功的产品。正如一位管理者所言："我们正在管理混乱，这才是正确的方式。"

但是如果3M公司只是保持混乱的话，它也不可能年复一年地创造卓越绩效。3M公司也拥有足够多的结构特色。

（2）结构。3M公司的财务控制和信息系统十分成熟。一位主管称3M公司的企业文化就是"赚钱的文化"。另一位高级主管则发现，"生产力问题一定可以在屏幕上找到"。财务业绩由公司高管们严格负责，每个部门都要达到预期的季度目标，包括利润、增长和创新。定期对研究组合的优先事项进行评估。首席执行官德西蒙说："我们坚信灵活的组织对3M极其重要，我们也坚信3M的增长和利润率不应该来自个别产品线，而是来自3M遍布全球的每一个利润中心。"

尽管立于混沌边缘是对当下变革的管理，但这并不是故事的全部。3M公司的管理者也让公司立于时间边缘，从过去的战略平稳地演化出当下的战略，再演化出未来的战略。一位观察者指出，3M公司"建立在从过去到现在乃至未来的非凡连续性的基础上"。因此，3M公司牢牢地立足于时间边缘。

（3）过去。3M公司的人员流动率很低，领导公司的大部分高管都是长时间服务公司的资深员工。公司上下至今依然对前任董事长威廉·麦克奈特（William McKnight）十分尊敬，他关于自由和结构的平衡智慧是3M公司文化中不可或缺的一部分。将过去的技术进行重新组合也是3M公司科学家的日常工作。例如，非常成功的微复制业务就是通过连接几项现有业务建立起来的新业务，它帮助公司拓展了市场。但是3M公司关注的不仅仅是过去，它也关注同样重要的未来。

（4）未来。对于前沿项目、基础研究项目和未来学家的大力支持在3M公司司空见惯。公司高管对于未来雄心勃勃。他们通过一个简单的问题来判断来自公司35项业务的哪些研发项目需要加速：这个项目是否具备改变3M公司竞争基础的潜力？如果答案是肯定的，该项目就会得到加速资金。这种做法就是为了确保3M公司的每项业务都能够定期地自我革新。最后，3M

公司连接各个时间跨度的是时间步调。

（5）时间步调。3M 公司的持续变革来自一条不容置疑的公司法令：25% 的销售额必须来自上市不超过 4 年的产品。这一简单的条例设定了整个公司从过去到现在再到未来的变革节奏。这种对新产品的不懈推动迫使公司每隔一段时间就要进行变革，并设定好了整个公司的节奏和步调。20 世纪 90 年代末，当首席执行官德西蒙需要加快变革步调以适应更快的市场变化时，他进一步加快了新产品销售的节奏，将销售额比例从 25% 提高到了 30%。

总而言之，时间步调，加上立于混沌边缘和时间边缘共同造就的这家公司，它拥有以下两个特点。

（1）半连贯的战略方向。3M 公司的战略建立在对新产品和新市场不断挖掘的基础之上，这种战略捉摸不透，但无法预测、不受控制、效率不高的战略通常就是如此。《财富》的一位作者甚至声称，"3M 公司根本没有战略"。但是这位作者误解了 3M 公司的战略，3M 公司拥有的是半连贯的战略方向，这比"选择战略"的观点复杂得多。对 3M 公司来说，战略就是一个松散连贯的方向，它重点覆盖的是那些在这个立于混沌边缘和时间边缘的组织中按照时间步调涌现出来的技术和创新。最终，3M 公司的管理者获得了源源不断的竞争优势。

（2）源源不断的竞争优势。3M 公司的业绩不言而喻。1996 年，3M 公司迎来了连续 38 年的股息增长。销售额增长了 9%，收入增长了 10% 以上，而且上市不超过 4 年的产品销售额占比到达了 30%。3M 公司不断自我革新，常年跻身于最受人尊敬的美国公司之列，而且多年来一直都是全球业绩最出色的公司之一。

理论基础

边缘竞争战略方法建立在兼容并蓄的传统学术研究基础之上，研究范围包括复杂自适应性行为、演化式变革以及速度起源。这项研究探讨了变革的本质，以及影响变革速度、韧性和效果的因素。我们发现有一些隐喻对于阐述这个观点非常有帮助，比如一级方程式赛车、太空探索、自行车团体赛以及驯鹿狩猎。本书结合我们在全球企业中的实地考察和我们以及其他学者对复杂理论、速度本质论和周期演化论的洞见，形成了边缘竞争战略方法。

边缘竞争战略方法基于的第一个假设是：市场处于不断变化之中。静态平衡的假设已经不复存在，相反，市场上的竞争对手来了又去，市场也在产生、消亡，萎缩、分化、冲突和扩张之间不断变换。今天还是合作伙伴，明天却变成了竞争对手，或者既是伙伴又是对手。技术日新月异，尽早进入市场很重要。用复杂理论来解释，市场是一个不断变形的景观，这种景观是由一个又一个的山峰和山谷构成的复杂地形。而在本书中，以异乎寻常的速度发生的变化正在不断地重塑这个景观。

边缘竞争的战略方法基于的第二个假设是：构成企业的是无数个组件，或者复杂理论中的主体，管理学上称为"业务单元"。这些组件在混沌边缘和时间边缘连接在一起时，就构成了一个复杂自适应系统。这些系统并不是因为繁杂才被称为"复杂"系统，它们其实相当简单。相反，"复杂"描述的是从这系统中涌现出来的繁杂的、创新的、自组织的行为。这些行为具有自适应性，因为它们可以有效地变化。一个经典的例子是天空中飞翔的鸟群。鸟儿们一起飞行，不需要固定的领队就能绕过障碍物并始终保持队形。鸟群的自适应行为可通过几条简单的规则来模拟，比如"总是与任何障碍物保持 3 英尺的距离，并向着鸟群的中心飞去"。

在竞争激烈和变化莫测的行业中，成功的企业奉行边缘竞争战略，这是本书的主要主张。这种战略的目标不是通常意义上的效率或者最优。相反，它的目标是灵活性，即适应当前的变化和长期的演化，面对挫折时的韧性，以及找到不断变化的优势来源的能力。归根结底，边缘竞争战略意味着持续的革新再造。

边缘竞争所涉及的持续变革的观点与变革如何发生的传统思维形成了鲜明的对比。例如，《商业周刊》《经济学人》和《财富》杂志等主流商业媒体对企业变革进行了生动的报道。但它们描写的是哪一类变革呢？通常是声势浩大的、令人揪心的改造，比如美国电话电报公司（AT&T）的重组、索尼（Sony）的调整、施格兰（Seagram）与美国音乐公司（MCA）的合并，以及福特汽车公司（Ford）的重组，等等。以上的变革大张旗鼓，一掷千金，要么大获全胜，要么一败涂地。无论是 AT&T 的解体、帝国化学工业（Imperial Chemical Industries）发生的革命，还是马自达（Mazda）的拯救行动，传统的变革主题始终如一。这种变革不那么频繁，过程却是大起大落，让人揪心。这种浩大变革的幕后指挥也许是"电锯"阿尔·邓洛普这样的人。在科学术语中，这种变革模式被称为间断平衡。

但是，最优秀的那些企业也是这样去适应环境变化的吗？那些最优秀的企业中发生的变革是否就是这种大规模的组织转型？对欧洲的 SAP、亚洲的丰田（Toyota）和宏碁（Acer），或者北美的沃尔玛（Walmart）、吉列（Gillette）和默克（Merck）这些明星公司来说，大规模组织转型的理念能够充分反映这些极度成功的企业是如何变革的吗？实际上，这些公司有一个共同的显著特点，就是没有进行过大规模的转型。相反，在这些企业中，变革是持续的、不懈的，甚至是特有的企业文化属性。大规模转型是错过变革时机的信号，而不是成功的象征。因此，最优秀的企业会随着时间的推移例行地、坚持不懈地、有节奏地进行变革。

复杂自适应系统

这类系统由多个互相作用的主体组成。主体可以是分子、鸟、人或者公司，等等。主体的数量必须超过"1"，而且不同的主体必须存在足够的差异，使其行为在所有情况下都不会完全相同。只有一个主体的系统或者所有主体的行为都完全相同的系统表现出来的行为是可预测的，而不是复杂的。一个典型的例子就是教科书中的"完美竞争"，所有公司都被假定以同样的方式行事。

复杂自适应系统表现出来的行为是复杂的——这种行为"足够有序以确保稳定，但同时又充满了灵活性和意外"[11]。这种行为是自适应的，因为它能够根据环境的变化自我调整；这种行为是涌现式的，因为它是在系统中产生的，只有一部分能被预测。

尽管系统中涌现出来的行为非常复杂，但指导行为涌现的规则却非常简单。事实上，规则简单性创造出来的自由才能让系统表现出复杂的、自适应的和出人意料的行为。此外，复杂行为的规则适用于整个系统，而不是仅限于某个主体，比如，复杂自适应系统中并不存在"领导"主体。系统表现出的这种群龙无首却又秩序井然的行为被称为自组织行为。因为在自组织系统中，每个主体自己会搞清楚如何形成变化。这种自组织的原则支配着复杂自适应系统的变化。

Boid 飞行模型

我们用一个简单的示例来说明复杂自适应系统表现出来的行为。我们模拟大量自治的、类似鸟群的适应性主体（称为 Boid），让它们在布满障碍的屏幕里相互作用。支配每个 Boid 行为的是下面这三条简单的规则：

（1）尽量与环境中的其他物体（包括其他 Boid）保持最小距离。

（2）速度尽量与周围的 Boid 保持一致。

（3）尽量向感知到的附近的 Boid 中心移动。

模拟的结果十分有趣，无论 Boid 从屏幕上哪个位置出发，它们最终总是能够形成一个群落。在模拟的过程中，这个 Boid 群落就像是飞翔的鸟群一样，围绕着屏幕上的物体流畅地移动。这种移动过程包括遇到障碍物时必要的分离和重组。即使有一个 Boid 不小心撞到了障碍物，它也会恢复，然后迅速赶上 Boid 群体。尽管没有领导者，也没有"形成群落"这样的指令或者规则，自组织和复杂的行为却在系统中涌现了出来，这些 Boid 真正地做到"组成群落"[12]。

研究方法

边缘竞争战略方法背后的这些观点源于我们在亚洲、欧洲和北美进行的深入调查研究。我们将研究重点聚焦在计算机行业，因为计算机行业是一个典型的高速变化的行业。对于高速变化的行业而言，管理变革是一项关键的竞争挑战。此外，我们并没有依赖商业媒体的二手信息，而是对一百多位管理者进行了系统深入的访谈，这使我们达到了其他研究方法无法企及的公正和深度。由于近距离的访谈难免涉及机密，我们不得不对受访的管理者和公司进行匿名处理，但是这些关于管理变革的坦诚、详尽的洞见依然是不可多得的。此外，我们在日常教学和其他研究工作中获得的洞见也对这项研究进行了补充。

本书研究了六组计算机行业公司的战略方法（见图1-6）。从盈利能力、增长、市场份额和行业综合声誉等指标来看，每组公司中有一家是公认的行业细分领域中的领头羊，另外一家公司也非常出色，只不过不是细分市场的领导者。20世纪90年代，这六家领头羊公司的年均利润增长率约为20%。相比之下，与它们同组的另外六家优秀公司同期的年均利润增长率只有5%。尽管全部六组公司都在相同的广义计算机行业中竞争，但是每一组公司都面临着独特的战略问题。这种多样性背后的原因是为了提高研究结果在更多战略背景下的适用性。

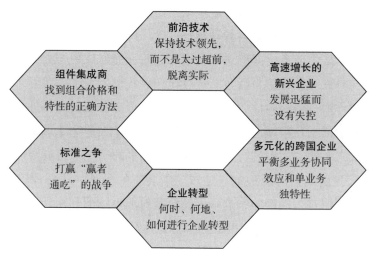

图 1-6　六组计算机行业公司及其战略地位与困境分析

有一位同事曾经问过我们，柯达（Kodak）、戴姆勒－奔驰（Daimler-Benz）和伯利恒钢铁公司（Bethlehem Steel）这些老牌企业的管理者是否应该阅读本书。毕竟，计算机行业的发展异常迅猛，许多其他行业的管理者还没有进入"互联网时代"，或者跟不上计算机行业产品生命周期只有半年的节奏。在我们看来，尽管计算机行业可能是一个极端案例，但它也是最引人注目的行业，许多管理者在这个行业中学会了面对残酷变化时如何取得成功。计算机行业中的领头羊公司，正是在快速变化、不可预测和竞争激烈的市场中制定战略的全球典范。管理者会越来越频繁地面对上述的市场境况。因此，我们的观点是，对于每一位将变革作为关键战略挑战的管理者（或准管理者）来说，边缘竞争的观点都将对其有所启发，无论他们管理的公司技术先进还是落后，是一家羽翼未丰的新兴企业还是《财富》500强的巨头公司，边缘竞争都提供了一种动态的战略视角。

第2章我们重点探讨的是单一业务的战略行为。借助混沌边缘的思想，我们说明了成功的管理者如何依靠少数关键规则进行适应性创新，同时始终按时、精准地在预算内提供产品和服务。这些管理者既不会陷入僵化的常规，也不会变得混乱无序。相反，他们解决了如何实现适应性创新和一致执行的困境。在这里，即兴发挥是边缘竞争的第一个组成构件。

第3章我们重点探讨如何管理同一家公司内的多个业务。关键的管理困境是如何平衡多个业务之间的协同效应，同时又能保证单个业务的成功。通过将企业与具有竞争力的自行车队进行比较，我们发现了一些管理者如何能够跨业务协作取得协同效应，又不会破坏单个业务各自的独特性，也不会被无休止的政治活动所束缚的奥秘。在这里，另一个混沌边缘的关键概念——协同适应加入了即兴发挥的行列，成为边缘竞争的第二个组成构件。

第4章我们探索时间边缘。通过"猎鹿"的例子，我们研究了管理者如何有效地利用过去的经验，这一困境涉及对旧事物的利用和对新事物的探索。换句话说，企业如何利用过去的经验而不被过去所困。我们以遗传算法、复杂性错误和错误灾难以及模块化为基础形成了边缘竞争的第三个组成构件——再生。

第5章将边缘竞争的概念扩展到了未来。我们描绘了领头羊企业的管理者如何通过各种各样低成本的试验探针对未来不断探索，从而获得洞察力和战略灵活性。他们突破了管理者面临的两难困境——在对未来做出确定性承诺的同时，为未来提供了一定的灵活性选择。他们既不拘泥于单个确定的未来计划（这种做法无疑十分幼稚），也不会沉迷于迫使自己不断地追赶行业领导者的被动游戏。以选择和学习为基础，形成了边缘竞争的第四个组成构件——试验探索。

第 6 章我们描述了时间步调这一关键概念。令人惊讶的是，即使是最优秀的管理者，也常常对时间步调的力量只有模糊的认识。精心编排的过渡和节奏是非常关键的要素。我们探讨了 4×100 接力赛中交接过渡的重要性以及在网球比赛中保持节奏的优势。以过渡编排、节奏和牵引为基础，形成了边缘竞争的第五个组成构件——时间步调。

第 7 章我们着重介绍了如何制定一项完整的边缘竞争战略。以培育草原生态系统为喻，我们重点阐述边缘竞争的实施过程：边缘竞争战略必须从一个明确的起点开始，依靠缺失的环节，并且遵循一系列特定的步骤。这些特点也揭示了为什么边缘竞争如此难以模仿和复制（见图 1-7 ）。

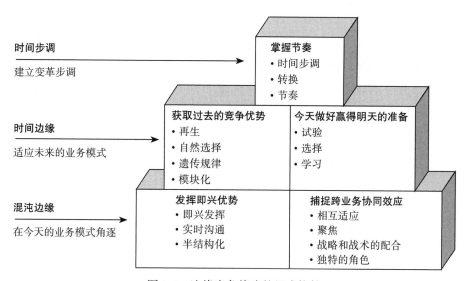

图 1-7　边缘竞争战略的组成构件

第 8 章我们解答了如何维持边缘竞争优势的问题。以美国职业棒球大联盟为例，我们阐述了三种领导力角色。首先，业务单元层面的领导者是重要的战略制定者；其次，高层领导者作为战略的提炼者，负责引导、提炼并阐明战略的半连贯模式；最后，位于中层的领导者担当拼接师，专注于不断调整业务来匹配不断变化的市场机会。这一章的核心概念是模块化和拼接。

第9章我们从战略、组织和领导力等方面总结了边缘竞争的"金科玉律"。

结论

当今，许许多多的行业都具有高速发展、不可预测的特征，这是本书的前提。变化是许多行业唯一不变的永恒主题，客户、技术、竞争对手、合作伙伴、法规、供应商、政治状况等都在发生变化。战略挑战的根本就是管理变革。

尽管边缘竞争的战略无法预测、不受控制，有时效率不高，但在经历残酷变化的行业中，边缘竞争却是一种有效的战略方法。边缘竞争要做到响应变化，然后尽量提前预见变化，最好能够创造变化和决定变革的步调让别人被迫跟随。边缘竞争意味着不断地变化，这种变化不是难得一见的企业重组，而是为了适应不断变化的市场格局毫不松懈、日复一日地调整。边缘竞争的回报是什么？生存就是胜利，就像弹珠游戏一样。但是，对于顶尖公司来讲，胜利意味着手握主动权，持续不断地变革，并且引领整个行业。

边缘竞争战略的提出和硅谷热、日本巨头的成功或新兴灵活的欧洲公司没有必然的联系。相反，它用一整套宏大的主题，将一大批全球领军企业联合起来，这些企业面临的战略问题不尽相同。边缘竞争将战略的两个方面"业务要达成什么样的目标"和"如何达成业务目标"紧密地结合在一起。立足于复杂理论、速度本质和周期演化的逻辑基础，边缘竞争战略是一些管理者正在掌握的一种组织策略和方法。当然，边缘竞争复杂而且充满挑战。但是，变革已然成为商业游戏的关键，这种态势下边缘竞争确实是一种有效的策略。

2

发挥即兴优势

我们未来的战略并非真的很明智。
我们制定战略，当它无法奏效时，我们就
后退一步，重整旗鼓，直到闯出一条路。

——菲尔·奈特（Phil Knight），
耐克（Nike）首席执行官

Competing on the Edge
Strategy as Structured Chaos

提起耐克这家公司，你的第一印象是什么？标新立异？是。创新先锋？绝对是。运动鞋品牌？是，但不够准确。耐克在全球运动鞋市场上的地位举足轻重，而且很快就会扩张成一家全球性的运动和健身公司。借助新锐的设计和新技术的优势，耐克管理层已经进军体育配饰（太阳镜、游泳镜、高尔夫手套等）、服装（能想象到的各种印有耐克标志的服装）、装备（冰球杆、足球、轮滑鞋）以及服务（运动管理、零售）领域。

耐克取得成功的原因之一就是其在核心业务上争取当今客户的超强能力。该公司通过核心优势领域（运动鞋）的创新（从 Air 到 Air Max，再到 Air Zoom 的升级）始终保持着对直接竞争对手的压力。耐克还在推出新颖的产品，积极地挑战其他细分市场上的强劲对手，比如速比涛（Speedo）的游泳衣和阿迪达斯（Adidas）的足球鞋。耐克不仅在创新上超越了竞争对手，而且当机会突然出现时，它灵活果断的应对能力也名不虚传，例如，它抓住时机建立起品牌形象，耐克对现象级高尔夫球运动员泰格·伍兹（Tiger Woods）公开的大力支持就是实例。

然而，耐克做到的远不止灵活和创新。生产出具备价格竞争力的产品、及时推向市场并且高效地销往世界各地也是耐克的常规操作。耐克闻名的品牌建设能力、零售/活动折扣店（比如精心设计的 Nike Town 旗舰店，其内部带有攀岩壁和篮球场）和令人印象深刻的 Futures 库存控制系统都是其经营能力的进一步证明。竞争对手还发现，耐克拥有业内最好的物流系统，它的员工兼具创新力和执行力。有了这些竞争优势，它向全球家喻户晓的运动和健身公司这个目标又迈进了一步。总之，耐克的创新产品和高效执行让公司能够创造出无法预测的、复杂的但是成功的策略。

首先，耐克的经验表明了一点，那就是在当前的商业环境下有效地与对手竞争的重要性。在快节奏且竞争激烈的市场上，像耐克这样明智和成功的竞争者从不会忘记当下才是最重要的。其次，更加重要的一点是，耐克的经验表明，在当前的商业环境中有效竞争的挑战在于，如何在变幻莫测的市场环境中创造出激动人心的新产品和新服务，同时一次又一次按部就班地将这些产品生产出来，在合适的时间以合适的价格提供给合适的客户。简而言之，当前商业环境的核心困境在于如何兼顾适应性创新和一致执行。

混沌边缘的特征

混沌边缘是复杂理论的核心概念，系统在这里发生的变化是最有效的。如果有太多的结构建立在混沌边缘之上，系统就会过于僵化，寸步难移。如果混沌边缘之上的结构太少，系统又会过于紊乱，杂乱无章。然而，混沌边缘并不是简单的"不要太凉也不要太烫"的中庸之道。准确地说，混沌边缘往往具有以下的特征。

（1）发生的行为是复杂的（比如兼顾执行和创新，而不只是二选一）。这就好像即兴演奏出的音乐一样。

（2）存在一些规则（比如优先级），这些规则既不专横也不会向某个极端妥协。例如，这些特定的规则下可以产生 Boid 飞行模型。

（3）平衡需要努力维持，因为这种平衡是耗散平衡。这种平衡总是会被结构和混乱两种吸引子牵引，摇摆不定。

（4）可能出现意想不到的情况。做好出现意外的心理准备，因为控制并不严格而且系统会实时地适应意料之外的变化。

（5）会出现错误，因为处在混沌边缘的系统常常会偏向两个极端。但从错误中恢复也很快，而且有机会将错误转化成优势，就像爵士乐手将错就错的演奏一样。

突破这种困境的方法是即兴发挥，这是一种混沌边缘上的方法。即兴发挥需要平衡结构和灵活性：结构对满足预算和计划非常重要，而灵活能够保证创造出创新产品和服务满足不断变化的市场需要。结构太多只会产出平庸的产品和可以预见的策略，并错失市场机会[1]。例如，零售业巨头西尔斯百货（Sears）的经理们煞费苦心设计的流程体系（据报道，所有流程加起来超过29 000 页）。但是直到 20 世纪 90 年代末，西尔斯百货还是在创新上乏善可陈，战略变化也以失败收场。结构太少则会导致成本高昂、计划延期以及局面混乱，好莱坞电影业就是最好的例子。例如，阿诺·施瓦辛格主演的动作电影《蒸发密令》让喜欢快节奏动作设计和精彩枪战场面的影迷大呼过瘾。但电影投资超出预算整整四千万美元（原本的预算只有七千万美元）。据报道，布景是混乱局面的罪魁祸首，比如很多选好的外景拍摄地实际并没有使用。

耗散平衡

当物质和能量间的不断流动驱动着系统向有序的方向发展时，系统就会进入耗散平衡的状态。从技术上来说，系统并没有达到平衡状态，而是处于一种有序的不平衡状态之中。秩序源自物质和能量的持续交换。简单地说，维持秩序需要能量。比如，当水从水池的下水口流出的速度刚刚好时才会形成漩涡，这时水就是在一种"有序的不平衡状态"中流向下水道，速度太快水就会乱掉。水流向下水道的有序模式就是耗散平衡。稳定的平衡状态的关键就是牵引着耗散结构的吸引子。

相反，当系统势能最小时，系统就会进入低能量或者稳定、平衡的状态。当维持常态不再需要能量的时候，就会产生秩序。例如，杯子里的玻璃球落到底部便不再需要更多的能量。

与这些极端情况不同，即兴发挥要在这种所谓的混沌边缘上维持平衡。这背后的理论是，任何类型的系统（例如蜂巢、企业、经济）处在过多结构和过少结构之间的混沌边缘时，它们都会"自组织"地产生复杂适应性行为。如果结构太多，这些系统就会过于僵化，寸步难移。如果结构太少，这些系统又混乱得分崩离析。

然而，和其他所有混沌边缘的流程一样，即兴发挥充满挑战。因为向某个极端倾斜太容易了，要么偏向过多的结构，要么偏向过少的结构。如果用复杂理论的术语来表述，即兴发挥就是一种耗散平衡，是一种位于两个吸引子（例如结构和混乱）之间的不稳定的边缘状态，这两种吸引子总是把系统从混沌边缘拉向过多结构的刚性状态或者过少结构的混乱状态。然而，保持在边缘上至关重要，因为所有类型的系统只有处于这种状态时才能自发地产生最具活力、最具适应性、最复杂的行为。用更直白的话来说就是，企业只有在边缘上才可以兼顾适应性创新和一致执行。保持在边缘上可以得到更多的战略选项，并且可以做出更好的选择（见图 2-1）。

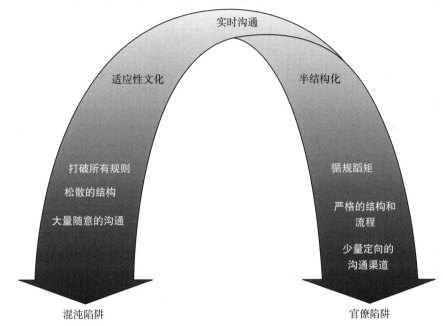

困境：兼顾适应性创新与一致执行

图 2-1 即兴发挥的边缘

以耐克为例，创新产品线和有效执行让其能够制定出人意料的、复杂的战略。它的战略有时强调创新的产品领导力，有时注重品牌和形象，有时聚焦执行和成本。正是这种战略让耐克在 20 世纪 90 年代为股东带来了平均47% 的投资回报率，而更为重要的是，耐克从一家拥有了不起的跑步爱好者产品的公司，逐步发展成了一家以客户为中心的市场化公司，并将最终发展成一家面向全球的零售巨头。

调查问卷

你的企业现在处于什么位置？拿起笔标出你的企业在每条刻度上的位置。

规则	完全没有 ……………………………	有很多
创建的规则	被遵守 ……………………………	被忽略
流程	不明确 ……………………………	按部就班
变革	在意料之中 ……………………………	疑虑重重
责任	集中 ……………………………	分散
每个人都聚焦在	最终产品 ……………………………	流程
优先级	清晰明了 ……………………………	含糊不清
按优先级分配资源	总是这样 ……………………………	从未发生
沟通	常常发生 ……………………………	很少发生
沟通	通过定向渠道 ……………………………	混沌无序

即兴发挥的基础概念

时间回到 1972 年，在旧金山一家破败的老剧院里，灯光昏暗、烟雾弥漫，台上的乐队演奏正在进入高潮。能容纳两千名观众的剧院里挤满了人，年轻人随着音乐摇摆起舞，双手举过头顶不断挥舞，在空中划出节奏。

当观众最爱的歌曲前奏响起，人群的热情被点燃了。台上的乐队同样报以激情的演奏，但人们以前从未听过这首歌以这样的方式演奏，他们也不可能听过。乐队的演奏以爵士乐为基调，加入了一些摇滚乐元素，这样同一首歌的演奏也绝不会重样，他们的表演是即兴的。虽然在演奏的过程中，乐队成员之间不断地呼应，也不断地回应着观众，但是音乐依然是有结构的。比如，贝斯手作用特殊，他是乐队的灵魂，而每一位乐队成员都知道应该弹奏哪些和弦。

时间快进到 20 年之后的 20 世纪 90 年代中期。东海岸一座两万人的体育馆里座无虚席，观众来自不同的年龄层，身形也是各式各样的。虽然台上那支乐队依然激情四射，但乐队成员却早已人过中年，满头白发，身材也有些发福。乐队享受着这一刻，观众们也十分尽兴。就像过去一样，观众会随着音乐摇摆、旋转，挥舞着他们的手臂。

为什么观众依然喜爱他们的音乐？乐队又是因为什么仍然喜欢演奏这些音乐？这些都是观众再熟悉不过的保留节目，为什么观众和乐队都不会审美疲劳？为什么这些音乐魅力不减？为什么还会有人来听这些音乐会？答案就在于即兴，这些音乐每一次的演奏都让观众体验到全新的感受。这就解释了为什么观众仍然喜欢他们的音乐会，为什么乐队很少在录音室灌唱片，而是坚持进行巡回演出。乐队和观众享受着彼此之间自发的互动，这形成了乐队的特色。此外，乐队还经常邀请嘉宾一起演出，给观众带来惊喜，乐队也因此而闻名。这些著名的嘉宾并不会和乐队一起排练，他们只需要知道演出的规则就行（包括他们会担纲键盘手，他们需要知道规定好的和弦是怎样的，谁应该先演奏等）。观众和乐队都喜欢从这些自发的互动中涌现出来的音乐，在如图 2-2 所展示的即兴规则一样，它们让人耳目一新，如痴如醉。

- 在表演中的任何时刻，都要清楚谁是领奏（独奏）以及自己在这段演奏中的角色
- 独奏应该倾听乐队其他人的演奏，并进行融合
- 清楚规则，才能清楚何时打破规则以及如何打破规则
- 作为一个团队（改变或者打破乐曲的结构）或者作为个体进行尝试（管乐器的华彩超吹或者弦乐器的低音跟弹）
- 不要因偶尔的"连环车祸"而惊讶，振作起来继续演奏
- 不要反复演奏同样的独奏片段，在熟悉的片段中尝试新的方法和风格。即兴处理意外的情况是华丽爵士乐的精髓

图 2-2　爵士乐的即兴规则

资料来源：Marc Sabatella 所著的 *A Whole Approach to Jazz Improvisation*（1992 年由 ADG Publications 出版）以及克兰菲尔德管理学院 Mary Jo Hatch 1997 年的研究手稿"Exploring the Empty Spaces of Organization"。

这支乐队就是感恩而死（Grateful Dead）。在乐队创始人杰瑞·加西亚（Jerry Garcia）去世之前，他们做过音乐界顶级的巡回演出，通过演出获得的收入也是最高的。感恩而死创造出了独一无二的音乐体验和与众不同的商业策略。它的收入主要来自巡回演出而不是唱片销售，这一点和大多数摇滚

乐队不一样。事实上，乐队一直鼓励歌迷录制演唱会，甚至为他们安排专门的录音区。感恩而死是最早的摇滚即兴乐队，也是最成功的商业乐队之一。

适应性创新与一致执行

企业管理者和感恩而死有何共同之处？许多时候，乐队和管理者遇到的是同样的挑战。对于乐队来说，他们的挑战在于在特定的时间、限定的曲目、有限的空间和预算等约束下，与不同的嘉宾和观众一起创造全新的音乐体验，一场又一场。我们认为这是乐队始终要面对的核心业务上的困境。管理者面对的挑战与乐队非常相似：在残酷变化的环境中，既要掌握适应性创新，又要始终如一持续地执行，一遍又一遍。

和许多现场乐队一样，感恩而死也是通过即兴来应对这一挑战的。即兴通常被认为是"临场发挥"，但真正的即兴有两个关键特征。

首先，表演者之间随时都在紧张地交流。他们通过倾听和眼神交流，时刻留意着其他人，他们不会关注下一刻要弹的旋律或是已经弹过的旋律。他们一心一意地关注着当下团队内正在发生的事情。"当下"才是最重要的。

其次，他们依赖几条非常具体的规则，比如谁先演奏，可以演奏哪些和弦，谁应该在谁之后演奏。规则虽然很少，在表演时却非常关键，大家都要无条件地遵守。因为结构提供了一个整体框架，而乐队的演奏不会跳出这个框架。如果结构太少，行动就会出现太多可能，这会导致没有行动（没有音乐）或混沌（不成曲调）。如果结构太多，音乐就失去了自发性（变得乏味）和独创性（千篇一律）。密集的交流让表演者们能够在几条非常具体的规则构成的框架内协作，让他们能根据互相的演奏和观众的反应进行调整。这样，即兴乐队既充满创造力，又始终如一地表演，哪怕观众和嘉宾一直在变化。

感恩而死与奔跑的耐克

这是不是有点似曾相识？在讨论耐克时，我们展示了该公司与众不同的能力，它能在瞬息变化的技术和市场环境中持续打造创新性的产品，并且能在合适的时间将这些产品推向合适的人群。在管理中，即兴发挥是指在结构的限制下进行大量实时的沟通，这些限制包括清晰明确的职责、严格的优先级和确定的期限。管理者能够通过即兴发挥不断创造性地适应变化，并且始终如一地推出产品和服务。

和音乐类比，管理者即兴创作的是创新性的产品和服务（不会没完没了地老调重弹），尽管市场和技术在不断地变化（观众和场地一直变化，嘉宾来来去去），但是他们能始终如一出色及时地执行战略（他们照常出现在舞台上并奉献精彩的表演）。

然而，耐克和感恩而死的成功并非易事。通往即兴发挥的成功之路上困难重重。

结构太少：混沌陷阱

如果创新对成功至关重要，那么许多管理者会聪明地选择减少结构，例如那些初创企业或正在开拓新市场和新技术的企业。对那些要打破暮气沉沉的官僚作风的老牌公司来说，减少结构也是明智的选择。但一些管理者选择减少结构，只是因为对非传统的扁平化组织的个人偏爱，或是因为他们雇用了创新的专业人才。当管理者矫枉过正，将结构妖魔化为扼杀自由、灵活性和创新的枷锁时，他们就会陷入混沌的陷阱。

结构不多的企业确实有更具创造力的环境。事实上，它们并不缺乏创意。它们中的佼佼者甚至因其围绕不同寻常的产品和服务打造的创新策略而闻名。所以这些公司的口碑建立在充满乐趣的工作场所之上，设计师、营销人员和其他雇员都喜欢这样的工作环境也就毫不奇怪了。有时，这些企业表现强劲，特别是在竞争不那么激烈的环境下。但更常见的情况是，这些企业缺少能让创造性的战略落地的能力。分析师经常形容他们"前后矛盾"或"言而无信"。它们很难复制自己已经在市场上取得的成功。为什么？因为它们糟糕或混乱的落地能力也"不遑多让"。

冰激凌公司本杰瑞（Ben & Jerry's）就是一个很好的例子。这家来自佛蒙特州乡下的公司由本·科恩（Ben Cohen）和杰瑞·格林菲尔德（Jerry Greenfield）创办，他们都是新时代文化的信徒。20 世纪 80 年代，美国市场对高价纯天然食品需求旺盛，正好赶上了这一波风潮，社会责任的使命让他们走到了一起，公司被当作一个大家庭运作，迅速发展壮大。由于管理上做出的选择，公司几乎没有什么规则，也没有正式的增长计划或预算。他们也不用为利润率或销量这些有形的目标负责。新产品的开发过程也很随意，联合创始人科恩经常在厨房里鼓捣，"搞出"一些他感兴趣的口味。

多年以来，本杰瑞一直保持着真正的创新精神。公司"香草口味以外的任何口味"都十分风靡，比如"雨林脆脆"和"丘比哈比"。它们还因为快乐的工作氛围而闻名，提升氛围感的行为包括"欢乐帮""猫王庆祝日"以及以价值为导向的资本主义。但到了 20 世纪 90 年代中期，这家曾经快速增长的公司开始走下坡路。来自哈根达斯（Häagen-Dazs）等公司的激烈竞争导致公司业绩下滑。本杰瑞的股价从每股 30 多美元的高位跌至 12 美元左右，因为该公司无法控制成本，而且对重要的市场趋势反应迟缓，比如错过了从高脂冰激凌向脱脂雪糕的调整机会。在本杰瑞混沌的世界里，财务业绩的良好表现难以为继。[2]

金融服务巨头富达投资（Fidelity Investments）是另一个例子。长期以来，这家共同基金先驱一直鼓励基金经理们"勇于冒险，挑战传统思维"。富达高层培养的是基金经理的"战斗机飞行员"精神，并且给了他们极大的自由"大刀阔斧"地操作自己的基金。但到了 20 世纪 90 年代中期，人们发现这种战斗机飞行员精神已经走得太远了。一份重要的商业杂志表示，富达变得自相矛盾、纪律涣散。[3] 有些基金的规模太大，不能任由基金经理上演自由操作的"独角戏"，这其中就包括市值大约 500 亿美元的麦哲伦（Magellan）基金。1996 年，七名基金经理（包括在职和离职的）因为大量的个人账户交易成为美国证券交易委员会的调查对象。美光科技（Micron Technology）的股票交易也因操纵股价陷入了联邦诉讼。这两起事件损害了富达的形象，同时导致人们认为富达对基金经理失去了控制。富达也因此失去了一些管理大型养老金的机会，比如位于明尼阿波利斯的托罗公司（Toro

Co.）以"基金太不稳定，太分散"为由拒绝了富达。1996 年，富达的主要竞争对手先锋（Vanguard）在新基金的流入量上超过了它，而富达当年的表现（其基金累计的平均总回报）在十大股票基金公司中仅排名并列第七。

管理者们如何判断他们的企业是否陷入了结构过少的混沌陷阱（见图 2-3）？我们发现，这些企业有三个共同的特征。

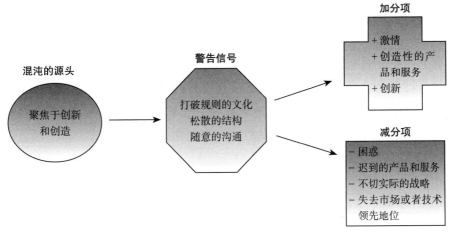

图 2-3　混沌陷阱

第一个特征是打破规则的文化。陷入混沌陷阱的企业里，往往会存在一些极端的人，他们需要不受约束的极度自由。对他们来说，打破任何现存的规则不只是可以接受的行为，还是应该优先采取的行为。

第二个特征是松散的结构。结构松散的表现有：关键的、有形的目标（如盈利能力）的责任不清，或者优先级模棱两可、错过最后期限、指挥链不明朗。结构有的时候存在但被忽略，有的时候就根本不存在……因为没有人想过结构，或者根本没有人需要结构。

第三个特征是随意的沟通。陷入混沌陷阱的公司内经常会有大量的沟通，但不知何故没有人了解到底发生了什么。即兴发挥中的实时沟通聚焦在"当下"发生的事情，但混沌陷阱中的沟通则不然，它们没有任何定式。两个人随意的交谈话题都是飘忽不定的，他们能从去年的利润聊到对明年热门市场的投注。

制造混沌的 Royal

我们研究的企业 Royal（化名）显然正在陷入混沌的陷阱。Royal 是一家底蕴深厚的老牌计算机公司。这家公司具有典型的官僚作风，其业务由多个纵向划分的部门承担，而这种形式的商业组织已经不再是主流。Royal 的旧业务仍然存在（见第 7 章），但在保留传统商业模式的同时，Royal 的管理者已经开始着手对公司进行改造。他们的办法是创造一种新的商业模式来占领新兴的多媒体计算机细分市场。我们将重点分析 Royal 的新业务，这个组织完全不同于公司其他部门。事实上，公司管理层承诺要创造全新的业务环境，这与新业务部门正在追求的多媒体计算机市场机会不谋而合，而且 Royal 的管理者认为这种环境能造就成功的北美商业模式。然而，从过去压抑的组织脱离出来之后，Royal 的管理者却走向了另一个极端，越走越远。

打破规则的文化

Royal 旧业务的传统根深蒂固，任何一件事都有章可循，等级森严。Royal 新业务提倡的"打破规则"的文化则与此背道而驰。

无视规则和流程是可以接受的行为，甚至受到鼓励。每个人都把注意力放在如何创造最先进的技术，钻研如何用这些技术吸引客户的眼球。一位管理者这样描述这些"焦点"技术："很酷，很时髦，你就是想要它。"新的 Royal 组织是松散的、流动的、自由的。与 Royal 的旧业务形成鲜明对比的是，Royal 新业务的世界里充满了真正的创意，在这里，员工们不惜一切代价地追求新概念和新业务，寻找下一代的热门产品。最简化的组织结构和违反规则的行为不但不会被责备，反而是组织希望看到的。正如一位管理者所说："不用把事情写下来就是公司文化的一部分。"

松散的结构

整体上看来，Royal 新业务的结构似乎并未出现紊乱。业务按照常规被划分为非常标准的产品团队，每个产品团队由一名主管管理。官僚作风依然象征性地存在，比如计划和预算流程。但在 Royal 新业务内部更低的层级，结构变得支离破碎。

例如，产品开发是围绕特定的项目开展的，但是项目的日常管理工作则是由硬件部经理、图形部经理和项目部经理分担。一位经理含糊地给出了定义："嗯，这种方式有点像矩阵。"尽管（也许就是因为这一点）所有经理都分担了管理职责，但开发中的特定项目的财务业绩（例如，最终的利润率）由谁负责却没有明确。产品定义的责任难以厘清，因为硬件和图形两个部门都认为是自己在负责。第三个部门项目管理部负责时间计划。这个部门的经理本该将图形计划和硬件计划整合成一个连贯的完整计划。然而，他们实际上却做不到这一点，原因有二。一方面是硬件和图形两个部门人员的意见不一致。事实上，他们一直合不来：另一方面，非技术背景的项目经理从来没有得到有过技术背景的同事的尊重。一位经理回忆说："项目经理本该按时间计划管理项目，但没人理会。"

那么，Royal 的新业务是如何划分职责的呢？硬件部经理和图形部经理都在推动各自的职能团队走在各自领域的前沿。他们的重点是培养最好的硬件设计师和最好的图形开发人员。然而，他们不负责确保两个领域的技术可以对齐并创造出符合预期的完成品。一位经理告诉我们，两个部门之间的争端必须"上升两三个层级才能找到解决的人"，进度常常因此落后。最坏的时候，图形部经理和硬件部经理互不相让，导致最终产品在两个技术维度都表现欠佳。最后，高级管理人员往往还会跳过中层管理人员，直接提建议给开发人员个人，这使得情况愈发复杂。总的来说，产品利润率、产品规格或时间计划这些关键目标都没有明确的责任人。责任在混沌中变得模糊不清。

优先级也好不到哪里去。在被问到优先级时，Royal 的经理们总能给出答案，但紧接着又会自嘲："优先级真的不重要。"随便问两个人，得到的优先级都不一样。优先级没有很清晰地确立，也不是 Royal 新业务的核心重点。

资源的分配同样含糊不清。以产品开发为例：理论上，资源会按照市场的需要被分配给下一个项目。由于越来越多的项目赶不上计划的发布日期，额外的资源会被分配给这些项目，好让它们按时完成。在实践中，经理们会不择手段地掠取资源。比如，有些经理捏造"幽灵"团队和虚假项目来霸占更多资源，把资源分配变成一笔糊涂账。还有些经理在时间计划上做文章。

一位经理解释说："我们不得不做些什么，让高管们能看到进展。所以，他们想要的我们会很快干完，但我们真正在做的是其他事。"

随意的沟通

在过道里"闲逛"是 Royal 新业务的生活方式。每个人都站在过道里，手里端着一杯意式特浓，这种感觉让人兴奋，但天马行空的闲聊没什么条理。这种闲聊并不总是能把合适的人聚在一起。此外，闲聊也不能让人们把注意力放在当下发生的竞争和即时的执行上。相反，过道闲聊变成了朋友和同事之间关于行业八卦以及"酷炫"新技术的讨论。

低效的会议放大了过道闲聊的缺点。正如一位经理所说："会议完全没有组织，无法有效地沟通。永远不知道为什么开会，也不知道什么时候开会。"此外，项目团队的成员各自属于按专业职能划分的部门。因此，同一团队中的图形艺术家和硬件开发人员常常不知道彼此的进展。与此同时，一些高级经理常常越级管理。交谈很多，有效的沟通却很少。

业务影响

有一部分人在 Royal 新业务持续不断的动荡中成长起来。他们干劲十足，并为公司硅谷式的氛围感到兴奋。一位女士谈起她有多喜欢在 Royal 工作时激动得喘不过气来，这种"谁也不知道接下来会发生什么"的感觉很美妙。

但也有人认为，打破规则的文化、混沌的结构和过程会带来问题。它们制造了大量的困惑，浪费了太多时间。正如一位高管所言："这场试验很大很有趣，但问题是我们也需要结果。"在业务层面，几乎没有绩效问责制，也没有明确的关键经营变量。沮丧的情绪也在四处蔓延。一位软件经理解释说："我们没有时间计划；搞不清楚自己该做什么，不该做什么。我们的办法是：我们大概清楚产品在某种程度上是什么样子，随时动态地改变设计。但这办法并不奏效。"

在我们与 Royal 新业务交流的那段时间里，他们在前沿技术和新产品上采取了令人兴奋的战略，并且获得了成功。尽管新产品线的发布总是落后于计划，但公司内部和市场都乐观地认为，新 Royal 将继续增长。然而一年后，新 Royal 并没有达到市场预期。和那些典型的陷入混沌陷阱的管理者一样，公司的经理们毫无章法。他们无法有效地贯彻日常运作，无法迅速将产品推向市场，也无法抓住新的机会。早期积累起来的技术优势被竞争对手迎头赶上。Royal 最终因为战略无法落地执行迟迟无法占领市场。

警告信号

有明确的信号表明，Royal 的结构太少：

1. **打破规则的文化。**Royal 的员工以缺乏纪律的文化为荣——对有些人来说，这种感觉充满活力和激情，但在竞争白热化的市场中，这并不是提供产品和服务的有效方式。
2. **松散的结构。**模棱两可和争论掩盖了不明确的责任，博弈和忙乱导致了模糊的优先级。不存在什么里程碑、度量、流程以及规则。
3. **随意的沟通。**包罗万象的随意交谈有点多——实际上有点过多了。

结构太多：官僚陷阱

如果公司的结构变得过于复杂，就会掉进第二种陷阱——官僚陷阱（见图 2-4）。掉进这种陷阱的管理者通常会关注等级和严谨的流程——他们会重新设计和改进工作流程，让产品和服务在系统中顺畅地流动起来。他们强调时间计划、里程碑规划和工作描述。然而，产品和服务本身很少得到应有的关注。

首先，对流程和结构的重视可能是合情合理的。例如，这些流程可能是流程再造的产物，流程再造将业务塑造成具有竞争力的形态。有时，这些流程是公司在竞争节奏还远没有这么快时留下来的。有时，这些流程直接照搬自公司其他部门，它们被视为成熟业务线的典范。其次，这些结构可能是对严格控制的文化偏好的结果。竞争者们针锋相对，都想赶超对方，通常情况下，流程是面对这种激烈竞争下意识的措施。源源不断地推出新产品或新服务是赢得竞争的关键，在这样的竞争中，严谨的结构可能颇具吸引力。不管这些结构出自哪里，它们的目标都是提升效率，不是提高灵活性。

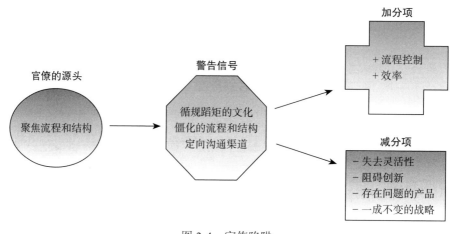

图 2-4　官僚陷阱

　　处在官僚陷阱中的企业可能表现得很稳健。这些公司中的少数翘楚能够持续发布具有竞争力的市场产品，还能在既定领域进行创新，它们因为稳定可靠而受到尊重。然而，大多数这样的公司会错过新市场、新产品或新商业模式中不断变化的战略机遇。特别是市场和技术都日新月异的环境中，过重的结构让它们付出了代价。这个代价就是阻碍灵活，妨碍创新。产品和服务会通过僵化的体系不断推出，哪怕这些产品和服务存在问题，哪怕推出的时间和价格不合适。这些公司占主导地位的是效率和控制，而不是适应性。因此，它们常常因为落后的、一成不变的战略饱受批评，这些战略满足的是过去的客户需求，而不是现在的客户需求。

　　以德国的豪华汽车制造商戴姆勒－奔驰为例。20 世纪 90 年代，该公司的旗舰梅赛德斯（Mercedes）系列遇到了麻烦。很多人认为这家公司保守，其汽车概念不够灵活。梅赛德斯－奔驰陷入了森严的等级制度和规则所造成的官僚僵局中。董事会和车间之间存在六个管理层级，所以这个系列鲜有新车型，而且投放的速度很慢。例如，投放 C 级车型的决定花了七年时间，这个速度与日本和美国汽车制造商相比极其缓慢。现有车型每年只是重新发布小改款。例如，畅销的 E 级车型已经推出八年多了。就算梅赛德斯的生产效率和它的日本对手之间存在约 35% 的差距，等级制度依旧是生产车间里的法则。总的来说，很多车主不再看重长久以来梅赛德斯给人的舒适、安全、耐用的印象。尽管梅赛德斯在一些工程创新领域仍处于领先地位，但战略地位已经过时了。梅赛德斯陷在落后的、一成不变的生产大型豪华轿车的策略中无法自拔。20 世纪 90 年代中期，就在梅赛德斯陷入停滞之际，其主要竞争对手宝马（BMW）在全球汽车总销量上迅速超越了它。

另一个例子是金宝汤（Combell Soup）。20 世纪 90 年代早期，曾经的美国头号罐头汤制造商风光不再。罐头汤市场已经成熟，金宝汤大多数时候只是在现有产品的基础上进行改良。在很多人看来，这家公司就是毫无生气的官僚机构，就像它传统的红白标签一样，一成不变。产品的创新流程被严格管制，真正的创新尝试很少，改变战略方向的尝试也失败了，甚至首席执行官大卫·约翰逊（David Johnson）也宣称："我要根除官僚作风[4]。"不出所料，公司的收益下降，股价也跌至历史低点。美国消费者越来越喜欢外出就餐，也越来越喜欢刚出炉的外卖，而金宝汤难以适应这种趋势。新的战略和创新产品更有可能来自子公司的并购而不是母公司自身，比如莎莎酱生产商佩斯（Pace）[5]。

管理者如何才能发现公司陷入了过多结构的陷阱？我们发现这种陷阱有三个共同特征。

第一个特征是循规蹈矩的文化。在这些企业里，员工往往以循规蹈矩为荣，等级制度和流程被视为竞争力和纪律性的象征，他们看重可预测性和控制性。而改革是一种烦恼，因为它要打破规则。

第二个特征是僵化的流程和结构。通常，结构表现为严格编排的流程、详细的工作描述、精心制作的组织图表和面面俱到的规则，流程关卡变成了关键的检查点，职责被细分到流程的每一步之中。流程定义清晰到大多数员工都能对完整流程的每一个环节倒背如流，这些流程涉及方方面面，包括季度战略回顾、客户服务或产品开发。

第三个共同的特征是定向沟通渠道。沟通通常是通过正式的渠道进行的，例如指挥链或流程中的某些环节。沟通只可能在正式场合发生。

正步前进的 Nautilus

Nautilus（化名）就是一家掉进过多结构陷阱的公司，在竞争白热化的计算机消费产品细分市场上，该公司是全球知名的竞争者。这是一场垄断寡头之间的残酷竞争，就像几家主要的公司在玩一场快速的"跳山羊"游戏。

这个游戏的过程是怎样的呢？一家推出了一款新产品，接着第二家公司推出另一款产品进行反击并打败它。紧接着，第三家公司的产品再完成一次超越，其他的竞争者争先恐后。大家的目标就是"比别人强"。在这场你追我赶的游戏中，Nautilus 的表现怎么样？答案是它并没有达到管理层的期望。于是 Nautilus 管理层启动了重大的重组，大幅度地加强和规范关键流程。但我们马上会看到，这种战略无法让 Nautilus 在这个竞争激烈、快节奏的市场上战胜对手。

循规蹈矩的文化

Nautilus 的文化是严格管理的结果。必须遵守规则，而所有的规则都固化成了流程。任何问题都可以用定义明确的流程解决。你会发现，在 Nautilus 的每一间办公室，墙上都贴满了详细的流程说明和绩效指标。管理者以严格执行流程为荣，有些管理者甚至把这些流程视为核心竞争力。一位公司高管点明了这种文化的内涵："我们与竞争对手的区别就是我们的纪律。"规则、流程、纪律——这就是 Nautilus。

僵化的流程和结构

建立详尽的流程是 Nautilus 参与竞争的方法。例如，产品开发经理制定了严格的从产品概念，到设计，再到生产制造的一系列固定环节。项目被分解成小任务，然后按照结构化的顺序执行，从概念规格到预原型再到原型，环环相扣。他们高度重视效率——也就是说，产品设计要尽可能快速高效地完成。整个流程通过规范、工序和检查点来管理。项目要严格按照顺序执行，开发人员完成其中一个环节的任务后，项目才能继续。当每个环节完成时，项目要通过检查点的验收才能进入下一个步骤。是否正确地遵循了工序（例如，是否执行了正确的测试？）是检查点的验收重点。最后，所有项目每年都要设定一次主计划，主计划涵盖了时间点、优先级、工作流程和资源。

然而，具有讽刺意味的是，尽管有这么多流程和结构，两个重要的结构却莫名其妙地被无视了。第一个被遗漏的结构是主要成果的责任分配，例如产品的总体定义，产品的整个设计进度，以及产品的财务表现的责任应该如何分配。没有哪一个经理会端到端地跟踪产品从概念到发布的完整过程，所以就找不到人来全权负责。Nautilus 的流程只看到孤立的"树木"而没有看到完整的"森林"。

第二个被遗漏的结构是每年一次的优先级排序。一旦项目进入开发流程后，就不会再从战略上重新评估了。没有人会重新审视产品的市场定位是否合适，也没有人会重新审视产品所采用的技术是否跟得上最新的发展趋势。Nautilus 精心设计的环环相扣的流程几乎没有留下任何调整的空间，无法适应不断变化的市场和不断涌现的技术。这些流程就像一台制造新产品的精密机器，项目从一头流入，完成的产品按部就班地从另一头流出。

定向沟通渠道

在 Nautilus，沟通也要遵守流程。产品开发周期和订单完成是流程的重中之重。因此，这些流程中存在的沟通路径也是线性的，这一点也不奇怪。于是，管理人员只能看到流程中和他们所承担的环节有关的问题，完全意识不到流程中存在其他更多的问题。Nautilus 的实体组织架构进一步强化了这些正式的沟通模式。与 Royal 形成鲜明对比的是，Nautilus 的大厅很安静，一道道安全门把一个个小团队隔离开，团队内紧密合作，团队间却不相往来。最后，企业对外的整体沟通水平也很低，因为没有什么对外和客户或供应商进行沟通的正式流程。

业务影响

Nautilus 为了应对当前竞争形势所采取的这种高度结构化的方式，让许多管理者引以为傲。他们相信严格遵守流程是关键能力，能让他们建立起竞争优势，超越那些不可靠和高成本的竞争对手。一位经理夸口说："我认为快速生产出产品是我们能做的事情之一……在这件事情上，我们遥遥领先。"他的话并非全错。Nautilus 一定可以按时在预算内生产出产品，也一定可以高效地完成订单。在慢节奏的行业中，这些流程可能是一种明智的管理方式。

而有些管理者却意识到了僵化的结构带来的局限性，尤其是在 Nautilus 所处的快节奏和不确定的市场竞争中。例如，产品开发流程几乎没有提供来根据变化的条件进行调整的机会。在情况发生变化时，经理们受制于流程无法进行回溯或重新调整产品规格。产品策略的重新评估往往过于滞后……滞后到在产品发布之后才进行。正如一位经理的感叹："我们发现问题的时候，已经太晚了，我们没办法做出反应。"结果 Nautilus 的产品功能组合总是出现问题。

尽管拥有一定技术优势，Nautilus 主要奉行的依然是一种简单、低成本的战略。其拳头产品吸引了那些对价格敏感的消费者，他们想要的就是便宜、快捷的"盒子"。Nautilus 的管理者试图通过降价来发挥成本优势，占领更多市场份额。但是，低廉的价格无法弥补产品定位的不足。Nautilus 管理者的所作所为只是拉低了该行业领域里所有竞争者的利润。在扩张、利润率和市场份额各个方面，他们的业务一直都落后于该领域的领导者。

警告信号

Nautilus 在被流程桎梏的组织之中挣扎，这样的经历并不令人惊讶。有些警告信号体现出了官僚陷阱的特征：

1. **循规蹈矩的文化。** 在 Nautilus，每件事都有章可循。最重要的一条规则就是遵守其他所有规则。

2. **僵化的流程和结构。** 在 Nautilus，一切都有严格的约束，这些约束包括按部就班的流程、事无巨细的工序、极其详细的组织结构图和近乎苛刻的计划。然而，具有讽刺意味的是，过多的细节掩盖了结构上的缺失，而这些缺失涉及很多重大的问题，比如关键责任、关键运营度量指标和整体优先级。

3. **定向沟通渠道。**在 Nautilus，非正式的交流很高效，但就是太少了，话题也不够丰富。沟通全都围绕着主要流程展开，全部聚焦在内部问题上。

游走在混沌边缘

尽管有不少管理者不是陷入混沌的陷阱就是掉进官僚主义的陷阱，但终究还是有人找到了避开陷阱的办法，那就是即兴发挥。就像感恩而死乐队一样，他们靠的是少量的结构加上密集的实时沟通。简单的结构和大量的交流使人们采取的行动更加复杂，更加具备适应性，效果比结构更多或更少时更好。过多结构带来的是我们在 Nautilus 看到的僵化，而过少的结构则会导致我们在 Royal 经历的混沌。相比之下，有限的结构与密集的互动相结合，一方面能创造出足够的灵活性，使行为充满新意、意外和适应性；另一方面能为企业提供足够的结构，让产品和服务可以一次又一次地按时精准地交付。

即兴发挥型的企业所创造出来的产品和服务通常都会获得成功，但这种成功某种程度上是无法预测的。它们的战略通常比竞争对手更加多样化，因为它们可以迅速改变战术，发挥成本或创新优势。它们通常还擅长发现未开辟的新兴市场，先人一步建立起竞争优势。总的来说，这些企业通常在当前市场表现强劲，并且能够随着环境的变化转变战略方向。

菲尔·杰克逊（Phil Jackson）[○]谈即兴发挥 [6]

"你需要给队员们一些结构作为基础，不然他们就会在球场上迷失

○　美职篮传奇教练，1989～1998 年执教芝加哥公牛队，帮助公牛队拿下六个总冠军，2000～2011 年执教洛杉矶湖人队，帮助湖人队拿下五个总冠军。他执教公牛队和湖人队时都成功地使用了三角进攻战术。——译者注

方向。”

三角进攻战术要求三名球员站在球场上特定的位置。

“但你必须保证每个人都有行动的自由。”

空切和传球不是事先安排好的。

“你必须凭本能就知道每个人的跑位。”

杰克逊强调球员在球场上必须能洞察一切。

“球员们经常接管比赛，靠本能获胜。我需要做的很简单，就是不要打断他们，让他们自己决定如何组织进攻。”

杰克逊让比赛战术顺其自然地浮现出来。

百能共同基金（Putnam Mutual Funds）就是一个例子。这家公司从众多的基金管理公司之中脱颖而出。20世纪90年代中期，在美国十大多元化基金家族中，百能共同基金在一年期、三年期和五年期基金的总回报率等多项指标中均排名第一，而且在此期间它们的表现一直要优于标准普尔500指数。这家公司的资金管理方式与其业绩一样与众不同。典型的基金管理模式靠的是一小群不受约束的"明星"基金经理，而百能共同基金则不同，它采用的是一种更加结构化的方法。该公司使用一种创新的、持续更新的量化方法创建了一份股票清单来供基金经理们选择。这份清单通常包含了大约200只股票，这大大缩减了可供选择股票的范围（约5000只）。此外，它们依仗的是在给定基金目标的约束条件下群策群力挑选股票的团队，而不是凭着特殊直觉单兵作战的个人。这样保守型基金才能做到保守，激进型基金才能做到激进。股票范围缩减，责任被分担，基金的优先级也非常明确。但是，具体的基金策略和实际选择股票的过程则由基金经理自行斟酌。因此，基金经理在满足约束的情况下仍然拥有很高的灵活性。百能共同基金的这种即兴发挥的基金管理方法的基石就是这些结构加上基金经理之间大量的沟通。因此，百能共同基金的基金经理们才能采取出人意料但回报颇高的行动，比如支持陷入困境的施乐集团（Xerox）。与此同时，它们的表现也一直很稳定。

航空业巨头英国航空（British Airways，BA）是另一个例子。英航以其创新卓越的服务在航空业中享有盛誉，尤其是那些为商务舱乘客提供的服务。英航实现卓越服务的方式是对员工进行全面的强化培训，让他们了解英航为挑剔的乘客提供的无微不至的服务要点。强化培训这种做法其实并不新鲜。令人意外的是，英航的培训体系还包括了教会员工何时应该绕开英航的标准服务程序。员工们通过培训体系学习识别哪种场合下应该跳出英航标准程序，并进行练习。也就是说，英航高管不仅鼓励员工随机应变，还要确保员工学会随机应变的方法。结果，这样的服务策略既能保持英航的一贯水准，也能因人而异。

即兴发挥的企业有三个共同特点（见图 2-5）。

第一个共同点是适应性文化。在这类企业的经理们看来，变化是意料之中的事，所以他们能够预见现在正在做的事情需要迭代、回退和调整。变化是常态，而不是例外。

第二个共同点是半结构化。虽然懂得即兴发挥的管理者需要的结构很少，但他们确实要依赖少数几个不能违背的关键结构点。这些结构点是优先级、期限、主要成果的权责和针对性的实时度量。

第三个共同点是实时沟通。即兴发挥的企业里，发生在整个组织中的沟通超乎想象的频繁。但这种沟通并不是没有界限的。沟通实时关注的是当前任务，比如生产运营、客户投诉和竞争对手的行动。

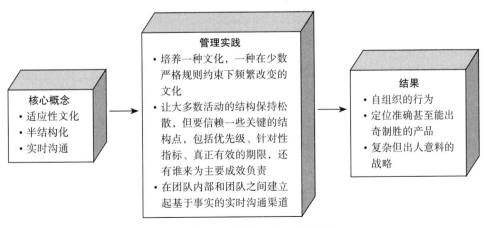

核心概念
- 适应性文化
- 半结构化
- 实时沟通

管理实践
- 培养一种文化，一种在少数严格规则约束下频繁改变的文化
- 让大多数活动的结构保持松散，但要信赖一些关键的结构点，包括优先级、针对性指标、真正有效的期限，还有谁来为主要成效负责
- 在团队内部和团队之间建立起基于事实的实时沟通渠道

结果
- 自组织的行为
- 定位准确甚至能出奇制胜的产品
- 复杂但出人意料的战略

图 2-5　游走在混沌边缘：即兴发挥

即兴发挥的 Cruising

汽车沿着鳞次栉比的高大建筑向前路驶去，这里曾经是工业革命的中心。一幢幢建筑安静地矗立在那里，这是那个早已逝去的时代留下的印记。车缓缓停在了停车场，这里静悄悄的，与当今繁忙的商业节奏格格不入。但不要被茂盛的草坪和参天的树木迷惑——Cruising 计算机公司（化名）就坐落在这里。这家公司和 Nautilus 一样，也是激烈的消费电脑产品领域的竞争者。本章前面提到，这个行业就是几家精明的竞争者之间不断超越对方的跳山羊游戏。虽然所有的竞争者都希望找到可防守的利基市场——这是传统的战略目标，但在这个快速变化、不可预测的市场中，这有点不切实际。更现实的目标是借助一系列短暂的竞争优势不断地推翻再造。在成本敏感和竞争激烈的市场环境下，如何通过对产品功能、品牌、渠道和新技术的适当取舍来获得优势，这样的战略挑战如同家常便饭。Nautilus 的管理者选择严谨设计的结构和流程，而 Cruising 的管理者则选择另辟蹊径。站在外部商业媒体旁观者的角度来看，Cruising 的管理者执行的战略显然是复杂的，他们的重点在品牌建设、创新和成本控制之间不断地转换，这帮助他们成为细分市场的头部玩家。但有一点不那么明显，他们是通过即兴发挥来实现这一战略的（见表 2-1）。

表 2-1　Cruising 计算机公司的即兴发挥

存在结构	产品层面	营销部门为产品利润和产品定义负责 工程部门负责管理时间计划 每个项目都要通过沟通达成严格的优先级 每两周为一个工程期限
	业务层面	总经理为增长、份额、利润数据以及另外一项指标负责 绩效奖金与数据挂钩 每周周报，包括制造、物流、工程里程碑、产品销量以及渠道指标
不存在结构		其他任何事务
大量实时的沟通		每周竞争状态回顾 每周产品计划会议 每周开发项目间的会议 每周业务回顾 咖啡馆和餐厅的非正式交流

（续）

	自组织	产品团队用自己的方式开发原型 营销团队采用自己的方式聚焦客群
结果	错误	向零售渠道转移失败 笔式计算机产品失败
	出人意料的 复杂战略	最初靠价格取胜，然后靠技术创新，接下来靠品牌
表现	市场领导者	出类拔萃的业绩 市场份额领先 带来了 20% 的收入增长——超过了整体市场增长 尽管市场经历了价格战，但在细分领域中保持着最高的利润率 "每个人都想成为 Cruising 这样的玩家。"

适应性文化

Cruising 有一个显著的特点，每个人都期望改变。例如，营销团队和工程团队之间都希望就"做什么和不能做什么讨价还价"。一位经理说，不断地变化"一直持续到（产品开发周期的）最后，硬件问题都还在处理之中，而软件调优则会一直持续到正式发布前一个月"。这都是 Cruising 文化的一部分，他们自己称之为"调音"。竞争对手的动作也不会打乱他们的阵脚。正如一位经理描述的那样："我们会密切留意竞争对手……这样如果竞争对手采取行动并超出了我们的预期，我们可能会后退一步，拿起我们的战略扔到窗外。"对组织上上下下的人来说，改变是意料之中的。另一位经理说："所有人都会告诉你，我们顶多算是临时组织。我每半年就要换一次办公室"！ Cruising 的总经理明确表示"持续的变化就是他的期望"。

半结构化

尽管不断地改变是 Cruising 的标志性特点，但改变会受到一些简单却又非常严格的规则约束。Cruising 的管理者明白，客户需求在不断变化，打造与之适应的创新型战略需要灵活性，但这种灵活受到少数规则或结构点的约束，这些结构点永远不能打破。

第一个关键的结构点是优先级。Cruising 的管理者一致认为，当前业务管理要面对的"最难的问题"就是优先级的设定。在不断变化的市场中，很难做到随时都清楚事情的优先级。新的机会不断涌现，充满吸引力的可能性实在是太多，管理者们很容易受到诱惑。然而，和其他公司那些善于处理战略的管理者一样，Cruising 的管理者也面临着优先级选择的挑战。Cruising 的管理者通过三个步骤成功地管理了优先级。他们的方法就体现在新产品开发项目的优先级当中。

首先，管理者有一个清晰的标准来设定潜在项目的优先级——那就是设定市场规模的最低门槛，据此估算项目能创造出的价值。这个清晰的标准可以让经理们快速对机会点进行评估，筛除那些没有说服力的提案，并设定一个初步的优先级列表。

其次，管理团队定期开会讨论并修改优先级列表，任何时候这份列表中包含的潜在项目都要远远多于能够实施的项目。优先级设定会议非常痛苦，一位高级经理这样说："我们要经历一个非常痛苦的过程。我们把正在做的每件事按优先级排好。画一条线把列表一分为二，分出要做的和不做的，仔细检查中间的每一项，然后拍板……如果这条线以下的某个项目确实要优先考虑，那么最好用一些列表中要做的项目来置换。这需要魄力，真的很煎熬。"尽管这个过程"很煎熬"，但达成的优先级非常清楚，任何人都能理解。事实上，一位高级市场经理发现："我们很清楚自己项目的优先级，优先级列表非常明确。你知道你的优先级排名，你也知道你在优先级列表上的位置。"尽管 Cruising 的管理者声称他们一直在寻找更好的方式来确定优先级，但他们也发现优先级对于聚焦眼前业务至关重要。这项任务对他们来说意义最为重大。

最后，资源分配直接与优先级列表挂钩。这让优先级发挥了真正的作用。优先级列表准确地定义了活跃的项目及其资源需求的相对优先级。高管团队只会尽可能地启动那些资源能得到满足的项目。这一策略体现了在 Cruising 经常被重复的管理哲学之中："资源不是问题，优先级才是问题。"优先级仅在常规的优先级设定会议上调整，除非有强烈的信号表明团队出现了错误，才会在常规会议之外进行调整，而这种情况十分罕见。

第二个关键的结构点是期限。经理们会给一些任务设定明确的期限，然后保证它们按期完成。例如，管理团队会集体评估市场能够消化的新产品比例，并据此精心制定产品的发布日期。这个日期必须严格执行。因此，即便经理们会不断地调整产品功能和市场定位，但发布日期不会改变。

第三个关键的结构点是有人对几个主要成果负责。总经理对整个公司的市场份额增长和利润负责。在产品开发过程中，几个关键目标都有明确的责任，由工程部门和营销部门分别承担。工程部门的经理对产品时间计划负责。他们是推动产品项目前进的催化剂，发挥技术专长权衡好产品的时间计划。产品定义和产品利润率由营销部门的经理明确负责。他们把项目当作小公司来对待，做好底线管理，为正确的市场创造出正确的产品。

Cruising 的管理者还围绕着沟通建立了一些结构（见下文），同时设定了一些针对性的实时运营指标。这些指标人人都要关注，包括预订量、短期的产品开发里程碑、竞争对手的定价、客户退货和成品率。这些指标都是关于运营的，并且都是实时的——绝对不是审计数据或是历史指标。

最后，尽管结构至关重要，但同样重要的是理解哪些事务不需要结构。主要的责任、优先级、运营指标和期限都存在结构，但是实际的流程几乎不存在结构。工程师们可以自己权衡时间和资源，日常做一些修改。营销经理们可以开发自己的方式与焦点小组合作。这里鲜有典型的官僚公司（如 Nautilus）才有的步骤、检查点工序。相反，Cruising 内部负责不同产品线的三个部门自组织地形成了迥异的工作方法，比如如何制作原型，如何与客户见面，如何处理营销部门和工程部门之间的互动。这些迥异的模式反映了他们在产品定位（低端还是高端）、营销和商业模式以及工作方式上的不同偏好。正如一位经理回忆的那样："不同的项目只是做事方式不同而已。"

同样，Cruising 的层级结构也很宽松。高级管理人员被称为许多问题的"外设"。一位经理说："我们走进办公室说'我们要做这个'，他们（高级管理人员）说'可以'，然后我们说'我们想这样修改'，他们说'可以'。"高级管理人员只参与少数事务，例如，优先级设定以及产品从原型到量产的关键过渡。

实时沟通

在 Cruising，热烈的交流讨论随处可见。Cruising 的高管们不遗余力地反复强调"大量、海量沟通"的重要性。Cruising 自称沟通是公司的生活方式。一位经理告诉我们："公司内部有很多小道消息，当然，我们的邮件系统也很不错。"

沟通从小组开始。团队围绕着一个个核心小组建立起来，小组由营销、工程和运营人员组成，他们经常会面。一位经理解释道："我们可能会一起出去吃午餐，或者去实验室，看看显示器上的信息和其他东西，权衡利弊，制作模型，组织焦点小组，我们一起密切配合完成很多工作。"一位营销经理在工程上投入了很多时间，她甚至声称："工程是我的第二语言。"此外，沟通围绕着实时的执行展开。例如，大量的时间都花费在原型设计、对模型和产品概念进行消费者测试、协调产品发布物流，以及"密切关注我们的主要竞争对手的行动"之上。因此，沟通交流全都离不开当前正在发生的事情。

然而，同样惊人的还有跨团队的沟通，这是近期改进工作的重点，并且迅速得到了回报。一位经理表示："过去，不去使用或者改进别人的点子很光荣……但现在每个人都在借鉴他人的东西；没办法，产品周期太短，压力太大。"另一位经理说，"我们鼓励项目之间交换信息"。

这种沟通交流大多发生在正式的会议中。比如每周一次的项目间工程会议、每周四跨组评审的产品规划会议。这些会议提供了将想法分享到各个项目的机会。实际上，每个人对这些会议都充满期望，他们希望通过这些会议来了解其他人正在做的事情。一位高级经理解释说："项目之间交换想法这件事值得我们腾出时间来做。"除了正式场合的沟通，大量的非正式交流还发生在餐厅、过道和舒适的咖啡吧里。

Cruising 的高管们也在努力地与消费者和供应商等外部群体保持沟通。在下游，营销经理们会定期参与消费者焦点小组，刷新他们对最新消费者观点的理解。工程师们也常常一起参加。在上游，工程经理们、制造经理们和运营经理们一起，与供应商密切协作，对供应商的技术能力进行评估。由于 Cruising 已经"把供应商逼到了极限",工程经理们和他们沟通时要特别小心。总之,一位经理总结得很好:"整个公司就是通过沟通建立起来的。"

业务影响

Cruising 制定和实施战略的方法是即兴发挥。其管理者建立一些结构化的元素,创造了大量的沟通机会,让战略顺其自然地浮现出来。前面描述的这些自组织行为是其中一个结果。更重要的结果是对产品策略的影响。即便开发周期到了靠后的时间点,经理们还能根据不断变化的竞争势态、技术和客户需求进行调整,所以他们的产品常常能切中要害。但限定期限和明确利润责任,也让 Cruising 在产品推向市场的及时性和成本效益上收到了成效。一份重要的商业杂志指出:"它们的成本和质量比任何公司控制得都好,而且仍然能更快地将创新产品推向市场。"

与此同时,和即兴的爵士乐一样,充满惊喜和不可预知的元素经常出现。事实上,在主流商业媒体看来,Cruising 成功的关键是它拥有比该细分市场上其他竞争者更复杂、更出人意料的战略。有时 Cruising 的管理者会削减成本打价格战;有时他们运用新技术特性进行创新;有时他们会转战新的利基市场或塑造品牌形象。每种战略他们都能执行落地。相比之下,Nautilus 采取的是快速生产大量产品的简单策略,它在价格说了算的低端市场上获得了成功。用棒球打个比方,Nautilus 是"一招鲜"的投手。它有时候可以投出非常漂亮的球,但球路也很容易判断,而且一种球路往往是不够的。新 Royal 这样更混沌的对手则像是蝴蝶球投手。当它能控制投球的时候,效率很高,但也有很多投球直接扔到了土里。不同的是,Cruising 更像是全面的赛扬奖得主(美国职棒大联盟年度投手)。他们的投球变幻莫测,可以根据不同的情况改变球路,并且还能命中好球带。

总的来说,在竞争白热化的市场上,Cruising 稳居第一。正如一位分析师的发现:"每个人都想成为 Cruising 这样的玩家。"

> ## 关键信号
>
> 综上所述，Cruising 的例子突出了对当前业务进行有效的、即兴的管理的几个关键信号：
>
> 1. **适应性文化。** Cruising 的管理者培养了一种文化，人们希望随着环境的变化进行调整。Cruising 的管理者甚至还在寻求变化。
> 2. **半结构化。** Cruising 的管理者依赖关键的结构点，包括为几个主要成果负责的"主人翁精神"、少数期限、关键运营变量的跟踪以及清晰明确的优先级。但大部分活动都是自主的、流动的，没有什么结构。它们让战略自然地浮现出来。
> 3. **实时沟通。** 沟通的覆盖范围很广，但关注的都是具体的、实时的运营信息。沟通既有正式的，也有非正式的；既有内部的，也有外部的。

实现即兴发挥

本章开始时你就填写过下面这份调查表。这里我们补充了 Royal（R）、Nautilus（N）和 Cruising（C）的答案。

规则	完全没有 //……//……………// 有很多
	R　　　　C　　　　　　　N
创建的规则	被遵守 /……//……………// 被忽略
	N、C　　　　　　　R
流程	不明确 //………//……………// 按部就班
	R　　　　C　　　　　　N
变革	在意料之中 //……………// 疑虑重重
	R、C　　　　　　N
责任	集中 //………………………/…/ 分散
	C　　　　　　　　　　R、N

每个人都聚焦在	最终产品 //…………//……//　流程
	C　　R　　N
优先级	清晰明了 //…………//…//　含糊不清
	C　　　　R、N
按优先级分配资源	总是这样 //…………//…/　从未发生
	C　　　　R、N
沟通	常常发生 //…/…………//　很少发生
	R、C　　　　N
沟通	通过定向渠道 //……//……//　混沌无序
	N　　C　　R

　　再回顾一遍你选择的答案。和我们的案例研究做一个对比，接下来要采取什么行动，我想你应该心中有数了。依次思考每一个特征，首先是文化。如果你的企业主要是建立在严格遵守规则的基础上，就像 Nautilus 那样，那么你需要刷新员工对变化的看法。变化要被视为常态，而不是被当作例外。戏剧或音乐中对于即兴创作的训练是一种让顽固的人确信减少结构是有益的具体方法，更为重要的是，让他们确信在一个不那么结构化、面向变化的环境中同样可以取得成功。类似的策略是向英航学习，开展培训演习，训练人们面对意外情况时的反应。如果你的企业和 Royal 一样，那么你的任务就是说服人们相信某种结构实际上可以提升创造力。提醒每个人那些看似无组织但极具创意的团体，比如感恩而死乐队或芝加哥剧院的即兴喜剧团"第二城市"，实际上是按照少数关键结构点的方式紧密地组织在一起的，这一点很有帮助。在这方面，戏剧或音乐的即兴创作训练也可以帮助人们体验即兴在商业环境中的价值。

　　虽然观点的转变很重要，但加快改进速度的往往是结构的转变。如果你的企业更像 Royal，那么你需要增加一些关键领域的职责和一些主要活动的期限。还要增加一些运营绩效指标。跟进这些结构是最关键的一步：要确保每个人都明白新的结构是动真格的，而非一时兴起。请记住，几个简单的结构就足以产生巨大的影响。

如果你的企业更像 Nautilus，那就要减少一些结构。消除这些结构，特别是那些围绕检查点和次要目标责任的结构。然后安排一些关键的职责并设定一些期限，增加人们对最终产品和服务的关注。大多数管理者发现，去除结构时快刀斩乱麻的方式更加有效，因为这样能迫使人们不得不面对变化。如果这种方法对你的企业来说风险太大，可以先在组织中的一个部门进行大刀阔斧的变革，然后再推广到其他部门。

不管你的企业是像 Nautilus 还是像 Royal，最难解决的总是优先级，因为机会很多，而资源总是不够用。无论如何，应当削减活动的数量来匹配有限的资源，然后根据资源的分配来设定优先级。考虑到优先级的敏感性，应该让企业的各级员工都参与到优先级的设定。这样每个人都明白他们必须做什么，即使他们并不是全都认同。

最后，如果你的企业和 Cruising 最接近，又该怎么做？你应该感到庆幸，庆幸找到了秩序与混沌之间那条若隐若现的边缘地带。但是请记住，感恩而死乐队也好，Cruising 也罢，成功的即兴发挥者都知道必须时刻保持清醒，大多数企业都要经历这样或那样的转向。通常，你能意识到自己的弱点。保持在边缘地带的关键是试探自己能够承受的极限。如果过多的结构给你的公司带来了损害，试着违反一些规则来重新评估它们是不是真的有必要存在，或者设想如果没有这些结构会发生什么。如果混沌是弱点，那就向相反的方向进行类似的尝试。你必须不断地在边缘地带中试探，确保没有超出边界。如果你所处的行业发展速度正在放缓，那么你可能要向结构倾斜。如果行业正处在上升期或者你拥有领先的技术战略，那就向混沌倾斜。

关于改变游戏规则的最后说明

改变游戏规则的战略（也被称为本垒打或"杀手级"战略）很诱人，但在竞争激烈、发展迅速的行业，找到这样的战略却不容易。如果这些战略简单又明显，那么一定有人在执行了。沃尔玛、英特尔或宜家（Ikea）这些公司的杀手级战略明眼人都能看得出来，它们的一举一动大家都看在眼里。真正的问题是：管理者到底是如何找到杀手级战略的？

　　或许，由高管们制订或者高产的头脑风暴产出的不可思议的战略计划，可能产生改变规则的杀手级战略。通过即兴发挥产生战略的方式也同样常见。这源自对战略和运气共同作用下的短暂优势的敏锐捕捉，源自利用在竞争初期所营造的优势的快速行动，源自基于这些优势建立起来的平台，将这些优势整合才能形成打破规则的杀手级战略。

　　战略执行是战略革新不可或缺的一部分。此外，游戏规则的变化将重新定义所有玩家的游戏环境，只有最具执行力的公司才能在改变游戏规则的同时赢得最后的胜利。以耐克为例，Air Jordan 篮球鞋让即兴发挥的耐克管理者大获成功，并构筑起了平台以执行改变规则的运动员形象战略。在 Cruising，管理者利用成本优势采取了一系列降价行动，打造了一些创新产品，划分出了品牌层级，最终创造出了一种商业模式并执行落地，这不仅改变了它所处的计算机细分市场的游戏规则，还让它成为笑到最后的赢家。Cruising 的管理者通过一系列小奇招即兴地创造出了杀手级战略，成为"每个人都想成为的玩家"。

3

捕捉跨业务协同效应

芝加哥公牛队打的是团队篮球，没有个人英雄主义。从站上球场的那一刻起，他们就全身心地投入比赛，只为投篮得分。他们每个人都知道自己的位置，都能在自己的位置上发挥作用。

——杰克·拉姆齐（Jack Ramsay），
ESPN 分析师

Competing on the Edge
Strategy as Structured Chaos

　　1961 年，由美国出版业的两个明星杂志社合并成立的时代生活图书公司（Time Life Books）迅速以其详尽的系列丛书打响了知名度，其出版的《时代生活自然图书馆丛书》和《第二次世界大战丛书》在美国各地好评如潮。20 世纪 80 年代，音乐和视频业务相继并入了这家蓬勃发展的传媒帝国的版图。20 世纪 90 年代，公司又推出了多媒体出版业务。在高速发展的过程中，时代生活图书公司将公司名字中的"图书"二字去掉，更名为"时代生活公司"[1]。

　　时代生活传媒帝国实际上由几条不同的业务线组成。每一条业务线都是独一无二的，每一条都拥有自己的商业文化，它们面向不同的客户群体，拥有独特的创作方法。就拿相对成熟的图书业务来说，它由年长的员工主管，编辑完整性和尊重事实是这个部门的文化。精准、翔实和不偏不倚对于图书业务线来说至关重要。虽然增长乏力，但是图书业务在公司整体收入中仍占据非常大的比重。相比之下，视频和电视业务规模较小，但增长更快，利润更高。它们更倾向于节奏快、约束少的文化。这些业务成功的关键在于能否吸引和留住顶尖的创意人才，以及能否在关系推动的广播行业中建立起自己的网络。图书业务和视频电视业务这些明显不同的特征意味着，保持每条业务线的独立运作是非常有必要的。

　　同时，这些业务之间协同增效的机会也很多。公司所有的业务线都共享着久负盛名的时代生活品牌；它们都依赖于邮件列表、发行设施和编辑研究人员；它们都有机会进行跨业务销售，例如制作与视频和音乐发行配套的书籍。它们也有机会分享彼此的最佳创意。例如，音乐业务的创新可以被其他业务借鉴，比如发行曾经热门的单曲。这些协同增效的机会表明，各项业务都能通过协作从而节约时间、节省资金，并相互学习。

　　每条业务的独特性和跨业务协同增效的机会在时代生活形成了两难的局面，这一两难困境不仅仅是一个抽象的问题。日复一日，各种决策之间的紧张关系逐渐浮出水面：如果公司打造更具现代感的形象，会对传统的图书业务产生怎样的影响？电视传媒业务的薪水是否应该比图书业务更高？如果公司的邮件列表是共享的，那么谁将获得该列表的优先使用权？"编辑研究经费"是否应该花费在视频课题而非音乐课题上？互联网业务应该通过图书或音乐来开拓，还是通过其他业务开拓？是否应该让电视传媒业务完全独立，任其发展？这是一种动态的紧张关系，由于外界环境的剧烈变化和媒体行业内部的激烈竞争而变得更加复杂。

时代生活的两难困境凸显了跨业务竞争的根本挑战：既要利用这些业务之间存在的协同效应，又要同时保持各个业务之间足够的独立性，让管理者能够妥善地应对特定业务不断变化的独特需求。简而言之，这个两难的困境是既要发挥跨业务协同的优势，又要保持独立业务的成功。

解决这一两难困境的方法是另一个混沌边缘的过程——协同适应。就像即兴发挥一样，协同适应也是一种处于结构和混沌之间的边缘状态（见图3-1）。如果各个业务之间的互锁结构太多，就会导致过度的协调、办公室政治，以及产生难以适应市场的产品和服务。在这种环境下，战略只能一味地

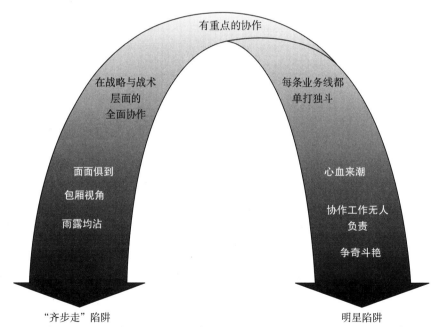

图 3-1　协同适应的边缘

妥协。反之，如果各个业务之间的联系太少，就会造成业务部门各自为政，公司资源重复配置，产品和服务不协调，各个业务相互学习的能力减弱，最终导致战略脱节[2]。相比之下，协同适应的合作只会集中在极少数几个能够共同受益的领域上，而不是广撒网覆盖每一个可能产生收益的领域。在协同适应的边缘状态上，几条简单的规则中就能够让最复杂却最有效的协作行为浮现出来。然而，就像所有的混沌边缘过程一样，协同适应是一种耗散平衡，需要管理者持续关注，才能稳定地保持边缘状态。

协同适应

协同适应是指系统中的相关主体为了更有效地改变，同时又能适应每个主体的特定情况而互相利用的过程。例如，某一物种中的任何特定动物都可以适应自身的环境。它也可以向同一物种中的其他动物学习，并在互利的活动中与其他动物协作，比如群体的围猎活动。协同适应最终将产生复杂而又成功的行为。这和任何混沌边缘的过程一样，只有保持在结构不多也不少的混沌边缘状态，协同适应才是最有效的。

调查问卷

请花点时间回答以下问题。在你的公司：

跨业务协作	经常发生 ··················	很少发生
做出跨业务协作决策的是	企业管理层 ··················	基层管理者
不同业务线的业务职责	很明确 ··················	不明确
公司的文化鼓励	团队共赢 ··················	英雄主义
公司内重复造轮子的事情	经常发生 ··················	很少发生

协同适应的基础概念

"环法自行车赛"是自行车运动最著名的赛事，展示了全球最受欢迎的运动之一的盛况。比赛路线从巴黎开始，蜿蜒到法国南部，转入阿尔卑斯山，最后到达香榭丽舍大街尽头的协和广场。数千英里[⊖]，各种地形，再加上七月的炎热天气，使之成为对参赛者运动技巧和耐力的终极考验。

　　媒体密切关注着比赛赛况。报纸、广播和电视都在分析地形，评论自行车手的战术，跟踪比赛的进程。即便是在这项赛事不怎么流行的美国，环法自行车赛也会成为热点新闻。在比赛的每个阶段，领先者都很容易辨认，因为他穿着象征领先者的独特的黄色领骑衫。选手们会交替领先，而黄色领骑衫会被交给新的领先者。通常情况下，经过几天的艰苦努力，最终冠军会在阿尔卑斯山上甩开大部队脱颖而出，冠军将登上自行车比赛的王座。米格尔·安杜兰（Miguel Indurain）和格雷格·莱蒙德（Greg LeMond）等名字深深印在人们的脑海中，他们是体育英雄，甚至成为传奇。在整个欧洲和世界大部分地区，人们都知道谁是环法自行车赛冠军。

　　然而，每一位冠军的背后还有一支车队。环法自行车赛既是一项个人赛事，也是一项团队赛事。车队成员可以共享赞助商、装备、机械师、工具和训练。尽管大家耳熟能详的是车队中的顶级车手，但是其他成员也至关重要。"破风"是一项关键的车队战术，一位车手在最前面领骑承受风阻，而其他车手紧随其尾流节省体力。车队成员在比赛中轮流掌握节奏，取长补短。他们在车队擅长的平地或丘陵赛段加速，在不太擅长的赛段减速。他们也会强硬地阻碍其他车手加速，保护队友不被其他竞争对手超越。这一切都发生在地球上速度最快的团队运动当中。

环法自行车赛的启示

　　环法自行车赛成功的关键是车队内部的有效协作。但车队成员之间应该如何竞争呢？他们能否各顾各的成绩，除了分享赞助以外没有任何协作？这可能行不通，因为车队中没有一个人能够获胜的比赛，也没有人可以凭借一己之力赢得比赛。如果没有团队协作，个人能力再强的车队成员都不可能获

　　⊖　1 英里 =1.609 344 千米。

胜，关于团队协作的内容见表 3-1。

表 3-1 自行车运动术语

控速	车手控制大集团行进速度，目的通常是为了保护在前方领先突围的一位或者多位车队成员
突围者	指在一个赛段中领先于大集团的一位或一小队车手
缩短时间差	车手从大集团中冲出来追上突围者
跟骑集团	试图追赶突围者的车手集团。如果他们想追上突围者，集团中的所有车手必须全力配合。任何不想领骑的车手都会影响整个集团。如果突围车手的队友处在这一集团，他会故意破坏集团的行动来保持队友的领先
副将	车队里的"工蜂"。他们牺牲个人成绩来帮助车队中实力已经得到证明的主将。如果车队主将撞车或者出现机械故障，副将的任务就是领骑"破风"，让主将跟随尾流赶上大集团并缩短时间差。这样可以确保车队主将减少不必要的体力消耗。副将还要执行车队战术，比如在主将突围的时候控速。他们为什么甘愿牺牲？因为冠军获得的奖金更高，其车队也因此得到的更多；况且并不是每一位车手都有夺冠的实力
带冲	帮助队友冲刺时获得更好排位的车手。带冲手在比赛最后两百米加速，让队友跟随其尾流，帮助队友更快地加速等待最后的冲刺时机。带冲手常常让竞争对手大吃一惊，这样冲刺手就能隐藏在集团外围伺机而动。竞争对手往往被迫在没有队友支援的情况下做出反应
支持团队	跟随车队车手的车辆，提供食物、饮用水、车辆维修。此外，还包括提供战术和指导的车队经理以及车队总监

资料来源：E.l.du Pont de Nemours and Company (1995)，www.dupont.com/tourdupont/terms.html.

团队内部的协作应该完全平等吗？这也不是有效的策略，完全平等的策略下，尽管整个团队可能取得好成绩，但没有任何一位成员可能夺得黄色领骑衫，因为没有人能够在赛场上取得足够的优势来确保胜利。然而在环法自行车赛场上，荣耀和金钱都是属于个人的胜利。夺取黄色领骑衫是最重要的。

那么，团队应该如何协作呢？最好的办法是协同适应。协同适应一方面指的是在协作中团队成员各司其职。车队中有些成员担任副将，有些成员则是山地专家，而车队主将通常由最好的全能车手担任。车队队长有时和另外一两位队员一起为其他车队成员分配角色。这些既不是车队赞助商的选择，也不是某位车手个人的选择。协同适应另一方面指的是聚焦在特定行动的重点协作，如破风、突围和缩短时间差。协同适应并不追求在比赛的方方面面都进行协作，而是要在特定情况下使用特定战术进行协作。

最后，协作是动态的。协同适应的车队明白，计划赶不上变化。爆胎、高温、竞争对手出其不意的突围、下雨等不可预见的意外事件，都会在比赛中改变车队的进程。协同适应的车队成员会随着比赛的进行，动态地调整他们的协作方式，有时甚至调整他们的既定角色。

协同适应产生了一种复杂的合作，以不可预测的方式混合了不同的战术，而这些战术取决于天气、车队成员的竞技状态和比赛中竞争对手的情况。协同适应还能充分利用比赛中的机会。这种协作增加了车队成员赢得黄色领骑衫的机会，同时整个车队也能取得良好的成绩。

车手与编辑

我们之所以提到环法自行车赛，是因为这项运动凸显了复杂和动态协作的重要性，这是商业世界强有力的比喻。如同自行车赛一样，管理者的合作方式也有很多，比如共享技术、分销渠道、客户和生产设施。眼花缭乱的合作机会反而使协作变得更加困难，而快速的节奏使情况变得更加复杂。

每家公司内部的业务线也不都具备创造非凡胜利的能力，这一点和团队自行车赛也非常相似。有些业务线在其市场中拥有更好的战略地位，有些业务线掌握更有内在潜力的技术，有些业务线在市场竞争盈利或增长的机会更大。赢利的机会，尤其是以非凡方式赢利的机会，在各个业务线中并不是平均分配的。

最重要的是，与大多数团队运动不同，团队自行车赛不只是强调集体的成果，它更重视个人的胜利。同样，单条业务线的盈利对企业来说也是强大的动力，尤其是在瞬息万变的市场中。这些市场创造了不确定的机会，可以带来巨大的回报。因此，对整个公司的成功而言，单条业务线的出类拔萃往往比每条业务线都表现良好更为关键。事实上，抓住一项业务非凡的业绩，让其带动其他业务盈利，就是那些最成功的企业故事，如索尼的随身听、孟山都公司的农达除草剂、微软的操作系统、诺基亚的手机、惠普的打印机以及 NBC 的热门节目《宋飞正传》。

最后，团队自行车赛抓住了跨业务合作的微妙情感。大多数人认为协作令人沮丧，耗费时间。尤其是当被要求适应其他业务线的工序、技术以及其他资源的时候，这种情绪会愈演愈烈。大多数人更喜欢属于自己的"本土化"解决方案，特别是当别人的解决方案也不能很好地适应焦点业务的时候。实际上，坚持自己的方式往往意味着多业务线的协作需要在产品或者服务上做出妥协。大部分管理者更看重个人的成功，但是有效的协作要求很多管理者做出一定的牺牲来帮助其他人成功有效地合作。因此在协作过程中，这类情感问题更容易被激化。如果每个管理者都想成为最好的骑手，赢得黄色领骑衫，协作中就会产生一种非常紧张的气氛。从根本上讲，团队自行车赛和业务都是一种独特的团队竞赛，在这种竞赛中，虽然个人往往是最大的赢家，但是从实际意义上来说是团队造就了他（她）。

过度协作："齐步走陷阱"

许多原本非常优秀的企业也常常会陷入过度协作的"齐步走"陷阱中。这些企业往往缺乏资源或面临着巨大的市场竞争压力。在这种情况下，跨业务协作似乎是一种能为公司节省时间和金钱的卓有成效的途径，比如说，多条业务线共享生产设备或者技术专家等公共资源。有些时候，一些管理者会成为核心竞争力的忠实信徒，他们狂热地相信一些特定的能力，并将这些能力应用于大量的产品或服务中，却不考虑它们是否适合这些产品或者服务。通常，过度协作的策划者，是那些对不同业务线的细微差别不太了解的高管人员。无论始作俑者是谁，过度协作的管理者都会倾向于掩饰合作的弊端，只关注协作的优势。

这些企业通常会获得一些协同效应。然而，这些协同效应也是有代价的。比如，管理者们在跨业务线的过度共享上花费太多时间，协调成本随之增加；又如，不同的业务团队就"谁将妥协，如何妥协"的问题争论不休，办公室政治随之加剧；再如，产品和服务在各自的市场上失去了特色，同质化严重。有些时候，管理者能够意识到他们在协作上花费的时间和精力过大，然后尝试采取措施来纠正这种情况。但是如果管理者意识不到这种情况，继续过度合作，就会导致自己的团队丧失核心竞争力，后果将不堪设想。这种核心竞争力的丧失会造成对其他业务线的过度依赖，此时想要扭转过度协作的局面将更为困难。最终，企业付出的高昂代价是僵化的组织变革能力和糟糕的财务业绩的体现。

斯纳普（Snapple）是一家位于长岛的冰茶和水果饮料制造商，它就是一个被过度合作困扰的范例。斯纳普成立于 1972 年，起初是一家健康食品商店的供应商，通过与经销商的密切关系、巧妙的产品概念和奇特的广告方式发展壮大。斯纳普的员工温迪·考夫曼（Wendy Kaufman）以布鲁克林人的形象出现在一系列独特幽默的家庭电影风格的广告当中。斯纳普大获成功之后，被桂格（Quaker）以 17 亿美元的价格并购，这起并购案也成了轰动一时的头条新闻。并购之后，桂格的高管们寻求斯纳普和佳得乐（Gatorade）等其他业务之间的协同效应。他们试图将斯纳普的分销渠道切换到现有的桂格渠道，以节省成本并在相关产品线之间建立更好的协作方式。他们抛弃了温迪·考夫曼，并试图统一斯纳普和其他产品的企业形象。在做出这些选择时，桂格的高管们似乎并不了解斯纳普业务的细微差别，也没有听从他们挽留下来的斯纳普联合创始人莱尼·马什（Lenny Marsh）的建议。马什声称，他认为桂格应该让斯纳普的业务保持独立运作，但是桂格的高管们并未采纳。在桂格的管理下，斯纳普销售额下降，三年内直接损失高达上亿美元，而这次并购案也被称为是 "90 年代最糟糕的并购案例之一[3]"。斯纳普和桂格其他产品线之间可能确实存在某种协同增效作用，但桂格高层却没有发现。1997 年，桂格以 3 亿美元的低价出售了斯纳普，为这次并购案画上了一个句号。

另一个例子是英国石油公司（British Petroleum）。英国石油公司的高管们大胆尝试将公司业务多元化，进军矿产开采领域。从表面上看，现有的石油业务和新的矿产业务之间的协作可以创造很多机会。与石油一样，矿产开采也涉及高风险的勘探、复杂的开采流程以及敏感的政府关系。但策划跨业务协同的高管显然不熟悉矿产业务模式的关键细节。虽然这些看似密切相关的业务都以地质学为基础，但由于矿产的经济性和市场结构的微妙区别，导致两者的最佳勘探策略存在重大差异。例如，与石油相比，矿产的盈利能力对供求关系更为敏感。最终，英国石油公司出售了所持有的矿产资产。

管理者如何发现他们是在过度协作呢？有几个常见的特征预示着"齐步走陷阱"（见图 3-2）。

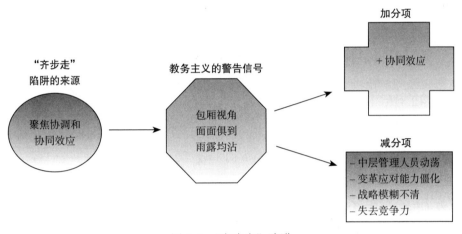

图 3-2 "齐步走"陷阱

第一个特征是包厢视角。过度协作的业务往往依赖高层管理者做出"如何协作"的决策，而这些高管通常并不了解协作过程中需要做出的妥协，或者对各业务线的协作认知只有一两个相关视角，并不能给出相对全面的意见。这些高管们认为协作是很容易达成的，而这往往与实际不符。

第二个特征是面面俱到。处于这种陷阱中的管理者通常会试着捕获几乎全部的协作可能性。而没有把重点放在最佳的协作机会上。

第三个特征是所有业务雨露均沾。就像是父母看待自己的孩子一样，高管们往往认为所有的业务都同等重要。然而业务线并不是孩子，高管们也不是父母。如果高管们不能区分各业务线在盈利能力和发展潜力上的差异，最终的结果就是，跨业务协作难以利用不同的成功机会。

Jupiter 的困兽之斗

Jupiter（化名）是一家享誉世界的全球品牌。作为一家典型的"综合型"公司，Jupiter 的产品覆盖了从个人电脑到工作站，从服务器到中高端性能的计算机，从互联网到多媒体应用的广阔领域。既有软件产品，也有硬件产品。在计算机市场上，Jupiter 是响当当的名字。Jupiter 的总部符合全球巨头的形象。其总部位于一座造型时尚优美由大量的玻璃和钢结构组成的超高层建筑里。大厦内部有无数的小隔间，而隔间里的工作人员正在为 Jupiter 的全球业务忙碌着。

所有 Jupiter 的员工都在紧张而专注地忙碌着。越来越短的产品周期和越来越激烈的市场竞争让他们不得不保持这种状态。Jupiter 的员工倾注心血推出了大量的新产品。由于市场需要，有些业务线每半年就要上市一款新产品，而这种快速的产品流动正是进入残酷的计算机市场的代价。我们在研究 Jupiter 时发现，高管团队的目标是如何击败竞争对手……在每一个产品的价位上要低于竞争对手，在每一款产品的性能上要优于竞争对手，在产品线的方方面面全面超过竞争对手。

Jupiter 面临的战略挑战是如何在不同的业务线之间创造协同效应。尤其是，高管们确信，在多元化的业务中创造核心竞争力，是在不断变化和激烈竞争的市场中取得成功的关键途径。他们认为跨业务协同是一种节省时间和金钱的方式。但是正如本章所阐述的那样，Jupiter 的高管们陷入了过度协作的陷阱导致了各项业务逐渐失去了特色。

"齐步走"的特征

包厢视角

Jupiter 的高管 Art 是负责公司协作战略的策划者之一。他是几个部门的幕后操纵者，这些部门的产品组合和市场定位都是由他的"商业直觉"驱动的。Art 的职责是推动他所领导的几个部门从普通的市场参与者变为强劲的市场引领者，而"核心竞争力"就是他的战略。

在很多方面，Art 都是一位优秀的管理者，但他确实不怎么理解跨业务协作。他更擅长也更适合制定战略而不是战术细节。因此，他并没有在细节层面把握错综复杂的运营问题，难以有效地实现跨业务的协作共享。尽管 Art 在理论上能够理解每项业务的关键成功因素，但是理论与日常运营还隔着十万八千里，他无法对实际运营的"复杂因素"有切身体会。他对跨业务协作所面临的挑战轻描淡写也就不足为奇了。

更有甚者，Art 对营销的重视进一步阻碍了跨业务的有效合作。作为市场营销专家，Art 无时无刻不在思索如何开拓市场，走路时，讲话时，吃饭时，甚至呼吸时都在思考市场营销。他的整个世界都被产品系列、品牌、定价、渠道和市场定位等营销策略所包围。他能够很容易认识到围绕品牌力量打造的营销案例有多重要，他也能够很轻松地意识到跨产品线的兼容性对于销售的轻松升级是非常有力的支撑。但他对技术上的可能性却知之甚少。Art 对技术和制造领域所需要的协同复杂性存在误解，甚至不屑一顾。相反，Art 决定努力开发并推广跨业务间的"通用"技术。

例如，在 Europa 项目中（Europa 是 Jupiter 的一个重点投入的项目代号，目的是在几个计算机硬件市场上超越竞争对手），Art 的策略就是由几条业务线共同开发一个设计平台，再基于该设计平台研发一系列计算机。各条业务线可以共享这个通用平台，在各自特定的细分市场创造出不同的产品。

尽管 Europa 项目具有很多战略优势，比如建立跨业务线的一致性，研发成本由多个产品分摊等，其劣势也特别突出。显然，这个平台必须保证许多业务线都能使用才可以被称为"通用平台"。但是，服务器业务线需要的是强大的通信能力和高度的可靠性；工作站业务线需要的是更快的计算能力和图形处理能力；台式计算机业务线需要大批量、低成本地生产；而多媒体家用电脑还有其他不同的诉求。所以，通用平台主要的技术设计需要在通信、计算和大批量制造三种能力上做权衡。而当处于不同地域的业务线被迫协作时，技术挑战就会进一步加大。不幸的是，Art 在做决策时，并没有意识到这些设计权衡和跨地域问题所带来的技术挑战。他根本不了解（或者说不关心）技术，最终造成了跨业务线的过度合作。

面面俱到

Jupiter的高管们采用的是核心竞争力的方法，但他们却忽略了"核心"二字。任何事情他们都要求协作。一位经理这样描述他们的做事方法："如果有些技术或概念已经在其他业务线上运用，那么我们就使用它，我们尽可能地与其他业务线进行合作。"这种做法的后果是，Jupiter管理者的跨业务协同没有焦点，他们没有把那些可以发挥协同效应的绝佳机会与浪费时间协作的机会区分开来。

雨露均沾

本章开头我们指出，团队自行车赛之所以成为一项不寻常的运动，其中一个原因是任何个人的胜利都离不开其背后整个团队的努力。环法这样的团队自行车比赛需要一种独特的协作形式，这种协作形式意味着团队中有一些车手牺牲了自己获胜的机会来成就队友。所以团队自行车赛的关键是搞清楚团队中每一位车手的实力以及谁更有可能在真正的比赛中获胜。

然而，Jupiter的每一条业务线都被平等地对待。很少有人认识到，其中一些业务线有独特的优势，而另外一些业务线有明显的弱点，这些都将对跨业务协作的收益产生影响。再者，也很少有人意识到，有些业务线比其他业务线有更大的成功机会。例如，多媒体家庭计算机可能比商用计算机更具发展前景，服务器可能比个人计算机具有更大的增长潜力，这些观点并未达成共识。有一位管理者感叹道："现在我们没有真正的好方法来确定各项业务的优先级。"

"雨露均沾"的影响还不仅如此。Jupiter的管理者们没有意识到，如果集中力量帮助那些在市场上处于有利地位的业务线，不仅跨业务协同的回报会大得多，而且整个企业获得最后胜利的可能性也大得多。正如一位管理者所言："我并没有考虑过如何帮助其他业务线的管理者。我们都差不多，所以大多数时候我都在考虑如何帮助自己的业务线。"残酷的是，虽然公司内部对所有的业务线一视同仁，但是市场却并不这么认为。

Europa战略再次为我们提供了一个很好的例证。正如我们前面所指出的，基础的技术设计权衡使几条业务线陷入了冲突。但是冲突本身并不是问题所在，毕竟冲突是大多数协作情况下都会出现的问题。相反，问题在于Jupiter 的管理者们并没有认识到不同业务在市场潜力上的差异。在一个公司，如果没有任何商业优先级的判断，那么在跨业务协同战略中，业务线牵头人的个人性格和游说技巧所发挥的作用要远大于其实际的战略地位和市场机会。正如一位管理者所言："我们都承担着各自的业绩指标，因此我们必须要施展游说技巧让 Europa 项目的设计和实施更符合我们自己的需求。"结果往往不是最理想的，因为 Europa 的协作战略更多的是依靠政治技巧达成的，而非市场机会使然。

业务影响

如果你有时间走进 Jupiter 的大厦，坐下来，和任何一位中层管理者待上 15 分钟，你就会发现这些管理者们每天面临的工作简直难以想象——无休止的事务协调，四处蔓延的挫折情绪，随处可见的冲突和政治。这些超负荷工作的管理者们似乎遇到了数不清的障碍，他们花了一个又一个小时来协调各种事情。一位管理者向我们描述："他的带宽几乎总是被需要协调的事情所消耗。"其他管理者也声称"协调"是他们的"头号"管理要务。结果是，管理者们花在协调上的时间越来越多，花在业务上的时间就越来越少了。

对于那些负责多地域、多业务的管理者而言，这种挫败感就更加严重。其中一位管理者哀叹："做事情实在是太难了……我几乎无法顺畅地开展工作……更糟糕的是，其他人和我不在同一地点，我都没有办法跟他们面对面交谈。"冲突就是 Jupiter 的日常。Europa 项目的一位管理者提醒我们："为了开发整个 Jupiter 都能使用的通用芯片组和通用技术，到处都是冲突。"特别是关于哪条业务线将发展哪些核心能力的决策，往往成了最有争议的问题。尤其一些被认为最先进的技术能力，往往成了各条业务线的管理者力争的"香饽饽"。

办公室政治是 Jupiter 的另一个重要特征。拍马屁和影响力游戏是解决协作问题的主要方法。一位管理者抱怨："他们（另外一条业务线）在试图从对他们有利的方向影响协作过程，我们在试图从有利于我们的角度影响协作过程，然而这样的处理方式对于我们双方来说都不可能是最优的决策。"

　　短期来看，过度协作破坏了各产品的市场差异。例如，Europa 的协作战略设计对于一款低端产品来说成本过于昂贵，一位管理者评论说："我们在低端产品上之所以做得不好，是因为公司采用的通用技术成本太高了，我们无法使用这种通用技术构建起高性价比的低端系统。"然而，低端产品对于 Jupiter 在关键细分市场中的战略定位至关重要。此外，这种协作往往会涉及多条不同的业务线，需要根据市场环境的不断变化来实时调整协作策略，但是 Art 总是工作繁忙分身乏术，无暇及时识别并进行有效调整。

　　长远来看，过度协作让 Jupiter 逐渐陷入了困兽之斗。随着一些业务线将关键的竞争力拱手让给了公司内的其他业务线，核心业务线想要再度获取这些竞争力就没那么容易了。而这种技能的丧失使得扭转过度协作的局面难上加难，单业务线也不再掌握独立取得成功的核心竞争力。随着时间的推移，"齐步走"陷阱对企业的危害越来越大。

　　总的来讲，Jupiter 的业绩在整个计算机行业尚属良好，业绩稳健但称不上出类拔萃。Jupiter 的各项业务难以形成针对特定市场的独特战略。尽管强调跨业务协同，但 Jupiter 的业务发展却明显滞后于行业领头羊。

警告信号

Jupiter 的过度协作现象，其实早就出现了一些警告信号：

1. **包厢视角**。高层管理人员经常会忽略细节，尤其是那些带有某种职能偏见的高管，往往会低估协作的难度。所以，就像 Art 一样，在协作上用力过猛。

2. **面面俱到**。Jupiter 的高管们抓住一切可能的机会推动协作，结果导致了过多的协作，而这些协作往往在低回报的机会上耗费了大量时间。

3. **雨露均沾**。Jupiter 的高管们对他们的业务一视同仁。虽然培养孩子需要一碗水端平，但当一家企业面临激烈竞争的时候，他们需要迅速地在业务线之间调动资源，而平均主义容易导致协作不力并丧失关键的市场机会。

缺乏协作："明星陷阱"

过度协作是众所周知的"明星陷阱"，但缺乏协作在企业中可能更为常见。尤其是企业的某些产品线常年称霸或者各条产品线的文化迥异的时候，缺乏协作的情况就更容易发生。如果业务本身拥有强大的市场地位，缺乏协作就不足为奇了。无论是从时间角度还是成本角度，这些业务都不会被施加共享的压力。于是管理者往往会夸大协作带来的问题，比如说，协作对各产品线创意自由的限制，以及伴随协作而来的办公室政治等。企业中如果"个人主义文化"盛行，或者"热门"产品或服务的需求旺盛，更会加剧各业务线协作不足的情况。有的时候，缺乏协作也是因为管理者实在太忙，他们认为自己根本没有协作的时间。

缺乏协作的企业，某些业务线可能实力雄厚。但就像环法自行车赛中的某些车手一样，因为没有获得团队合作的协同效应，它们的表现不如预期。这些企业频繁地向市场推出新的产品或者服务，但是这些产品或服务的组合稍显笨拙，或者成本结构高昂，或者因为缺少通用的硬件而难以制造。更为微妙的是，这些缺乏协作的企业往往会错过新的盈利机会：它们忽视了"规模经济"，没有意识到其他业务线中已经显现的合作机会。长此以往，从来没有合作过的人们彼此之间越来越孤立，自然而然就会产生地盘意识。而地盘意识又会使扭转这种协作不足的局面难上加难，因为人们往往对不同的业务线抱有负面的刻板印象。

时代华纳（Time Warner）就发现自己陷入了缺乏协作的"明星陷阱"（见图 3-3）。特纳广播公司（Turner Broadcasting System）与时代华纳（时代华纳本身就是 1989 年时代和华纳联姻的产物）的合并缔造了一个媒体巨头，但到目前为止，这个貌合神离的巨头并没有创造出额外的价值。特纳的几位关键高管负责两家公司合并后的融合工作。一位观察家指出，"融合两家公司最为困难的部分在于，如何使时代华纳的业务线产生一加一大于二的效果，迫使这些多年不和的业务线巨头互相协作。这些巨头更忠于自己的'明星'如麦当娜（Madonna）和克林特·伊斯特伍德（Clint EastWood），而不是时代华纳的负责人莱文先生 [4]"。版权其实是时代华纳可以充分发挥协同效应的绝佳机会，凭借着时代华纳横跨出版业、音乐和电影制片的专有权开发创新型产品。然而到目前为止，"这些瑰宝，一般都牢牢掌握在各业务巨头手里"。从某种程度上讲，这些业务巨头对跨业务协作的反抗也说得过去，比如《乱世佳人》的斯佳丽·奥哈拉（Scarlett O'Hara）和《体育画报》确实没什么交集。但是同时，跨业务协同可能带来显著的协同增效的机会，而竞争对手迪士尼甚至特纳广播公司早已对如何利用这些机会驾轻就熟。

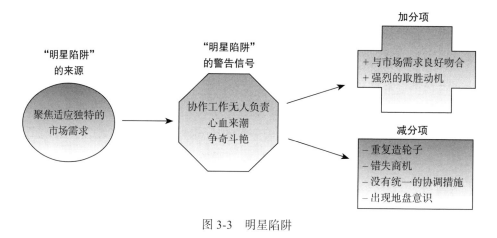

图 3-3　明星陷阱

　　缺乏协作的企业有几个共同的特征。

　　第一个特征是，协作工作无人负责，群龙无首。陷入这种陷阱的企业管理者很少认识到协作是需要管理的。结果导致协作变成了碰巧发现协作机会的人的个人行为。

　　第二个特征是想起协作的时候就协作，心血来潮。这些企业没有协作的重点，对促进协作也没有特别的兴趣。协作发生了就发生了……只是一个随机事件。

第三个特征是每条业务线要么是"明星"要么想成为"明星"，争奇斗艳。这些业务的典型表现是保护地盘，或是只顾追逐自己的名利。这些企业非正式的文化和正式的奖励制度往往更看重个人而不是团队的成就。

成为 Galaxy 公司一颗璀璨的明星

在飞速发展的 Galaxy（化名），你很快就会被员工们专业的技术话语打动。Galaxy 的员工是一群聪明、时髦、二三十岁的年轻人，他们是经过精挑细选的，有着聪明机智的头脑和高度负责任的态度。参观 Galaxy，你会被这里的学院派氛围所震撼。一位开发者说，"每周都像期末考试周"，另一位开发者则表示"Galaxy 就像一个大家庭，所有孩子都聪明上进"。为了开发出市场上最受欢迎的软件，通宵达旦的工作和争分夺秒的日程成了 Galaxy 的常态。据我们了解，Galaxy 不仅鼓励周末加班，而且试图只雇用那些愿意在周末工作的人。Galaxy 为员工提供了技术和管理的双重职业发展阶梯，这也让顶尖的开发人员能够继续待在公司。当然了，趣味性和恶作剧也很受这些开发者的欢迎。

Galaxy 一职难求，候选人的筛选过程非常激烈。要想得到梦寐以求的 Galaxy 的工作机会，就需要闯过重重的面试关卡。面试官们互相配合，对潜在的候选人施压，通过严格的面试过程保证筛选出符合要求的潜在员工。Galaxy 公司只想要最聪明和最具创新精神的人。正如一位管理者所描述的那样："我们招聘的是那些极有才华的员工，也花费了大量时间在招聘上，这些前期投入的时间也是为了让他们了解公司对他们的期望。"

一旦被录用，Galaxy 公司的理念是让员工"做自己的事"。这是一种刻意放手的管理策略。即使是新聘用的员工，Galaxy 公司也给予了极大的自由度。Galaxy 公司坚信，如果员工能够加入 Galaxy 公司，那么他已经足够优秀，有能力规划自己的工作。

Galaxy 公司面临的战略的挑战是，如何创造出一个个独立"热门"产品或"杀手级应用"，用业界的话说，就像 TurboTax、Pagemaker、Excel 和 Quicken 一样，能够在某个应用领域中占据主导地位。从表面上看，Galaxy

有很多业务协作机会。各个产品之间有很多互补和通用的功能，比如图形和文字识别就可以共享。微软和莲花软件（Lotus）率先提出将一组程序打包在一起的套件概念，这种跨产品的协作从营销的角度来看特别有吸引力。然而，却只有很少的产品和业务进行相互协作。

协作工作无人负责

Galaxy 在推广包装"热门"产品和造就"明星"开发者方面有着显著的优势。公司的员工们时刻保持精力的高度集中，他们非常忙碌而又专心致志，想尽各种办法让自己的软件运行起来。Galaxy 给了员工充分的自由来安排自己的工作，这样的管理理念使得员工充满了活力，员工的主动性被激发了。

但是跨业务协作往往事后才会被想起。协作依靠着庞大的、非正式的人际关系维系，在这张关系网中，某人认识某人，某人又认识某人……像一位管理者所描述的那样："在 Galaxy，很多跨业务 / 跨产品的协作都是个人或非正式的。如果你认识另一个项目上的某个人，偶尔见面聊聊近况，就是了解另一个项目进展的唯一途径。"共享软件代码、统一市场营销策略以及其他形式的合作，在 Galaxy 并未得到明确的提倡或者鼓励。员工也对协作不怎么感兴趣，而协作本身也没有得到有条理的组织。正如一位经理所说："最容易的共享就是，曾经一起工作的人们每隔一段时间就聚在一起交流意见，他们就会逐渐找到彼此一起合作的方法。"

有的时候，这种"群龙无首"的协作方式也有一定效果。这种情况发生在其中一条业务线，该业务线从公司另外一条业务线调来了一位低级软件开发人员。在完成自己所负责的部分的同时，她意识到开发小组的其他成员可以和之前业务部门的同事们共同编写重要的软件代码。这次合作很成功，两个业务线都节省了时间和资源。一位经理回忆："在我们团队中，有一位同事非常擅长寄存器和文本布局代码，她是从出版业务线过来的……协作真是一个非常不错的主意……这位同事对代码的理解非常到位，这让我们受益匪浅。"

但"群龙无首"的协作并不总是有效。有的时候对方并没有给予足够的重视。例如，一位管理者告诉我们，他与另外一个更大的部门的合作努力之后最终失败了。他说："我们需要与他们进行更多的合作，但是对他们来说我们无足轻重。我们什么都不是。"有的时候对方看不到合作的动机一位管理者向我们描述了一次合作，他认为这个机会对双方都有好处，但对方不这么认为。这位管理者回忆说："我们问：'你们愿意和我们一起合作吗？'他们回答，'除非有人告诉我们这在战略上很重要，因为我们有太多事情要做了'。"

山雀与红知更鸟

如果能保持结构不多也不少的平衡，协同适应是最有效的。我们对山雀和红知更鸟之间的社会交际结构进行了比较，进一步阐述协同适应这一概念的核心思想。

20 世纪初，在英国，牛奶是装在没有盖子的瓶子里送到各家各户的。有两种鸟类——山雀和红知更鸟，学会了喝浮在瓶口的奶油。后来，乳制品经销商在瓶子上加装了铝制瓶封来解决这个问题。大约 20 年后，整个山雀种群（大约有 100 万只）都学会了如何啄穿瓶封，而红知更鸟却没有学会。偶尔有一只红知更鸟发现了啄穿瓶封的秘诀，但这种知识却没有在红知更鸟种群中得到传播。如何解释这种现象呢？

山雀是一种喜好交际的鸟类。它们 8 ～ 10 只为一群，每年都要进行历时 2 ～ 3 个月的迁徙。鸟群之间有时会交流，成员也会发生交换。相反，红知更鸟则有领地意识。雄性红知更鸟会把其他同类赶出它的领地。它们很少交流，当它们交流时，通常是敌对的。

一般来说，相关的主体在相互之间进行适当的互动时，适应性最有效。如果相关的主体互动频繁，那么它们就会很快适应彼此。然而，这样也会导致主体缺少多样性，难以应对突然的变化。如果主体从不互动，那么种群对变化的适应就会非常缓慢，最终可能会进化成无法交流的不同物种[5]。

心血来潮

在 Galaxy，无论何时何地，只要有人想合作，那么他们就直接开始着手实施了。协作没有任何准则可循，也没有任何整体规划可言。一位管理者代表告诉我们："协作对于我来说就是就事论事，没有什么统一的方法或者原则。"

多个产品小组通过协作开发的通用图形用户界面（GUI）就是一个例子。几位软件开发人员自己看到了合作的机会，并不是公司的强制要求。他们一起工作了几个月，开发了通用的软件代码，缩短了彼此的开发周期。但是这个项目是一个明智的合作选择吗，还有更好的选择吗，其他的产品是否也可以使用这个通用的界面？如果这些开发人员与其他人合作完成其他事情是否会更好？没有任何人想过这些问题。

争奇斗艳

环法自行车赛的例子尤其强调有效的协同适应需要一些队员牺牲自己成功的机会，来帮助其他更有条件的队员获得成功。然而这种行为与 Galaxy 的文化大相径庭。

首先，每个人都想成为明星。Galaxy 有意雇用这类追求成功、看重成就的员工。一位管理者说："管理者之间的竞争非常激烈，大家都想成为最酷的部门，拥有最强的员工，做出最好的产品，成为桑迪（Sandy，Galaxy 老板）最欣赏的部门。"然而，要想成为明星就要让人刮目相看，显然，利用其他部门的工作并不会让人刮目相看。因此，Galaxy 公司的员工没有真正的动力进行跨业务协作。

其次，Galaxy 的结算系统使得"明星主义"文化更加盛行。一位管理者解释说："付出就应该有回报，但是在跨业务协作中，我们做出了贡献，但很难得到相应的回报。"一个业务部门帮助另一个业务部门获得了成功，自己所付出的资源和投入不仅得不到承认而且蒙受了损失。所以管理者对协作避而远之，也就不足为奇了。Galaxy 的"结算系统"并没有解决这个问题——协作中付出的一方应当被给予公平合理的回报。在许多管理者的心目中，必须公平对待跨部门 / 业务线时各部门 / 业务线的努力，而这是很难做到的。否则，究竟谁才算是真正的明星呢？

业务影响

缺少协作导致 Galaxy 屡屡出现重复造轮子的现象。一位管理者对"难以置信的重复劳动"感到震惊。另一位管理者说，"这家该死的公司，每个人都在重新造轮子"。还有一位管理者说，"你随时都会听说，有三个不同的人在做同一件事情"。缺少协作的结果是，产品研发周期放慢，成本增加，这尤其降低了 Galaxy 在快节奏市场上的竞争力。

缺少协作也造成了打包在一起的产品不能很好地一起工作。客户期望来自同一家公司的产品之间具有相似性，因此，当 Galaxy 的产品之间不能很好地配合时，客户感到很困惑。Galaxy 的配套产品界面难看，没有统一标准。一位管理者感叹道："我们完全有能力做到跨产品的一致性，但遗憾的是，我们并没有这样做。"

更为微妙的是，缺乏协作会导致错过新的盈利机会。Galaxy 的管理者们迟迟没有抓住增长机会。也许某条业务线的管理者会发现新的市场机会，但他们拒绝与其他业务线的管理者分享这些洞见。因此，新的机会要么得不到充分的拓展，要么发展得太慢。一位高管曾抱怨道："每条产品线都在独立行动。现在面临的情况是，我们拥有绝佳的机会，只要我们各条业务线齐心协力，完全能够以迅雷不及掩耳之势席卷市场，但是我们却没有这么做，每条业务线都在各行其是，自行决定介入哪些业务以及采用哪些技术。"这种情况下，公司通常还会丧失规模经济的效应。例如，有时很难证明为单个项目创建特定功能是合理的，因此这些功能就被放弃了。然而，如果将其分摊到其他的业务支出中，这笔花费很有可能就是合理的。

从长远来看，Galaxy 的协作会变得越来越困难，因为缺少协作产生了互相竞争的领地意识。大家彼此并不熟悉。有迹象表明，"非由我属，不为我用"的思维和消极的刻板印象开始滋生。一条业务线的管理者形容另一条业务线的管理者是"傲慢的"。而这位管理者反击道，"我绝不会和他们一起工作"。在 Galaxy，合作的难度正在变得越来越大，而不是越来越小。

总的来说，Galaxy 公司的财务状况良好，并且拥有一批优秀的员工。但整个公司都是依靠某条业务线的一系列非常成功的产品生存的，而其他的业务线则业绩平平。

警告信号

Galaxy 公司的案例表明了协作不足的几个警告信号：

1. **群龙无首。**协作不是预先规划和设计的，大多数情况下是基层人员的职责。虽然基层人员通常更了解细节，但他们对影响巨大的协作可能性缺乏远见。他们的协作行为体现的是友谊和偶然性，而不是对协作可能性的深刻理解。
2. **心血来潮。**在 Galaxy，任何事情都可以提上协作日程。管理者们有时会明智地选择协作机会，有时却没有。公司没有一致的方法可以对这些随机的协作机会进行分类整理。
3. **争奇斗艳。**当个人的职业发展或者公司的规章流程（比如结算机制）不支持协作（甚至对协作进行惩罚）时，就没有人进行协作了。而这正是发生在 Galaxy 的实际情况。

在混沌边缘进行协同适应

Jupiter 的管理者由于过度协作陷入了"齐步走"的僵化陷阱，而 Galaxy 的管理者则由于协作不足步入了混沌的局面，但是确实有一些公司的管理者，不仅能够发挥跨业务线的协同效应，而且能够取得自己部门的成功。就像环法自行车赛的车队一样，这些公司的各业务线之间能够协同适应。也就是说，这些管理者专注于一些关键的策略以获得双赢的局面，但并不苛求每一次合作都对自己有利。他们把"如何协作"的难题和决策交给了中层管理者，因为跨业务协作中涉及的战略和战术问题，中层管理者理解得更为透彻。他们还规定了协作各方的具体角色和职责，在有限的结构约束下，他们让协作行为以一种不可预知的、动态的（自组织的）但有效的方式涌现出来，创造出了一种个人和团队双赢的战略。

这种协同适应型的企业在单个市场中一直表现出色，而且总体表现也很出色。就像顶尖的环法自行车队一样，这些业务线团结在一起就是一个强大的团队，而且团队有一两条业务线在各自的细分市场"身着黄色领骑衫"遥遥领先。

迪士尼（Disney）就是有效地实现了多业务协作的典范。作为美国文化的全球象征，迪士尼在零售商店、有线电视和游轮等多个业务领域都表现得非常出色。在主题公园和动画电影等个别领域，迪士尼是公认的全球领导者。无论用哪种财务指标来衡量，迪士尼都是佼佼者，20 世纪 90 年代，迪士尼的年增长率达到了 20%。迪士尼取得如此成功的一个主要原因就是跨业务线的有效协作。最广为人知的协作案例是，公司将《风中奇缘》和《狮子王》等热门电影中的角色在音乐、视频、周边以及其他业务线中共享。首席执行官迈克尔·艾斯纳（Michael Eisner）将其称为"乘数效应"，迪士尼的品牌形象每天都要在全球人们的集体意识中闪现数百万次。但鲜为人知的是，迪士尼并没有在所有业务中共享迪士尼的品牌形象。例如，迪士尼旗下的试金石影业（Touchstone Pictures）和米拉麦克斯影业（Miramax Films）都是独立于迪士尼品牌之外的电影制片公司，它们的代表作有《哭泣游戏》和《低俗小说》等电影。不过，这些公司也能获得迪士尼内部其他业务线的协助。迪士尼的管理者们相互合作，既不是处处都以严格的标准方式约束，也不是以杂乱无章的方式混沌合作。迪士尼的管理者们既保持了各条业务线策略的独立性，又共同利用了迪士尼的优势。

另一个例子是美国第一银行（Bank One）。20 世纪 90 年代初，这家来自中西部的银行巨头靠着旗下多家银行之间的有效协作跻身美国顶级公司行列。美国第一银行旗下的这些银行又是如何协作的呢？第一银行既没有把协作的选择权交给企业高管，也没有对整个协作过程的管理置之不理，而是把协作决策权留给了各家银行的负责人。这些中层管理人员既有敏锐的战略眼光，又了解各自银行的经营细节，对自己银行当地的细微差别更是了如指掌，并且他们还背负了经营业绩达标的重任，基于上述几点，美国第一银行旗下的各分行负责人恰好是负责跨行协作的首选。跨行协作的重点是开发一系列通用产品，供旗下银行的负责人选择使用。这也就意味着，美国第一银行的印第安纳波利斯分支机构可以经营一套产品，而哥伦布的分支机构可以提供一套不同的产品。协作机会是非常聚焦的，但公司总部并不负责实际的协作决策。公司范围内全面的月度报告进一步加强了跨行合作。这些跨行记分卡为银行负责人提供了合作的动力（没有人甘于人后）和信息（哪些银行碰到过类似的问题），从而打开了合作的大门。正如美国第一银行的一位高管所言："如果你发现自己业绩是最糟糕的，那么你就要选择一家经营出色的银行，去研究一下别人是怎么做的。[6]" 讽刺的是，90 年代后期，美国第一银行收回了旗下银行的协作自主权，改为更集中的协作控制方式，之后十年的业绩表现反而不如人意。

我们发现，擅长协同适应的管理者有以下几个共同的特征（见图 3-4）。

第一个特征是将协作决策权授予实际业务或产品线的管理人员，承上启下。中层管理人员是高层战略和团队战术的枢纽。高管可以在这个中间管理层级上兼顾日常的业务运作和长期的战略方向。这样他们既能够站在全局的视角制定战略，同时还能结合实际的运作细节保证协作的合理性和可落地性。

第二个特征是抓住协作的重点，有的放矢。擅长协同适应的管理者既不会过度协作也不会缺乏协作，他们会将注意力集中在少数几个高回报的领域——这些领域的合作机会通常只占全部机会的 20% ～ 30%。这些管理者并不追求捕捉所有可能的协同效应，因为这样做太耗费时间，而且会限制学习机会。同时，这些管理者也不会任由协作偶然发生，因为如果这样做，主要的协作机会可能会被错过。

第三个特征是每条业务线都有自己的特点，各尽其能，独一无二。在擅长协作的企业中，管理者对每项业务所带来的协作机遇都有清醒的认识。就像自行车队中的车手赢得黄色领骑衫的机会并非均等一样，这些企业的管理者也明白，并非所有的协作机会都能够给公司带来有效的协同效应。因此，协作机会的选择往往是不平等的。

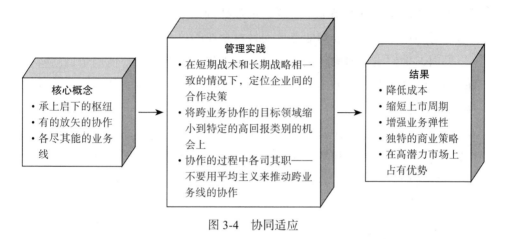

图 3-4　协同适应

Tai-pan 公司的协作

Tai-pan（化名）的总部坐落在繁华的市中心。这是一家全球领先的计算机公司，销售的是一系列世界上最知名的计算机产品。Tai-pan 公司在一系列竞争激烈、节奏快速的寡头垄断市场上进行竞争，如工作站、网络系统和互联网软件等市场。这些市场的边界日益模糊，唯一不变的是，Tai-pan 需要持续不断地与强硬的全球化竞争对手角逐。一位管理者将这种环境描述为"机会主义的混沌"。速度和成本、持续改进、随着成熟市场的消亡创造新市场，在上述因素的推动下，跨业务协作就有了强大的动力：在营销方面，可以共享品牌优势和分销渠道；在产品开发方面，可以共用标准设计、部件和组件；在制造方面，可以共享装配线、采购和物流系统。Tai-pan 的管理者理所当然地将跨业务协作视为最关键的战略之一。

承上启下的枢纽

在 Tai-pan，跨业务的协作是由公司内部负责关键业务和产品线的中层管理人员协调和管理的。中层管理人员对业务的日常运作细节了如指掌。他们既要参与产品设计评审和产品规划会议，又要审查市场焦点小组的调研结果，还时常深入工作一线实地考察。他们了解库存数量、预订情况以及竞争对手的最新产品。就像第 2 章中描述的那些即兴发挥的管理者一样，这些中层管理者不仅深度参与公司业务，而且对企业的盈亏负责。

同时，他们也在努力解决影响其业务发展的战略问题。他们是自己所负责的业务线的主要战略制定者，塑造着业务线的未来愿景。他们在企业的整体战略中发挥着关键作用。这些中层管理者与企业高管一起，组成了企业内部的战略论坛。这个组织每四周就会召开一次制定企业战略方向的会议。会议上，每一项业务都要接受评审，形成企业的整体战略视图。这些管理人员还借助会议的机会交换信息增进互相的了解，这样他们就可以在适当的时候开展合作。

有的放矢的协作

大多数公司都有很多合作的机会。品牌、分销渠道、物流、产品设计和核心技术都只是合作的皮毛。而 Tai-pan 的管理者并不会事必躬亲。这些忙碌的管理者只会将注意力集中在某些潜力巨大的合作领域，那些没什么价值的合作机会不值得关注。

例如，各业务之间在使用通用产品部件方面的协作就是 Tai-pan 的战略。但管理者并不会考虑所有使用通用部件的机会。相反，他们将注意力集中在 20% 最主要的产品部件上，这些部件的产品成本占比却在 60% ～ 85%，各业务线略有不同。

提高关键零部件的比重有几个好处。最明显的是，Tai-pan 可以利用大宗采购交易，拿到更有吸引力的价格。但协作带来的优势远远不止优惠的价格，Tai-pan 巨大的业务量让供应商另眼相看，获得了产品原型的优先使用权。Tai-pan 的工程师们能够提前获得新部件的早期原型，并将其整合到新的设计中，远远领先于竞争对手。Tai-pan 的交货期也得到了保障。因此，Tai-pan 不会像其他公司那样，经常被零部件短缺的问题困扰。

Tai-pan 内部可能还有更好的合作机会，但是 Tai-pan 所处的市场发展日新月异，实在没有时间审视每一种可能性。实际中，管理者会简化他们的协作。此外，没有事必躬亲也让管理者为其他可能性留下了一些想象的空间，有时会收到奇效。例如，某业务部门的工程师使用了一种新的数字化技术，而不是与兄弟部门合作开发替代技术。虽然这款产品没有成功，但事实证明了这项技术比想象的要先进得多。于是，其他业务线在后续产品中也采用了该技术。

各尽其能的业务线

自行车队的成员各有各的特点，有些人是爬坡高手，有些人是冲刺高手，有些人擅长下坡，有些人则更加全面。协同适应的自行车队会根据成员各自的特点设置不同的角色发挥他们的优势。Tai-pan 的管理者也是如此。

Tai-pan 的业务组合中，有的业务完全属于成本驱动。一些专注于家庭消费者，另一些则以财富 500 强企业为目标。有的业务增长潜力巨大。就像特点鲜明的自行车队的成员一样，Tai-pan 的业务也各有特色。Tai-pan 公司的管理者也像顶尖的自行车队队长一样，根据业务各自的特点设置它们的角色。

Tai-pan 的 "金鹅" 业务就是一个例子。当我们在 Tai-pan 进行访问时，这部分业务的市场正处于爆炸式的增长当中。这项业务为公司贡献了 20% 左右的收入，利润的贡献还要更多。这项业务市场份额据称也是排名第一。

"金鹅" 业务的管理者为了更好地跟上市场的步伐，广泛借用了 Tai-pan 其他业务的资源。例如，他们从兄弟部门借用了工程设计、制造工艺和关键的营销人员。而他们没有给这些业务分享多少回报。他们的注意力只放在自己的诉求上，甚至都没有想过给其他业务的回馈。就像自行车队的头号车手一样，"金鹅" 的唯一任务就是获胜。

我们将 "金鹅" 业务与一项二线业务进行对比（见表 3-2）。这项二线业务属于低端市场，利润潜力不大。一位管理者解释：这项二线业务的战略作用是为金鹅和其他高利润业务保驾护航，防止竞争对手从低端市场攻击。用团队自行车赛的术语来说，这项业务就是 Tai-pan 的副将。他们的作用是提供有关低端竞争对手向高端市场转移的市场情报，以及设计所有业务线都会用到的业务流程，比如扩大生产规模。尽管大家对这项二线业务在市场的表现有所期待，但没有人指望在这个细分行业的二线业务能取得像 Tai-pan 的"金鹅"一样优异的业绩。

表 3-2 Tai-pan 公司的协同适应

有重点的协作	数量占到 20% 但是成本占到 60%～85% 的通用产品零部件 五条业务线中有三条业务线共享两套生产设施的装配线 集中的物流系统 统一宣传品牌的电视广告
主要的决策者	Tai-pan 公司五条业务线的管理者每个月都会进行战略研讨会议，讨论跨业务线协作的可能性和统一战略规划，这些会议始于各业务实时的经营信息
各个业务线的角色	
金鹅	在公司参与的最具有吸引力的市场中获胜（按增长率和规模定义）
苦力的角色	在一个庞大的、适度增长的、利润率稳步下降的市场中保持竞争力 制定业务流程供其他业务线使用，如快速提升产量等 保护其他业务线免受低端竞争者的威胁 提供低端竞争对手的行动情报
侦察员的角色	开拓新市场 为其他业务的发展探索机会和道路 形成战略联盟，抢占竞争对手的先机，并学习和汲取更多的市场信息和知识
清道夫的角色	充分利用走向衰落期的产品线，并获取最大利润 向"侦察员"业务线学习 为新任管理人员提供低风险的培训基地
补位的角色	为丰富产品线补充必要的配套产品 增加采购和物流系统的规模经济 分散竞争对手的注意力
共同的目标结果	共同致富 "金鹅"业务线市场排名第一 其他业务线在其细分市场领域内占据前三名的位置

业务影响

Tai-pan 的管理者采取了一种"协同适应"的方式进行跨业务线协作。也就是说，他们会在协作的过程中设置一些结构，其中包括：有针对性的协作领域、授予业务层面的管理人员决策权以及各个业务扮演的角色。随后，他们让跨业务协作在这些结构的约束下开展。这样产生的复杂的协作行为能够不断地与变化的环境相适应，能够务实地保证某一特定协作的成效（这一点与 Jupiter 的过度协作不同），同时也能保证协作的目标集中在高回报的协同增效机会上（这一点与 Galaxy 的缺乏协作不同）。

这种协作的一个关键结果是，Tai-pan 通过共享部件实现了规模经济，它的产品成本做到了行业最低。此外，由于有针对性地共享了设计，Tai-pan 的产品开发时间创造了纪录，让同行羡慕不已。成本和速度上的优势使 Tai-pan 公司的战略拥有了其他公司无法比拟的灵活性。

相比之下，Tai-pan 不求事事合作的战略为公司创造了几种独特的商业模式，这些模式在其特定市场上是非常有意义的。例如，各业务线一方面在某些产品部件上进行合作，但另一方面由于各自市场对质量和数量的要求不同，在某些制造环节保留了差异。更为微妙的是，Tai-pan 公司不求事事合作的做法，增强了公司的韧性。每条业务线的特色得以保留，拓宽了业务相互之间取长补短的想象空间，比如前面提到的数字化技术。各业务之间恰如其分地联系意味着 Tai-pan 的管理者可以在市场的早期发现趋势，然后将信息传播到整个公司。业务之间的联系过多或过少都会适得其反。

总的来说，Tai-pan 的管理者在协同增效和个人成功之间取得了平衡。Tai-pan 的"金鹅"业务在行业中利润最高、增长最快的细分市场中名列第一，这一成功鼓舞了整个公司。Tai-pan 的其他业务通常都在各自市场位列前三名。从外部看，Tai-pan 采用的是"多市场"竞争战略，尤其侧重蓬勃发展的市场。从内部看，它的战略源自协同适应。正如一份主流商业刊物所评价的那样，Tai-pan 是名副其实的"全球计算机霸主"。

关键信号

Tai-pan 的例子表明了跨多业务协同适应的几个关键信号：

1. **承上启下的枢纽。**Tai-pan 公司将跨业务协作的决策权授予中层管理人员，他们既了解短期战术又了解长期愿景。Tai-pan 公司的高层在现实和明智之间做出了正确的妥协。

2. **有的放矢的协作。**Tai-pan 的管理者专注于特定的协作目标，即使这

> 意味着有的时候会错失良机。他们认识到，他们没有时间去研究每一个可能的协作机会。专注带来的好处是意外的惊喜和学习机会。
>
> **3. 各尽其能的业务线。** Tai-pan 的管理者都清楚地知道，公司的每条业务线都是独一无二的。因此，他们为不同的业务线设置了不同的角色，各条业务线没有义务平等地付出。

创造协作适应的系统

下面这份调查文件在本章的开头出现过，这里我们补充了前面阐述的三家公司的答案，J 代表 Jupiter，G 代表 Galaxy，T 代表 Tai-pan。

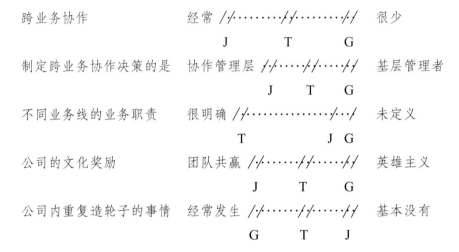

如果你的公司更像 Jupiter，那么你需要刷新跨业务的协作方式。最先要做出的改变应该是调整（通常是降低）协作决策的层级。通常，协作决策应该放在业务单元或产品线的管理层级上。你还应该确保在决策过程中全面考虑相关的职能或者地域。此外，一定要解决协作中那些显而易见的问题，比如需要协调的业务线过多或是参与协作的部门处于不同的地域。如果协作是必要的，那么请为"面对面"的沟通预留时间，并部署高质量的视频会议设施。另外，你应该集中精力进行重点协作。没有人有足够的时间去抓住每一个合作机会。充分了解每条业务线的成功之处以及它们在公司战略中发挥的作用。请记住，如果你已经陷入了过度合作的陷阱，那么你可能需要在特定的业务领域重建竞争力。

如果你的公司更像 Galaxy，你需要确保正式或非正式的激励机制不会阻碍有效的协作。在此基础上进一步改进激励机制，鼓励并推动更多的跨业务协作，并鼓励员工不断思考："我们为什么不能进行更多的协作呢？"盘点组织的核心竞争力和关键能力，评估哪些竞争力和能力具备最大的战略协作潜力，这也是必须采纳的明智之举。此外，仔细思考你的产品和服务，在哪些机会上更值得协作，仔细考虑业务流程中的哪些方面更值得共享。总而言之，让业务或者产品层面的中层管理人员思考如何进行跨业务的协作。千万不要放任自流，把协作变成基层员工偶然为之的随机事件。

如果你的公司和 Tai-pan 一样，那么你就处于协作适应的边缘，即使是最好的管理者都有可能稍有不慎失去平衡。确保协作流程简单，只专注于收益最高的协作机会。要特别谨慎地管理那些重要且具有挑战性的技术协作。另外，请记住，当变革和市场节奏成为至关重要的制胜法宝时，协作不足比过度协作更能让公司保持灵活性。最后，我们建议所有公司都要经常重新评估跨业务的协作方式。

以接受信息为基础的协作和沟通

当地面控制系统不可用时，美国空军飞行员有时需要相互配合。他们能够做到这一点的一种方式是，"以接受信息为基础的协作和沟通"。在这个过程中，每位飞行员首先会简要地播报自己所处空域的状况，然后每位飞行员根据自己的要求，择优联系拥有自己需要的特定信息的飞行员，并进行协作配合。换句话说，是信息的接受者决定了协作的模式，而不是发送者。他们与一些飞行员协作，而忽略其他的飞行员。这样一来，一群没有领导的飞行员就能有效地应对瞬息万变的环境。Tai-pan 的管理者就是利用这种沟通模式来协调他们的跨业务合作的[7]。

关于协同效应的最后说明

20世纪70年代，波士顿咨询公司提出了著名的用来分析业务组合的"波士顿矩阵分析法"。这套方法着重从市场份额和产品生命周期两个维度来分析跨业务的资本配置。最近，管理学界有另外一种观点——核心竞争力，强调跨业务线的能力共享。波士顿矩阵分析法认为公司是由不同的业务组合构成的，而核心竞争力的观点认为公司是由不同的竞争力组合构成。

本章所提出的"协同适应"的观点持中间立场，我们认为公司是独特业务的集合，但内部的跨业务协作也是非常有价值的。此外，协同适应的观点表明，跨业务协作带来的可能性比单纯的资本转移或竞争力共享所产生的可能性更多。各种各样的协作都是有价值的，诸如交换有关竞争对手动向的情报、在采购中获得规模经济、共享分销渠道或就一次性产品开发项目进行合作等，都会给公司带来收益。与早期的模式相比，协同适应的系统更具有动态性，并将协作的决策权从公司高管转移到中层管理者的手中。事实上，协同适应系统的核心是中层管理群体，他们既是各自业务线日常运作的负责人，又是围绕着业务组合集体制定公司战略的参与者。

要使协同适应发挥作用，关键是要在集体和个人胜利之间维持一种剑拔弩张的紧张气氛。这意味着不仅要有明确的责任制和要求，更要有清晰的奖励措施，来激励实现个人业务目标以及将个人凝聚成团队的行为。股票期权和晋升政策等激励措施对于兼顾个人成功和团队合作的员工具有明显的鼓励作用。但是除此之外，公司还有哪些激励措施可以鼓励来自不同业务线的中层管理者凝聚成一个团队为公司服务呢？我们发现了几种有效的策略。

第一个策略是经常安排管理者的集体会议。至少要做到每月一次，这是让大家相互熟悉、融洽相处、处理实际问题所必需的最低频率。Tai-pan的战略规划会议就为管理者创造了频繁的互动机会。每月一次的业务负责人聚会将成为管理者相互了解业务以及公司业务全貌的主要途径。

第二个策略是为这个管理团队制定一个共同的目标，尤其要突出"团队成功"给各自业务线带来的机会和收益。一种制定共同目标的方法是强调竞争。例如，莲花和微软在软件市场争得不可开交的时候，莲花的餐厅里贴着那张著名的征兵海报，原来海报上伸出手指的山姆大叔被改成了比尔·盖茨，上面写着："就是这个人想要抢走你的午餐！"另一种制定共同目标的方法是战斗口号或者标语，向公司的员工传达一种紧迫感或者威胁。比如英特尔的口号——"只有偏执狂才能生存"。当然，也可以通过积极的口号来制定共同的目标，比如 Tai-pan 的口号："让我们共同致富！"。公司的标语和口号尤其要突出团队成功对于达成公司整体目标的重要性，要有感染力和号召力。

第三个策略是将精力集中在有关各种业务和市场竞争的具体实时的信息上。在 Tai-pan，战略论坛使管理者的注意力集中在每项业务的关键运营数字以及竞争对手和客户的实地情报上。这种对具体数据和多种决策选择的关注，意味着对于中层管理团队而言，集体解决问题远比政治游戏重要。而这种沟通方式（技术上称为"以接受信息为基础的协作和沟通"）也提醒管理者们注意到哪些情况需要与其他业务线协作，识别出跨业务协作的潜在机会。

最后需要强调的是，在协同适应的系统中，可能需要管理者牺牲自己的利益来帮助别人取得成功。而只有当管理者相信未来有机会带领能够成为另一只"金鹅"的业务线时，他们才愿意做出这样的牺牲。

4

从过去的积累中获利

我在进行当代作品的编曲时并没有怀着一种特别严肃的责任感，而是把这件事看成某种能够扩展对音乐的认知的，让人为之兴奋的事情。所以当回归那些传统的片段时，可以用一种全新的方式来演奏它们，或者至少可以找回这些片段第一次被聆听时那种奇妙的感觉。

——迈克尔·提尔森·托马斯
（Michael Tilson Thomas），
旧金山交响乐团音乐总监

Competing on the Edge
Strategy as Structured Chaos

行业形态正在迅速地变化着。新公司不断加入，新市场不断被开辟，即使是老牌的公司也在不断地转型和成熟当中。互联网和生物技术奇迹之类的重大的技术变革已经司空见惯。托管医疗保健、泛欧产品和亚洲市场，新的机遇不胜枚举。当下业务的激烈竞争和未来业务的多元化已经让公司应接不暇，过去似乎变得无关紧要了，是这样吗？

投资银行 D. E. Shaw & Company 由大卫·肖（David Shaw）于 1988 年创立。成立伊始，公司就跻身美国顶级证券公司的行列。不到十年，公司就发展到了 400 人的规模，积累了大约八亿美元的资本，其年平均回报率超过20%。业务繁忙的时候，D. E. Shaw & Company 的交易量可以占到纽约证券交易所一天总交易量的 5% 左右。

D. E. Shaw & Company 成功背后的原因是什么？作为华尔街最神秘的公司，D. E. Shaw & Company 以对冲基金起家，它的第一间办公室出人意料地设在格林尼治村一家书店的阁楼里。D. E. Shaw & Company 专有的对冲算法利用了多个市场之间短暂的微小价格差异。假设纽约的康明斯发动机（Cummins Engine）价格比东京低 50 美分，算法就会利用这种市场的效率问题，在纽约低位买入，在东京高位卖出。总的来说，这些跑赢市场的算法是专门针对各种国际金融市场上非常规投资之间的复杂关系而设计的。只有运用强大的计算能力进行反复实验和复杂建模才能挖掘出这些关系。事实上，大卫·肖和众多数学家、计算机科学家以及其他真正的"量化专家"创造了受到严格保护的专有软件，他们在这上面的投入已经超过了一亿美元。

更重要的是，D. E. Shaw & Company 的经理们运用他们在错综复杂的金融交易方面的软件和专长，成功地开拓了一系列新业务。依靠原始对冲业务打下的基础，公司管理者乘胜追击，进军"第三市场"——自动进行的上市股票的场外交易，以及像日本权证和可转换债券这样晦涩复杂的金融工具。

20 世纪 90 年代末，D. E. Shaw & Company 更是因为长远的多元业务规划而名声大噪。该公司在金融计算的基础上打造的各种产品和服务，进一步压缩了金融市场中介的生存空间。首席执行官肖声称，金融中介的基本工作（买卖双方的匹配）已经可以由计算机独立完成。他预测互联网就是实现这一目标的市场。于是，D. E. Shaw & Company 在 1996 年 4 月推出了 Juno 在线服务，截至 1996 年底已经向 70 万用户提供了免费电子邮件。这项服务是免费的，但就像网络电视一样，用户将成为广告受众。该公司还成立了一家子公司远视金融服务（FarSight Financial Services），提供一整套综合服务，不仅包括了 D. E. Shaw & Company 传统的金融产品和服务，还包括了信用卡、支付以及其他新的服务。这一系列举措的终极目标是一站式在线金融服务的革命性理念。但是，D. E. Shaw & Company 的任何业务，其管理者都要依靠他们独一无二的计算机软件，这一点很少有人能够复制。因此，对于 D. E. Shaw & Company 来说，过去并非无关紧要。

然而，D. E. Shaw & Company 要抓住过去的积累并不容易，新旧业务之间的紧张对峙始终存在。D. E. Shaw & Company 应该继续坚守过去的算法交易，还是开辟计算建模新领域？ D. E. Shaw & Company 应该如何积极地进军互联网市场？ D. E. Shaw & Company 进军电子商务应该在多大程度上依靠其核心的算法交易业务，更多还是更少？雇用新类型的员工会让公司更上一层楼吗，又或者数学家和计算机科学家才是正确的人选？最终，这些 D. E. Shaw & Company 经理们面临的困境是，如何在抓住新机遇的同时充分利用自己过去的积累——也就是说，如何承先启后[1]。

《大都会》是一本面向 40 岁以下女性的时尚杂志，它是新旧交替张弛有度的绝佳例子。海伦·格利·布朗（Helen Gurley Brown）是出版界的标志性人物，她曾担任《大都会》杂志的主编 30 多年，直到 1997 年才卸任。新任主编邦妮·富勒（Bonnie Fuller）接手杂志后，开始留下自己的烙印。在富勒担任主编期间，读者能够感受到杂志更加强调时尚和健康。关于人际关系的文章比布朗在任时更加直白；图片风格也更加轻快。从照片、样式到外观，处处都体现着更加鲜明的"态度"。然而，富勒并没有抛弃过去。她说："我的哲学与海伦相呼应，我相信这就是年轻女性想要的一切，她们乐在其中。"她还承诺："你不会在这本杂志上看到革命性的变化。我们不会改变这本杂志的根本。延续优势再加上一些新鲜感，这一点非常重要，这会让读者更喜欢这本杂志。"[2]

对《大都会》杂志这样的老牌企业来说，以过去的积累为基础建立起相对于后来者的竞争优势至关重要。利用品牌形象、分销渠道、成熟的产品设计和其他资产的能力就是老牌公司相对于后来者的主要优势。例如，索尼（Sony）的管理者尤其善于此道，他们利用长久以来树立的全球品牌形象、积累的零售渠道经验以及微型化方面的专长，打造出了一代又一代消费电子产品。

对 D. E. Shaw & Company 这样的年轻公司来说，在过去的基础上建立竞争优势同样至关重要。他们先人一步的能力很大程度上取决于时间不长但成功的经验，运用这些经验能够节约资源、节省时间、减少错误，并最终超越规模更大、资金更雄厚、更成熟的竞争对手。例如，网络书店新贵亚马逊（Amazon.com.）之所以能够保持快速增长并牵制巴诺（Barnes & Noble）这样的传统书店，离不开该公司充分发挥复杂网站作用的明智之举，也离不开该公司与遍布全美的图书分销商的紧密合作。

解决承先启后困境的方法是处在时间过程的边缘的再生（见图 4-1）。再生是一套演化策略，它们立足于过去，比竞争对手更快、更有效地从原有业

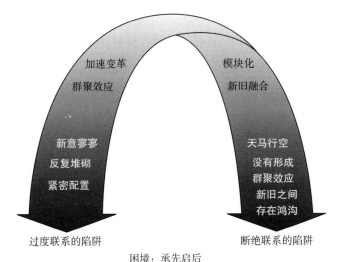

图 4-1　再生边缘

务演化出新业务。这些再生策略包括一些简单的、在旧业务（众所周知的舒适区，尤其是短期利润通常很丰厚）和新业务（风险更大，但也是业务重塑和增长的机会）之间取得平衡的规则。而且，如果管理者在过去和未来的边缘上站稳了脚跟，复杂适应性行为就会涌现出来，它们既能利用旧业务演化出新业务，也能利用新业务来刷新旧业务。

调查问卷

下面这份简单的问卷应该可以帮助你了解公司是如何利用过去的。我们将在本章结束前再来回顾这些问题。

新的业务、产品或服务在多大程度上重用了过去的概念

0% ·· 100%

你的主要业务、服务或产品概念已经运营多长时间了

不满一年　　　　　一到三年　　　　　三到五年　　　　　超过五年

你的业务、产品或服务团队在多大程度上融合了新老成员

大量 ·· 完全没有

你的新业务、产品或服务在多大程度上刷新了现有的业务、产品或服务

大量 ·· 完全没有

再生的基础概念

　　大多数人一想到魔法，就会想到某种原始的骗局。古人可能使用过魔法，但对今天的企业来说，魔法肯定不现实也无法接受。为什么有些人还相信魔法存在呢？是否存在有效的反对观点呢？魔法有什么用处吗？

　　东拉布拉多的北部是地球上最寒冷、最荒凉的地区之一，纳斯卡皮人的故乡就在这里。同事卡尔·维克提到的例子引起了我们的注意。纳斯卡皮人过着传统的游牧生活，他们结成小队迁徙并追踪动物。他们在天寒地冻和与世隔绝的地区勉强度日。在极其短暂的狩猎季节里，纳斯卡皮人日复一日地

对猎物穷追不舍。当他们收获猎物时，就尽情地享用。否则，他们就要省吃俭用甚至忍饥挨饿。

猎鹿是纳斯卡皮人获取食物的主要方式。每年春季和秋季，大量迁徙的驯鹿都要经过纳斯卡皮人的领地。在成群的昆虫驱使下，驯鹿迁徙的速度非常快，它们一天能在人类几乎无法穿越的苔原上奔跑近 40 英里。在春季和秋季的迁徙中，狩猎成功的关键是预判迁徙路线，因为猎人们的速度不可能比得上驯鹿群，但在冬季，驯鹿的数量更少而且分布更广。它们在雪地上的移动速度要慢得多，而且它们更喜欢在树林里而不是苔原上活动。所以，冬季捕猎驯鹿需要一种完全不同的策略。因为夏季几乎没有驯鹿，所以夏季纳斯卡皮人会选择其他的狩猎目标，他们转而捕猎海狸、鱼和其他动物。

纳斯卡皮人如何战胜这些恶劣的生存条件？他们成功的关键是关于地形、天气和动物习性的丰富知识。这些长年累月慢慢积累起来的知识通过一丝不苟的仪式、神话和师徒传承在纳斯卡皮人中代代相传。纳斯卡皮人之所以能在寒冷而残酷的环境中生存下来，这些经验至关重要。因此，经验是一种宝贵的财富。

但是，经验也让纳斯卡皮人感到矛盾，因为过去的经验有些要保留，有些要遗忘。每一次狩猎，会出现纳斯卡皮人习以为常的各种事情，但也会出现这次狩猎特有的一些情况。每一次狩猎从某种意义上说都是一样的：猎人、猎物、足迹和天气这些标准要素总是存在。从这个角度看，经验很重要。但每一次狩猎又都是独一无二的，因为天气不同，狩猎队伍也不同，鹿群有时狡猾有时又不那么狡猾，等等。从这个角度来看，经验又没那么重要。

在这种看待过去的矛盾心态之下，纳斯卡皮人如何不断重复地做出"我们今天在哪里狩猎"的选择？大多数时候，他们依靠的是团队中资深猎人的经验。但是，当不确定性太高，猎物特别稀缺的时候，纳斯卡皮人就把经验抛诸脑后，转而求助于魔法。

驯鹿魔法的重点是用燃烧的驯鹿骨头揭示猎物的位置。烧焦的驯鹿骨头是纳斯卡皮人与狩猎之神沟通的媒介。仪式在汗浴和鼓声中拉开序幕，被选定的纳斯卡皮猎人进入梦境。当他在梦境中看到捕猎驯鹿的情景时，驯鹿的踪迹就有了眉目。但梦境依然十分模糊，驯鹿出没的精确位置还是无法确定。于是，梦境中的猎人从死去的驯鹿身上取下一块肩胛骨，绑上棍子放在篝火上。狩猎小队耐心地等待骨头上出现裂缝，然后就沿着裂缝指引的方向狩猎。

在现代人看来，沿着烧焦的肩胛骨上的裂缝来寻找驯鹿似乎很荒谬。然而，纳斯卡皮人却遵循着看似无用的仪式并在严酷的环境中成功地活了下来。除了驯鹿的肩胛骨，他们还用海狸的骨盆、剥皮的水獭和鱼的颌骨进行类似的魔法。他们的魔法有道理吗？这些仪式到底带来了什么？

答案是仪式带来的新鲜感。这些仪式融合了狩猎中的新意与经验，承上启下。特别是它们从几个方面影响了狩猎的成功。首先，仪式在模式化的行动中引入了随机元素。模式化的行动难免让猎人的战术拘泥于固定的套路，这正中猎物下怀。仪式帮助纳斯卡皮人避免了过度的捕猎，即所谓的"成功经验导致的失败"。其次，沿着随机裂纹的方向狩猎让纳斯卡皮人更有可能发现新的猎场，而在新猎场上他们可以创造出新的猎鹿方法，甚至收获新的猎物。最后，肩胛骨仪式是一种廉价的保险策略。狩猎之神说不定真的存在！

自然选择

自然选择是一个过程，通过遗传基因变异、选择最适应环境的变异，以及延续（或保留）最适合特定环境的遗传品质来产生变化。只有通过这个过程，系统才能够在一段时间内按照达尔文进化模式逐渐地发生变化。

突变对自然选择至关重要，因为突变能避免系统过快地收敛到次优特征上。突变引入的变异可能是完全随机的，这些变异会增加新鲜感和新颖性。突变也可能重新引入那些曾经被淘汰但现在又被需要的特征。一些短期看来有害的特征也可能会不断地被突变重新引入，但这些特征长期来看是有益的。

猎鹿中运用的魔法给管理者们提供了一些经验。

第一条经验是过去的经验至关重要。如果驯鹿猎人不去运用过去的狩猎经验，他们就会从头开始摸索、不断犯错，白白浪费掉祖先传承下来的知识。成功的狩猎在很大程度上取决于过去的知识积累，将这些知识去芜存菁（学术上称为自然选择）。对高管们来说也是如此，有效的多元化同样需要过去积累的经验，从中找出最相关的部分善加利用，才能创造出新业务。

第二条经验是经验的传承需要足够产生群聚效应的人。人是传承的"载体"，如果没有足够的"载体"，就无法形成群聚效应，纳斯卡皮人过去的经验就无法传承。

第三条经验是新意甚至随机性（学术上称为突变）是成功的关键，特别是在快速、不可预测的变化当中。如果没有新意和随机性，猎人很难感受到变化，也就鲜有机会发现新猎物或者捕获旧猎物的新方法。新意打破了过去的框架，对于陷入常规或受困于严格配置的业务模式的管理者来说，这些道理同样适用。纳斯卡皮人通过烧焦的驯鹿骨头上的随机裂纹来创造这种新鲜感，而现代管理者可以通过意想不到甚至是随机的方式来追求新的机会。然而，融合新旧并非易事。阻碍有效再生的陷阱就在前方。

停留在过去：过度联系的陷阱

多数管理者都能够聪明地运用经验。但有些时候，他们会被过去的成功蒙蔽。这些管理者可以熟练地制定出强大的业务模式，却不想改变它们。哪怕竞争对手采取了更具吸引力的竞争手段，他们也无动于衷。还有一些管理者可能会因为业务陷入竞争激烈的市场而深受其害。他们沉迷于追求过去的成功可以为眼前的竞争带来的效率，以至于忘记了新鲜感对于创新和增长的意义。

这些企业当中的佼佼者有着紧密协同的价值主张，并借此占领了特定的利基市场。这源于他们拥有其他公司难以企及的效率。这些企业巩固的市场地位非常明显。但当市场发生变化时，这些战略就不那么有效了。尽管这些管理者当中部分人早就意识到他们的战略是静态的，但还有一部分人毫无察觉。业务内在的紧密联系反而会让过去的业务尾大不掉，因为需要更新的东西实在太多，这一点颇具讽刺意味。如果管理者迟迟不采取行动，他们可能会沦落到没有时间和财力去跟上竞争对手。最糟糕的结果是复杂性灾难，企业将在历史包袱的重压下崩溃。

以多年来垄断日本汽车市场的丰田为例。1996 年，丰田的市场份额 15 年来首次接近跌破 40%。丰田高管过于重视轿车的生产是造成公司市场份额下滑的原因之一，而过去正是这种车型成就了丰田的辉煌。但日本中产阶级家庭的观念开始转变，他们越来越青睐休旅车、旅行车和运动型多用途汽车。丰田落后的思维让竞争对手本田（Honda）乘虚而入。本田推出了休旅车奥德赛和运动型多用途车 CR-V 等一系列成功的车型。这些车型为本田带来了每年超过 20% 的市场增长率，并让本田坐上了日本国内汽车市场份额的头把交椅。丰田被迫奋起直追，管理者们试图通过突击推出的新产品（如休旅车 Ipsum 和普拉多陆地巡洋舰）和铺天盖地的广告宣传来夺回市场份额。一位丰田高管承认："我们没有解读到市场的变化。我们过分地强调轿车了。"[3]

丰田的管理者们亡羊补牢，很快做出了回应，但麦当劳（McDonald's）的管理者们却很难摆脱过去的辉煌，尤其是在成熟的北美市场。多年来，麦当劳的管理者们建立起了一种紧密协同的业务模式，其核心是工资低廉的劳动力、严格管控的食品供应、形象鲜明的广告和高效的烹饪技术。但随着消费者越来越青睐口味更佳的温蒂汉堡（Wendy's）和汉堡王（Burger King）以及玉米饼和比萨等替代食品，麦当劳的增长放缓了。例如，1996 年麦当劳门店的平均销量出现了负增长，市场份额从 42.3% 下跌到了 41.9%，股票投资回报率也只有差强人意的 1.2%。麦当劳的管理者们通过多种措施来应对这种变化，包括菜品的创新（如 Arch Deluxe 汉堡）和定价的调整（如 Campaign 55 活动）等，但收效甚微。传统的专注汉堡的形象和烹饪技术导致麦当劳的战略裹足不前，这限制了麦当劳能够提供的菜品。一位观察家指出："麦当劳的菜品已经过时了……美国人现在要的是口味。"[4]

有哪些迹象表明管理者过于依赖公司的过去？我们发现了三个共同特征（见图 4-2）。

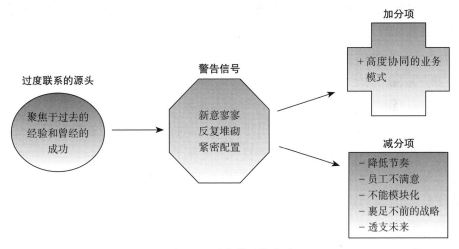

图 4-2　过度联系的陷阱

第一个特征是新意寥寥。陷入这种困境的管理者不断依靠同样的人、同样的战略、同样的市场、同样的内部流程和同样的技术。

第二个特征是反复堆砌。管理者往往会简单地在旧业务、旧产品或旧服务上叠加额外的特性或功能来创造新业务、新产品或新服务。这些管理者不断地在过去的做法上做加法，新的东西只是堆叠在旧的东西上面。就好像是臭名昭著的伊丽莎白时代的人，据说那时的人从不洗澡，只是在脸上一层又一层地涂脂抹粉。

第三个特征是紧密配置。特别是在极端的情况下，管理者会在业务模式的不同部分之间建立起紧密的契合。有时，这些紧密的连接存在于构成产品的不同技术之间，或者存在于特定的销售方式和生产制造之间，又或者存在于战略与特定的市场形象之间。

徘徊在过去的 Fable

Fable（化名）表面上看起来和许多公司没什么两样。北美高科技公司的

"外表"要素，Fable 都有：校园风格的环境、坐落在郊区的地理位置，还有典型的倾斜式建筑。事实上 Fable 是世界领先的套装软件公司之一。外表平平无奇的建筑里坐满了顶尖的开发人员，他们大部分的工作时间都在制作世界上最著名的软件。

Fable 所处的套装软件行业竞争激烈。这是一个"正向反馈"的行业。换句话说，现在使用 Fable 软件的用户越多，未来使用 Fable 软件的新用户就会更多。因为每个人都希望保持与他人兼容。要想盈利就要做到第一，就要在消费者重视的硬件平台、操作系统和产品特性上做出正确的投资。成为行业标准就是目标。公司只有跟上变化，才不会掉队。

Fable 曾经是软件战争的常胜将军。早期，Fable 的管理者将过去的经验发挥得淋漓尽致，靠着更快的产品开发速度超越竞争对手。这种做法让它占领了市场份额并树立了强大的品牌形象。但当管理者过于依赖过去的经验时，Fable 陷入了困境。他们犯下了几个错误。

新意寥寥

设想一下，纳斯卡皮人如果总是在同一地点、同一时间，以同样的方式狩猎，显然是愚蠢的。然而，Fable 的管理者却固守着一块不变的核心业务并且持续做着重复的事情。他们的战略从未发生过变化。在这个产品为王的行业中，他们的方法是："盯着竞争对手的产品特性和价格，和它们对标，做得比它们稍稍强一点。"所以他们的目标市场总是不变，产品线也总是不变。公司其他部门的人很少融入 Fable。过去的做法哪些该保留哪些该放弃，并没有深思熟虑地区分。

反复堆砌

Fable 为数不多的变化就是在过去的做法上做加法。管理者会增加产品的营销或分销渠道，或者增加产品功能，却不会砍掉任何东西。在哪些做法需要保留这个问题上，Fable 的管理者没有选择余地，Fable 的管理者对过去的一切照单全收。

Fable 的旗舰产品 Aesop 就是一个反复堆砌的例子。这个项目的管理者一直依靠过去的设计来获得速度和成本优势。每一代产品都有 85% 的软件代码完全来自之前的产品。七代产品的做法都是一样的：基于当前的产品版本，在原有代码基础上堆积新代码来对标竞争对手的功能，在此基础上增加更多功能把竞争对手比下去。

一开始，反复堆砌确实是一种选择，而且是一种明智的选择。因为它使工程师开发产品的速度比竞争对手更快，成本比竞争对手更低。但到最后，堆砌却变成了不得已而为之，因为 Aesop 发展到了复杂得没有人能真正理解的地步。一位经理解释："动一个地方的代码会导致另一个地方的代码出问题。没有人真正知道为什么会这样。有几行代码根本没有人知道它们为什么会被放在那里……大家都把这些代码称为纸牌屋。"开发人员无法修改 Aesop，因为没有人完全理解其设计。然而，业务节奏并不允许经理们投入时间完全从头重写 Aesop。另一位经理表示："重写是不可能的，因为这么复杂的产品要做的工作太多了，（我们）永远也做不完。而只有领先对手才能赢得竞争。"赢得竞争的唯一选择就是一层又一层地堆砌。

紧密配置

Fable 的管理者将业务的不同组成部分紧密地结合在一起。站在外部消费者的角度，他们期望 Fable 的产品具有特定的"外表"、特定的定价策略以及特定的发行方式。Fable 产品达到了这些期望。从产品内部来看，Fable 充分利用了硬件平台和操作系统之间的协同效应。

复杂性灾难

如果变异发生得太少，自然选择就会失败。如果没有变异，系统就会停滞不前，慢慢变得与变化的环境格格不入。极端情况下，系统会因为过多的联系而瘫痪。这些联系限制了系统，阻止系统适应变化，结果造成了复杂性灾难。复杂性灾难的显著特点是它经常来得十分突然并且会带来毁灭性的破坏，就像 Fable 的"死亡行军"一样。

Aesop 的遭遇再一次生动地说明了紧密配置的问题。在设计 Aesop 时，Fable 的开发人员将软件操作系统、业务应用技术和硬件特性紧密结合在一起。一开始，这种设计思路下的产品在竞争中轻松地脱颖而出，因为紧密结合的三种技术可以充分互补。例如，软件可以充分发挥依赖硬件规格的能力。而且，由于 Aesop 利用了独特的硬件特性，刚开始的时候它的性能比竞争对手更好，功能也更为丰富。然而，严丝合缝的不同技术也使产品更难改变。当一项技术发生变化时，整个产品也得跟着改变。

业务影响

起初，Fable 在市场上的发展顺风顺水。但随着 Aesop 这样的产品复杂性越来越高，耦合越来越紧密，产品开发花费的时间也变得越来越长。九个月延长到一年，再延长到 18 个月，最后延长到两年。开发周期慢慢地延长，但结果没什么两样。Fable 的产品从一开始的领先于市场变成了长期的落后于市场。

曾经高效的 Fable 遭遇了软件产品重复堆砌带来的巨大的、难以厘清的混沌，其创造者称之为"纸牌屋"。但这还没完，微处理器平台、操作系统和应用程序接口这些技术开始以不同的速度演化。由于这些技术在产品中结合得如此紧密，经理们不得不按照变化最快的技术的节奏来更新整个产品。当一项技术发生变化时，整个产品都必须改变。一位经理抱怨道："每次我们试图发布新产品时，不得不重写大部分的内部应用程序，这需要时间。"

此外，在同样的老产品上修修补补让很多员工提不起精神。他们对产品低下的质量感到不满，他们认为只要采用的是反复堆砌的开发方法，质量问题就不可避免。于是，Fable 的命运就和这些没人愿意做也没人理解的产品绑在了一起。这些失控的庞大产品招致了员工的不满，他们越来越气愤，越来越冷漠，越来越焦虑。许多人选择了离开，留下来的都是能力最差的员工，他们不知道何去何从。

最终，Fable 在反复堆砌的复杂产品的重压之下垮掉了。用学术语言来说，Fable 经历了一场复杂性灾难。当过多的关联导致业务、产品或流程因太多相互冲突的需求而突然崩溃时，就会发生复杂性灾难。一位经理是这样解释的："一开始，这个项目真的没有太大的野心，我们只是想把它推出去。我不得不增加人手，工作变得非常艰难和紧张，然后'死亡行军'就开始了。"

"死亡行军"意味着"地狱般的付出"。员工们每周工作 70 ~ 80 个小时甚至更多，他们没有时间陪伴家人或朋友，连续好几个月周周如此。他们几乎没有时间回家。高管们因为没能实现目标被炒鱿鱼，开发人员为了达到目标筋疲力尽。我们采访过的许多经理都认为，他们在"死亡行军"中勉强能够活下来。其中一位经理是这样说的："这完全是管理上的失误……我们连续工作了好几个月，没有假期，连晚上和周末都要工作。"

Fable 从"死亡行军"中挺了过来，但付出了沉重的代价。一位经理告诉我们："每个人都非常努力，也非常辛苦……（新产品）却彻底地失败了，这太惨了。媒体报道都是负面的，质量也很差，我们什么也卖不出去。怕什么来什么。"许多人离开了公司。最终产品在市场上反响不佳，而且推出得晚了。关键功能实现得很糟糕，而且过于复杂。这些尴尬的产品破坏了品牌形象，战略也被拖累。最糟糕的是，"死亡行军"透支了未来。经理们拆东墙补西墙，用本该投入新战略举措的人员和资金来填补"死亡行军"的窟窿。为了满足日渐衰落的业务模式不断扩大的缺口，Fable 举步维艰。曾经颇具战略眼光的选择，现在却成了业绩下滑、恶性循环的罪魁祸首。Fable 的管理者深陷其中，无法推出新的举措，也无法设定甚至跟上行业的步伐。它就像一位老态龙钟的拳击手，拼命地想要在拳台上与更年轻、更快、更健康的对手一较高下。它还可以坚持几轮，但败局已定。

在外界看来，昔日的明星 Fable 沦为了一家业绩平庸的公司。公司内部气氛又如何呢？大家被困在"纸牌屋"里找不到出路，前途渺茫，苦不堪言。

> ## 警告信号
>
> 有充分的警告信号表明，Fable 过于依赖过去：
>
> 1. **新意寥寥。**Fable 在人员、战略、市场、客户以及产品的方方面面都缺乏新鲜感。这样能够获得短期的成功，但长期来看，业务将因此停滞不前，新产品也会失去成长的机会。
> 2. **反复堆砌。**Fable 认为的新产品实际上只是在老产品之上的堆砌。老产品一直存在，从来没有被真正地替换掉。
> 3. **紧密配置。**Fable 的管理者围绕着产品建立了配置紧密的业务模式，这种模式一开始创造了卓越的业绩，但后来损害了公司的应变能力。

无视过去：断绝联系的陷阱

有管理者过于依赖过去，就有管理者过于迷恋新事物。有些管理者认为他们的业务模式抱残守缺到无可救药，只有果断开创新业务领域一条路可走。还有一些管理者可能难以抵挡振奋人心的新兴技术或新兴市场的诱惑，完全无视过去的优势。缺乏经验的管理者和战略激进的管理者尤其如此。有时候，这些管理者只是不想现有的业务被干扰，才会启动与旧业务毫不相干的新业务。无论管理者因为什么原因无视过去，在他们眼中，过去积重难返，未来一片光明。他们对未知的风险轻描淡写，对经验的价值不屑一顾。

那些和过去一刀两断的公司，偶尔会在新业务上表现得非常出色。冲破过去的枷锁是加分项。可惜，新旧业务一刀两断的同时，组织中的其他部分也会被遗弃，因为新业务的红利几乎没有机会回馈给公司的老部门。他们之间并不存在任何联系。更常见的情况是，和过去脱节的管理者会犯错，而这些错误本可以避免。当新旧文化越来越疏远，想要重新建立起与过去的联系会越来越难。当新业务因与过去的联系太少而失败时，就会发生错误灾难，这是最糟糕的结果。

苹果公司（Apple）的个人数字助理（PDA，Personal Digital Assistant）

Newton 很好地说明了与过去脱节造成的后果。Newton 实质上是一款全新的产品。比如，其产品概念就是一个新的产品类别。用苹果前首席执行官约翰·斯卡利（John Sculley）的话来说，Newton 应该被当成"朋友"，这种产品概念与计算机被当作工具的主流概念相差甚远。Newton 采用了包括手写识别在内的最先进的技术，这与苹果当时擅长的领域几乎没有任何关系。Newton 的目标市场是消费类电子产品，而苹果在这方面也没有经验。因为缺乏过往经验的支撑，所以苹果的管理者花费了很多金钱和时间来开发这款产品，还犯下了很多错误，包括定价（过高）和定位（过于强调手写识别、通信能力不足）这些基本的错误。最终的产品就是一场商业灾难，不但占用了主营业务的资源，还损害了公司形象。一位观察人士指出："吹得天花乱坠却让人失望透顶的 Newton 让苹果公司颜面扫地。"[5] Newton 后来被重新定位成更为人熟知的"商业工具"。

通用汽车（General Motors）旗下的土星（Saturn）是另一个与过去脱节的例子。虽然隶属于通用汽车，但土星成立伊始就是一家全新的汽车公司，它在田纳西州建有自己的绿地工厂，并且与全美汽车工人联合工会（United Auto Workers，UAW）保持着独特的劳资关系。土星的愿景还包括了全新的经销商网络和全新的销售理念。事实上，通用汽车的管理者在创建土星的过程中几乎没有利用任何过去的积累。或许通用汽车不必和过去彻底地划清界限。例如，丰田推出新雷克萨斯（Lexus）系列的速度就要比土星快得多，投资也要少得多。据报道，通用汽车在土星上的投资达到了 30 亿美元。一些观察人士认为，通用汽车将永远无法收回对土星的投资。也许最具讽刺意味的是，尽管土星汽车已经开始盈利，但它与通用汽车的其他业务联系薄弱，这意味着土星的创新无法重振这家汽车巨头的其他业务。正如一位行业分析师所言："对普通消费者来说，土星汽车毫无疑问是一个巨大的成功……但很难证明土星汽车对通用汽车这家企业带来的帮助。"[6]

我们发现陷入断联困境的公司具有三个非常简单的特征（见图 4-3）。

第一个特征是天马行空。这种困境中的管理者通常会以"一张白纸"的状态或是采取绿地方法一头扎进新战略或新业务。

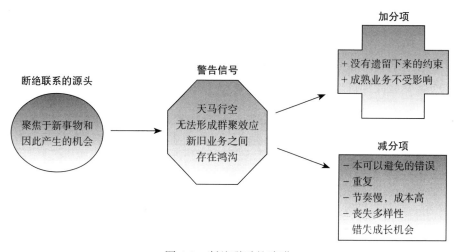

图 4-3　断绝联系的陷阱

第二个特征是老员工无法形成群聚效应。这种困境中的管理者会选择与具备新业务相关技能但与旧业务没有关联的员工一起开创新的机会。尽管新员工经常产生向更有经验的员工学习的念头，但面对这两类人日常竞争的现实，只能放弃这种念头。

第三个特征是新旧业务之间存在鸿沟。通常情况下，有经验的员工没有动力和新员工建立联系，反之亦然。

淡忘过去的 NewWave

我们该如何描述 NewWave（化名）呢？年轻、时髦，处在快速增长的互联网市场的风口上，员工的平均年龄在 30 岁以下。代表性的着装风格呢？当然是休闲装。工作日的时长呢？太长了。企业文化是怎样的呢？欧洲—北美的全球化融合是最好的描述。想在 NewWave 工作的几乎都是想走在新技术和新市场的最前沿的人。NewWave 总是站在技术的制高点上，总是追求着最新最酷的东西。它最新的互联网产品将是最酷的。

NewWave 激进的前沿战略取得了回报，它的市值也达到了惊人的水平。NewWave 的互联网产品起步较早，在技术上给人们留下了深刻的印象，而且市场选择也颇具眼光。NewWave 的管理者非常成功地保持了领先。虽然他们在技术和关键的合作公司上押对了宝，但 NewWave 仍然只是一家互联网新贵。尽管公司的市场估值很高，但资源有限，尤其是与微软和甲骨文在其市场细分领域的竞争投入相比。因此，NewWave 和强硬、资深的对手竞争时，利用过去的积累不失为一种明智的做法，这样能够节约资源、避免错误、节省时间。但过去对 NewWave 的管理者毫无吸引力。

天马行空

NewWave 最新的项目是开发挖掘互联网下一座金矿的软件产品，管理团队有几个选项。第一个选项是稳扎稳打，在现有产品和战略的范围内投资。第二个选项是承担一些风险，将老技术与一些新概念结合，创造出新的战略。第三个选项是冒着巨大的风险，引领尖端技术的潮流。NewWave 管理者选择了最后这个选项，一不做二不休，完全斩断了和公司过去的联系。他们的战略是采用全新的技术进入新兴市场。所以，他们得从头开始设计新产品和新营销策略。

无法形成群聚效应

NewWave 的管理者为这个最新项目雇用了痴迷互联网的新员工。这些员工了解新兴的市场和最前沿的技术。他们都是顶尖的图形、硬件和软件从业者，在 NewWave 从事最前沿的工作。他们非常关注当下——关注今天正在发生的事情。激动人心的"当下"确实很有诱惑力。吸引这些新员工的是 NewWave 提供的"白纸一张"的机会，而不是过去的产品和市场观念。在他们看来，束缚当然越少越好。

当时，NewWave 的其他业务正在蓬勃发展，因此经验丰富的 NewWave 员工忙于维持公司核心业务的运转。在所有参与其中的人看来，最好的办法是让大多数 NewWave 的老员工继续参与现有的业务。毕竟，新人只会在需要的时候寻求建议。

新旧业务之间存在鸿沟

NewWave 原本打算让新老员工在必要的时候一起工作。但实际情况是，这两拨人互相都不了解。尽管这些有经验的 NewWave 老员工就在一幢楼之外，物理上近在眼前，心理上却远在天边。或许最重要的原因是，这些刚刚加入公司的新人对过去的工作不太感冒。他们从中找不到什么可以借鉴的东西，也学不到什么东西。例如，一位负责旧业务的经理说："信息已经给了他们（新业务）的经理，但他们就是不愿意使用这些信息。"

NewWave 的老员工也都对这种接触不感兴趣。他们本应该解答问题，给出建议，只需要一封电子邮件就行。但现实情况是，现有业务已经让他们忙得团团转，他们需要全身心投入才能维持现金流和当前业务的增长。另外，没有人想办法激励老员工从事新业务。他们的动力是把自己的业务做得更成功。老员工在新业务领域上化费的所有时间都是从自己的业务和回报中挤出来的。他们认为新的业务举措只是一场有趣的实验，并不是关键。在他们看来，新项目是一种业余爱好而不是一项正经的业务。一位经理回忆："（旧业务的）经理本应该帮忙解决问题，但他们看不到这样做能给个人带来什么好处。"最后的结果就是新旧业务之间出现了鸿沟。一位高管告诉我们："两个部门都像是公司内部独立存在的子公司。"

业务影响

采用绿地方法进行改变有它的好处。管理者可以利用新的机会，摆脱公司遗留约束的限制。他们还可以保持原有的业务。这些业务是当前利润的来源，将员工转移到新项目上可能会影响业绩。因此，绿地方法能够使公司在保持当前收入的情况下开拓新的市场机会。绿地方法的另一个好处是让 NewWave 能够吸引到一流的员工，在这里他们有希望创建自己的绿地业务。新人保持了 NewWave 人才储备的稳定。尽管有上述种种优点，但绿地方法的缺点却更为明显。

第一个问题是延期。之前的业务 NewWave 的管理者都能做到及时将产品推向市场。他们必须按时甚至提前将产品推向市场，因为作为一家新公司，只有这样才能击败竞争对手。而新业务的产品却延期了。如此冒进的前沿战略出现延期并不会让人感到意外，但严重的后果却是没有人能想到的。

例如，在一个包含六个子项目的组合中，项目接二连三地全都落后于计划。开发人员始终赶不上计划，进度先是落后一个月，然后两个月，越来越久。新技术、新员工和新市场的多重挑战实在是太难了。

错误灾难

自然选择也会因为太多的变异而失败，就像发生太多错误时会失败一样。随着错误越积越多，良性变异和错误越来越难区分，造成系统无法适应变化。太多的错误阻碍了系统各部分之间的协调和正常运行，最终系统将完全无法改变。这种结果就是错误灾难。NewWave 失败的创业项目就是错误灾难的例子。

第二个问题是 NewWave 新业务中存在的对其他旧业务的重复。例如，一位经理描述他如何"花了几个月时间打造出这种能力……这个酷炫的解决方案就一直静静地躺在我们的后院里"。还有一个例子，NewWave 的管理者在一次行业展会上得知，他们刚刚花了几个月时间开发了一个消费者并不看重的功能，而这一点 NewWave 的老员工都知道。这种重复不仅令人沮丧，而且还占用了 NewWave 开发人员宝贵的时间和金钱，如果这些都花在真正的新产品上，这个项目一定能让消费者眼前一亮。最终，新项目的产品无论是看起来还是用起来都与现有产品格格不入，让客户困惑不已。

NewWave 管理者终于承认了自己的傲慢。可当他们意识到这一点时，为时已晚。新项目的新手管理者犯了太多错误，耽误了太多时间。他们已经失去了早期的市场地位。对于 NewWave 管理层来说别无选择，只能以关闭新项目草草收场。

警告信号

NewWave 出现了明显的断联困境的警告信号：

1. 天马行空。重新使用过去的经验教训可以节约时间、节省资金、避免错

> 误，但 NewWave 管理层没有意识到这些价值。相反，他们几乎从头
> 开始重新设计了一切。这个过程缓慢且容易出错。
>
> **2.无法形成群聚效应。** NewWave 管理层认为要求新老员工协作，他们
> 就会协作。事实上没那么简单。
>
> **3.新旧业务之间存在鸿沟。** NewWave 的协作缺少激励。结果，公司内
> 分裂出了两家子公司。

在时间边缘再生

Fable 和 NewWave 对待过去的方式完全不同。然而讽刺的是，它们得
到的结果没什么差别。Fable 的管理者沉浸在过去，而 NewWave 的管理者
造成了新旧业务之间的鸿沟，但两个管理团队都无法有效地开创新局面。

变革失败的两种形式

复杂性灾难

Fable　　　一开始因循守旧可以快速推出产品，但新意寥寥最后会导
致产品过时和变革缓慢。

在过去的产品上反复堆砌最初是很快，但之后会导致变革
缓慢，还会让产品难以理解。

严密的配置最初会带来优秀的产品，但之后会让变革缓慢，
因为任何变化都牵一发而动全身。

维持旧业务消耗了太多的资源，透支了未来。

错误灾难

NewWave　　天马行空的新业务一开始可以吸引优秀人才，但后来会因
为不断犯错导致变革缓慢。

太多的创新会占用打造新业务的时间。

经验丰富的老员工无法形成群聚效应，刚开始还能够专注
于当前的业务活动，但之后会因为太多的错导致变革缓慢。

即便新业务取得了成功，也和旧业务的发展没什么关系。

同样的结局

无法开拓新业务。

还有一部分管理者和他们不一样，这部分管理者对待过去采取的方法更有效果，他们聪明地（通过遗传算法）利用过去最好的积累（选择）加上一些新鲜感（突变），把新旧业务融合及"非全新"策略结合（重组），让业务重生。因此，这些管理者总是能有效地从他们的业务中演化出新的市场机会，同时还能将新业务的发现融合回老业务，延长现有业务线的寿命（和盈利能力）。这些管理者在过去和未来之间的时间边缘保持着平衡，他们能够把这些更复杂的和更加适应变化的行动付诸实施。

任天堂（Nintendo）就是一个很好的例子。20 世纪 90 年代初，这家曾经风光无限的日本公司在和世嘉（Sega）以及索尼的竞争中败下阵来，让出了视频游戏行业的领先地位。但 20 世纪 90 年代末，任天堂又带着令人惊叹的 N64 游戏机卷土重来。在日本，第一批游戏机两小时内就销售一空。当第一批 50 万台游戏机抵达美国零售店时，一半的游戏机刚被摆上货架就被买走了。一位零售商发来了捷报：185 台售价 200 美元的游戏机在七分钟内售罄，同时也带来一条坏消息：这批游戏机是这家零售商可以搞到的所有库存。一位年轻的游戏迷热情地说："这台游戏机的 3D 处理能力让人难以置信。我还从来没有在其他游戏机上见过这样的能力。"[7] 他给 N64 打多少分？当然是 A+。

是什么原因让 N64 大获成功？任天堂大胆地采用了最先进的 64 位微处理器芯片、音频处理器以及图形处理器。其中图形处理器由美国硅图公司（Silicon Graphics）提供，该公司创造了《侏罗纪公园》和《失落的世界》等电影奇迹。N64 还提供了一款当时最先进的游戏手柄，即使是竞争对手也对这款手柄的创意赞不绝口。最终，N64 将游戏的运行速度、复杂度和 3D 画面提升到了前所未有的水平。同时，任天堂还依靠其经典的热门游戏角色超级马里奥打造了双保险。这位大胡子英雄的最新冒险故事《超级马里奥 64》

作为首发游戏登上 N64。任天堂采用成熟的卡带技术、坚持重视公司传统、忠诚的细分市场目标（年轻男性）进一步加强了与过去联系的纽带。

由牛仔裤专卖店转型为全球零售商的盖璞（Gap）是另一个例子。盖璞在 20 世纪 90 年代初和任天堂一样也出现了业绩下滑。开业一年以上的零售店的年销售额增长（零售业关键的成功衡量指标）从前几年的 12% 下降到了 1%。但盖璞就像任天堂一样，也打了一个漂亮的翻身仗。现有零售店的销售额在 1996 年猛增，总销售额增长了 20% 以上。盖璞的股价飙升了 46%（远高于零售业 18% 的整体涨幅，而市场涨幅为 22%）。盖璞的管理者是如何做到的呢（见图 4-4）？

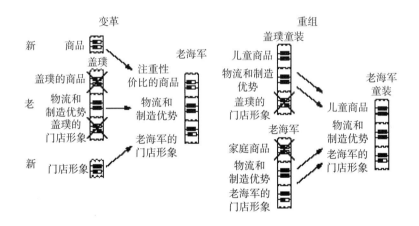

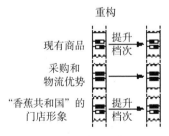

图 4-4　盖璞的变革、重组和重构

盖璞的管理者通过积极地融合新旧业务以及"非全新"策略来重振业务。例如，他们结合了盖璞原有的理念和独特的新店选址（如机场）思路，把盖璞的知名品牌扩展到了指甲油、手表、太阳镜和芭比娃娃等各种新产品上。凭借着盖璞世界一流的采购和物流（这是所有盖璞门店的基础），再加上时髦的商品、新的品牌、新的门店选址以及独特的仓储式购物体验，他们创造出了热门的老海军（Old Navy）门店。独特的购物体验吸引了那些对价格敏感但不被盖璞重视的消费者。老海军迅速从小试牛刀的多元化尝试转型为了盖璞零售帝国的盈利板块。在短短的三年时间里，老海军的年销售额就突破了 10 亿美元，贡献了公司近 25% 的总零售额。

那些"非全新"的策略也在盖璞复苏的过程中被管理者加以利用。例如，他们通过重新装修门店、重新定位商品来"重构"出了档次更高的香蕉共和国（Banana Republic）。他们原封不动地保留了该品牌的"基因链"，但将门店的丛林主题风格升级到更加优雅的风格并搭配了皮革家具和柔和的面料，有意识地营造出一种"你想住在这里"的氛围。销售额因此上升了18%。盖璞的管理者还用一种新方法进行重组，将两种原有的概念（老海军和盖璞童装）重组创造了老海军童装。

然而，和边缘上所有其他过程一样，平衡好盖璞现有的成熟业务和新业务没那么简单。盖璞的高管们小心翼翼，并没有让新业务偏离公司的航道。一位高管承诺："我们绝不希望顾客说'你们的太阳镜不错，但我找不到尺寸合适的牛仔裤'[8]。"

这些管理者能够有效管理过去的公司有几个共同特征（见图 4-5）。

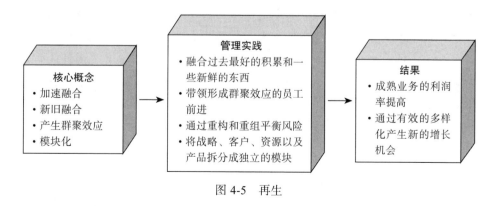

图 4-5　再生

第一个相关的特征是他们总是新旧融合。无论是紧贴现有市场还是多元化地发展新市场，他们总是从过去的积累中选择相关的部分与新事物进行融合。

第二个相关的特征是他们拥有足以形成群聚效应的人群。善于发挥杠杆作用的管理者总是会利用群聚效应让人们成为传承过去经验的 DNA。这些管理者意识到，会议纪要、电子邮件和文档都不能代替人来传递知识。

它们的第三个特征是加速融合。要做到这一点，管理者需要采取一些策略，通过加入一些"非全新"的东西来加速业务的发展。一种策略是重构。就像汽车机械师改装汽车变速器一样，"改装"包括对过去的翻新。其结果既不是全新的"引擎"，也不完全是旧的，而是介于两者之间。还有一种策略是重组。重组指的是将过去的不同片段以新的方式混合或合成，创造出几乎是全新但又不完全是新的东西。

最后一个特征是模块化。善于利用过去的管理者会保持业务中的各个部分相对独立，比如把配送系统或产品特性分开。这样不同的组成部分就能以不同的节奏灵活变化。这也使管理者能够使用重构和重组这些加速变化的策略。

遗传算法

自然选择是渐进的，也是盲目的。重组通过混合基因库可以加速自然选择的过程。例如，有性生殖的双亲提供的基因让后代具有更强的多样性。重组让种群在适应变化的进程中能够利用规模庞大的环境特征，从而产生更大的变化，让适应变化的速度更快。如果事先知道组合的双亲具备的性状符合期望，重组就是精准的（不再盲目）。杂交马匹或杂交作物就是这种重组工程的例子。

遗传算法加快了自然选择的速度，也让这个过程不再盲目。遗传算法依靠重组和突变进行变异，以比例原则选择适应度更高的个体。这些遗传算法选择种群中最好的那些个体来变异，使下一代更有可能达到适应度范围内的峰值。最终的进化过程加速了符合期望的性状在整个种群的传播，还能以成功遗传下来的性状为基础创造新的组合来产生革新。

遗传算法主要应用于成效（比如适应度）容易衡量的系统，比如汽车工厂里喷漆机器人的性能。通过编程，组合有效的方法并抛弃无效的方法，机器人就能"学会"最优的喷漆算法。比起简单地等待随机错误发生后再进行修正的算法，这些遗传算法让机器人学得更快。然而，这些遗传算法背后的思想也可以应用于企业管理，就像现在我们正在做的一样。

点石成金的 Midas

走出地铁楼梯，右转经过报亭，进入 Midas（化名）办公室，你会立刻感受到这家公司的与众不同。震撼访客的首先是壮观的大堂设计。Midas 的最新产品就像画廊里的一件件雕塑作品一样陈列在这里。如果你和开发人员并肩坐在他们的小隔间里，你会看到令人印象深刻的前沿计算机技术展示。如果你和他们聊一聊，你会发现这些极客范儿的工程师谈起他们的创作来滔滔不绝。

Midas 始终坚持使用最前沿技术的战略。管理者制定了积极进取的战略，并依靠最先进的技术来实现这一战略。但 Midas 不只是做了这些，它还定义了最先进的技术。这家公司总是带着世界顶尖的技术和人人都想要的产品率先进入市场，他们甚至可以靠着这些优势打开全新的市场。Midas 的产品让客户交口称赞，地球上最好的计算机产品也不过如此。一位高级主管声称："我们的客户想做其他人做不到的事情。"

Midas 面临的主要战略挑战是如何保持领先优势，但又不会让所谓的新技术过于超前。这种战略很难执行，稍不注意就会像 NewWave 那样，但 Midas 的管理者成功地执行了。这背后的主要原因居然是他们充分地利用了过去的积累，这一点让人颇感意外。对过去的积累善加利用为他们实现多元化的新产品和新市场争取到了更多的时间和资源，业务战略最终完成了重塑。但真正的问题是，Midas 管理者是如何做到这一点的。

融合新旧业务

Midas 管理者在核心业务和多元化探索中都依赖于新旧融合。在核心业务上，Midas 的管理者依靠过去的经验，在多媒体和半定制半导体芯片设计领域形成了一系列明显的专项技术优势。管理者声称 Midas 对关键技术的理解非常"透彻"。他们让核心客户加入新产品测试，并且充分地利用了成熟完善的分销渠道。此外，Midas 的管理者有一批值得信赖的经验丰富的产品开发骨干。这些开发人员通常会参与好几代 Midas 产品的研发，Midas 的员工流动率要比一般计算机公司低得多，他们对 Midas 最先进的产品的理解就是 Midas 的优势。

Midas 总会在战略组合中加入一些新元素。例如，无论产品有多大程度的改进，每个产品开发项目都会分配一些观点新颖的开发人员。他们可能是刚加入公司的员工，也可能是来自公司其他部门项目的老员工。新员工带来的是来自最新学术思想或其他公司的新视角，而老员工带来的是来自公司其他部门的新观点。来自内部研究项目的人员尤其有价值，他们把对公司（乃至全世界）最新技术的思考带回到核心产品开发项目。此外，每一款新产品都包含了针对新客户或新市场的特性。在核心业务上，无论 Midas 的管理者如何倚重过去的积累，他们总是会再添加一些新元素，哪怕只是一点点最基本的改进。

Midas 的核心业务在融合时以过去的积累为主，相较之下，其多元化举措则更依赖新颖的创意。像纳斯皮卡人在高度不确定的时候更依赖魔法一样，Midas 的高管们也是如此。他们通过多元化的举措探索新的增长机会，这些机会充满吸引力但往往也充斥着不确定性，这时他们就要放下过去的羁绊。

Midas 进军互联网市场就是最为人津津乐道的例子。新机遇巨大的增长潜力也伴随着很大的不确定性。这次尝试需要大量的新兴技术和新颖的营销思路，同时也需要跳出 Midas 固有的经验继承。因此，Midas 的管理者决定在融合时以"新"元素为主。他们从其他公司挖到一位高管来主管这块新业务，她的核心管理团队中也加入了几名来自其他公司的成员，其中有些产品和市场开发人员来自 Midas 传统行业以外的板块。

尽管进军互联网的多元化举措以新思路为主，但 Midas 管理者同时也融入了一些老做法。Midas 的每一次多元化探索都包含着过去的一些积累，无论探索的规模有多大。这样，Midas 的管理者可以选择吸收现有产品的特性来创造新的特性。虽然产品是新的，但他们也从过去的产品中精心挑选出得到公认的组件加以利用。整体上看，互联网举措主要沿着新方向发展，但与过去仍有千丝万缕的联系。

群聚效应

Midas 盛行一种哲学，人才是传承过去经验的载体或 DNA。NewWave 投入互联网业务的全部都是刚加入公司的员工，而 Midas 恰恰相反，包括互联网业务在内的每一项重大举措至少都会分配一些经验丰富的老员工。通常，管理者会保留一批经验丰富的核心员工，这些人经历过好几代针对特定业务的产品开发过程。一位管理者解释说："这些老员工对正在做的事情理解得更深入。"另一位管理者则表示赞同："减少人员流动十分有意义……很多人至少经历过一代产品的开发。"无论增长机会有多陌生，Midas 总是有一批可以形成群聚效应的老员工，他们能够点石成金。

加速融合

Midas 的再生还需要重建和重组策略来加速从旧到新的演变。服务、营销概念和整体战略都可以重构，Midas 的 Mercury 产品就是一个很好的示范。Mercury 的规模以及复杂度和 Aesop 差不多，但 Midas 却没有重蹈 Fable 的覆辙。区别就在于两家公司的策略，Midas 是重构，而 Fable 是堆砌。Midas 的工程师会按计划定期对 Mercury 进行系统地重构。每一代产品都要对某个特定部分进行重新设计。下一代产品又会重新设计另外一个部分，周而复始。确切的重构时间计划取决于技术的变化速度和竞争对手的行动等因素，但产品中的大多数部分都会经历重建。因此，每一代产品的组成部分既不是全新的，但也不完全是旧的。相反，它们都经过整理、重建……即重构。

这个过程可以用衣橱打个比方。Fable 就好像是伊梅尔达·马科斯（Imelda Marcos）⊖的衣橱，新衣服堆放在旧衣服上面。一件也不会扔掉。玛莎·斯图尔特（Martha Stewart）⊜重构过的衣橱则完全不同。衣橱的主人滚动地进行"春季大扫除"。添置新衣服，扔掉旧衣服。除了节日期间的采购，衣橱的主人平日也在不断地"重购"新外套、新鞋子、新礼服来淘汰旧衣物。久而久之，经过重构的衣橱里衣服总是最新潮的，而且很容易就能找到。Midas 的产品线就是如此。相比之下，堆叠出来的衣橱变成了一堆垃圾，这就好比是 Fable"纸牌屋"。

第二种再生策略是重组，即用全新的方式将过去的片段进行重新组合。盖璞的管理者将现有的商店概念（如盖璞童装和老海军）重新组合创造了老海军童装，而在 Midas 重组也是同样重要的策略。

重组可以被应用到不同的业务领域。Midas 庞大的设计库就是一个例子。设计库里堆满了过去的电路设计和软件代码，任何人都可以访问这些资源，很容易就能组合出新的设计。一位常常在新产品中重组旧设计的团队负责人说："我们找到了用一套设计满足三个不同的产品的方法。"用一堆零件组装出一台法拉利，这就是设计库对 Midas 战略的意义。

从战略的角度来看，不同技术重新组合的方式更让人惊叹。一位高管承认："这些产品很容易被模仿……我们提供的技术并不是什么新东西。这些产品的技术很多人都会，却没有人把所有这些不同的技术组合在一起。"关于 Midas 大举进军多媒体领域时对重组策略的运用，另一位高管这样补充道："将图像和声音放在一起就是一个新市场……关键在于我们对图形和声音技术的融合。我们可以在图像市场中引入声音技术，反过来也行……我认为在这两个市场的整合上没有哪家计算机公司能比 Midas 更有经验。"重组就是 Midas 前沿战略的核心。尽管局外人常常对 Midas 的技术充满敬畏之心，但 Midas 的管理者却十分谦虚："我们的机器只是组合而已。"

⊖ 伊梅尔达·马科斯，菲律宾前第一夫人。

⊜ 玛莎·斯图尔特，美国"家政女王"。

模块化

将业务的各个关键领域紧密结合在一起可以带来短期优势，许多管理者被这些短期的优势所吸引。但是，Midas 的管理者往往会为了追求模块化的长期优势而放弃这些短期利益。联想到 Midas 业绩还在不断地提升，这种妥协实在是不可思议。管理者不断尝试通过更紧密地整合产品来提高业绩，但他们同时也警惕着其中的危险。模块化方法不仅能支持上述的重构和重组，还能根据时间改变的变化速率进行调整。与纳斯卡皮人一样，Midas 的管理者更看重长期的适应性，而不是短期的效率。

Midas "模块化" 的客户就是一个很好的例子。营销人员根据客户需要的不同性能来区分他们。银行这类客户需要更高的可靠性和安全性，而工程公司则希望拥有更高的图像处理性能和强大的处理能力。Midas 响应了不同客户的要求，他们创建的产品提供了满足不同性能要求的选项。Midas 不必调整整条产品线就能够适应不同客户的不同变化速率。如果工程计算需求的变化比银行更快，Midas 只会升级产品中对应的部分，而不会升级整个产品。我们可以用汽车悬挂来做一个形象的类比。四轮驱动的独立悬挂的每个车轮都可以根据变化的地形独立调整。这和普通客车的悬架形成了鲜明的对比，后者的车轮连接更紧密，在越野地形上的效率也要低得多。

业务影响

初看上去，Midas 对过去的重视程度让人颇感意外。毕竟，这家公司的战略优势是最先进的技术。在执行这种战略时，大多数高管（比如 NewWave 的高管）更关心未来。和其他公司不同，Midas 认识到有效地利用过去的积累能够降低未来取胜的难度。背靠着过去坚实的积累，让 Midas 可以把充足的时间和资源投入到让客户期待的惊人技术上，这才是真正的新事物。Midas 能够脱颖而出成为一家具有未来感的公司，珍视过去积累的经验是其中一个主要原因。

模块化

遗传算法和达尔文进化过程广泛地依赖模块化组件。这些组件通过一代又一代的突变或重组发生着变化，造就了整个系统的进化。对生命系统来说，这些组件就是基因。对复杂性仿真来说，组件就是符号串。而在商业世界中，组件是品牌形象、物流能力、产品模块以及特定的技术专长等竞争力。模块化是业务随时间改变的核心，因为管理者可以通过模块化来微调新旧组件的组合，进而"培育"出高绩效的组织。

过去的优势在 Midas 的产品上体现得尤为突出。尽管产品变得越来越复杂、越来越有挑战性，但 Midas 实际上已经将产品的开发时间从两年左右压缩到接近 18 个月。Midas 优异表现背后的原因有很多，能够从过去获得成本和时间优势就是其中之一。加速产品开发也帮助公司把已经在传统行业中落于下风的竞争者越甩越远。

Midas 的管理者往往也能成功地实现多元化战略。尽管进军互联网的举措结果尚不明朗，其他几家竞争对手也毫无疑问地被甩在了身后。当然，新的探索不一定总是成功的，但 Midas 已经从传统的舒适区跳出来，转向了计算机行业的新领域。

最后，Midas 新旧业务之间的联系是双向的：创意会反哺成熟的低端业务，延长现有业务模式的寿命，提高现有业务的盈利能力。Midas 的管理者利用新业务的技术回过头来更新低端产品，这种策略被他们称为"回访"。这样过去的产品又将重获优势。Midas 的管理者利用旧业务创造出新业务，再反过来带动旧业务升级，这种复杂的方式让 Midas 在新旧业务之间的边缘上举重若轻。

关键信号

Midas 的例子说明了有效再生的一些关键信号：

1. 新旧融合。无论是在现有业务中创造新产品，还是通过多元化举措产生新产品，Midas 的管理者总是选出最有效的经验再加上一些新元素。他们总是希望新产品可以反过来刷新旧产品。

2. 群聚效应。 Midas 的管理者认识到人们只有形成群聚效应，才能把过去的积累传承下去。如果连几个有经验的人都找不到，过去的一切都会被遗忘，而业务实际上就只能从头开始。

3. 加速融合。 Midas 的管理者通过中间策略进一步模糊新旧业务的界限，寻找进一步调和新旧业务关系的方法。重构和重组这样的策略不仅加快了适应变化的速度，还降低了变化带来的风险。

4. 模块化。 战略、客户和产品的模块化是适应变化的关键。没有模块化，就不可能对业务进行重构、重组，也不能根据不同的变化速度进行调整。Midas 的管理者非常注重模块化。

再生规则

在创建新业务、新产品线或新服务时，重点关注以下内容：

（1）选出过去最好的业务作为再生的基础。至少让一些老员工参与进来。

（2）加上一些新元素。

（3）在业务向陌生或未知的市场空间拓展时，投入要向新领域更多地倾斜。

（4）通过重组和重构加速变革。

（5）当市场变化非常迅速或非常不确定时，添加更多的新元素（特别是随机元素），而且要吸收更多的来源进行更广泛的重组。

（6）记住不仅要从旧业务中演化出新业务，还要反过来让新业务带动旧业务。

再生带来的技术前沿战略，在降低成本和风险的同时专注于真正的新业务和长期领先的市场份额。正如一位竞争对手所说："Midas 设定了标准（见表 4-1）。"

表 4-1　Midas 的再生

业务	旧业务	新业务	非全新的业务
高端产品	经历过多代产品的开发人员 产品平台 客户 多媒体、ASIC 以及渠道方面的专长	从 Midas 外或者 Midas 内部其他部门（尤其是研发部门）引进的开发人员	定期重构产品设计 支持方便对过去的设计重组的设计库 模块化的客户选项
低端产品	和高端产品一样	和高端产品一样	转化高端技术，让低端产品再生
互联网探索	开发人员 部分产品组件	外部主管和高级管理团队 部分开发人员和市场人员 部分客户 渠道	经过重组的声音和图像技术

实现再生

审视一下本章一开始的这份调查问卷，现在你应该知道如何做出选择了。你可以参考 Fable（F）、NewWave（N）和 Midas（M）三家公司的选择。

新的业务、产品或服务在多大程度上重用了过去的概念
0% ⁄⁄ ·· ⁄⁄ ·· ⁄⁄ 100%
　　 N　　　　　　　　　　　　　M　　　　　　　　　　　　　F

你的主要业务、服务或产品概念已经运营多长时间了
不满一年　　　　　　　　一到三年　　　　　　　　三到五年　　　　　　　超过五年
　 N　　　　　　　　　　　　M　　　　　　　　　　　　　　　　　　 F

你的业务、产品或服务团队在多大程度上融合了新老成员
大量 ·· ⁄⁄ ··································· ⁄ ···· ⁄ 完全没有
　　　　　　　　　　　　　　　　 M　　　　　　　　　　　 N, F

你的新业务、产品或服务在多大程度上刷新了现有的业务、产品或服务
大量 ⁄⁄ ·· ⁄ ···· ⁄ 完全没有
　 M　　　　　　　　　　　　　　　　　　　　　　　　 N, F

如果你的答案更接近 Fable，你需要找到管理的驯鹿骨头魔法。从增加一点新鲜感开始——新员工、新客户、新市场。招聘新员工或转化现有员工通常是最容易的入手点。同时，确保手头的事情存在出现突变的可能。模块化则需要从长计议。但是现在正在做的事情如何模块化应当马上开始思考。要记住，模块化是重构和重组的基础，必须优先考虑。如果这些听起来很复杂，就把它们当成偿还债务。制订一份加强"新鲜感和模块化"的计划，然后坚决地执行下去。

如果你的答案更接近 NewWave，那么真正的问题就是过去和现在之间没有延续性。利用过往经验是一种创造新机会的方式。试着让有经验的人参与新的机会。文档或会议这些战术层面的方法有些用处，但不能替代经验丰富的骨干人员。即便骨干的人数不多，他们也是最清楚过去经验教训的人。还要让有经验的老员工和新员工组成团队。至少要建立激励机制，既要鼓励有经验的老员工帮助新员工，也要鼓励新员工寻求和利用老同事的帮助。另外，确保对旧业务进行重组和重构，创造性地看待过去。这个过程中模块化是必经之路，也需要优先考虑。

如果你的答案最接近的是 Midas，那么再生战略已经执行得很不错了。保持清醒才能维持在过去和未来之间的时间边缘，这一点非常重要。如果你的战略像 Midas 一样前沿，或者在探索新的增长机会，过往经验的作用往往会被低估。关键是不要把最优秀的人全都分配到未来的项目上，这样做会切断和过去的所有联系。投入时间发展老产品、重用过去的经验是值得的。要小心计划出现延期——这是出现问题的征兆。在竞争激烈的市场中，追求低成本战略往往会过度依赖过去。在先发优势和基于时间竞争等至关重要的竞争中也有这种过度依赖过去的趋势。这时一定要引入新员工，或者想办法给现有员工注入新的活力。也要注意别拖拉，不要让新机会从身边溜走。如果还没有制定重构策略，那就制定一个。

关于赢得增长机会的最后说明

当代商业环境中，多元化探索是老牌企业面对新机遇时最棘手的挑战之一。对于大多数大型企业来说，抓住新的、多元化的增长机会是极其困难的。迅速响应新机会是丰满的理想，但力不从心却是骨感的现实。

本章为面临这一挑战的老牌公司管理者提供了两个关键的洞察。

第一个关键的洞察是，利用过去和投资未来对多元化来说同等重要，也许利用过去还要更重要一些。管理者常常被可能发生的事情弄得眼花缭乱，而低估了过去的经验对赢取新机会的作用。我们的观点是，过去是多元化的优势，尤其是对老牌公司而言。明智地利用过去可以提高成功的概率，让管理者从无关紧要的细节中解放出来，把时间和资源更多地集中起来去赢得真正的新机会。

第二个关键的洞察是，多元化不仅是为了赢得新的机会，也是为了重振成熟的业务。管理者往往意识不到新机会不仅关乎未来业务的实现，也关乎现有业务的振兴。管理者通过前沿业务的人才和创新对主流业务的反哺，很有可能延长成熟业务的寿命和盈利能力。未来的曙光也能让参与其中的员工为之振奋，重装上阵。

5

今天做好赢得明天的准备

时间就在不断地嘀嗒、嘀嗒、嘀嗒
声中，走向未来。

——《像鹰一样飞翔》，
史蒂夫·米勒乐队（Steve Miller Band）

Competing on the Edge
Strategy as Structured Chaos

"天空是友好的吗？"对于大多数航空公司来说，天空显然算不上"友好"。因此为了应对不那么"友好"的天空，美国联合航空采取了与美国其他大型航空公司类似的战略。该战略的第一个特征是建立了可以覆盖美国大部分地区的广泛的航线网络。第二个特征是围绕着该航空公司占主导地位的枢纽网络建立了"枢纽轮辐式航线网络"，这个系统通常覆盖三分之二的航班时段，是该航空公司的主要收入来源，因为它允许航空公司在其枢纽周围地区收取高额票价。该战略的第三个特征就是不断变化的错综复杂的票价结构。

这一战略的制定完全基于当时对未来一个特定愿景的预期，即在不久的未来，将会角逐出少数几个非常大的航空公司，这些航空公司将沿着其堡垒式的枢纽边界划分市场并从中获利，而它们服务的客户群体将主要是经常飞行的商务旅客。这些经常飞行的商务人士将逐渐被锁定在一家特定的航空公司，不仅因为他们距离该航空公司的枢纽更近，还因为持有该航空公司的常旅客卡，能够享受其对旅客的积分奖励政策，获取更低廉的票价。然而，值得注意的是，在这一特定的愿景中，竟然缺少对很多关键因素的考量。比如，区域性航空公司和国际性航空公司的打法并不相同，对不同旅客的应对策略也不相同，比如，对价格敏感的旅客、偶尔飞行的旅客、注重飞行舒适度的旅客与商务旅客的打法都不相同。

这个愿景实现了吗？没有，或者至少没有达到多数航空公司及其股东所希望的程度。尽管有堡垒式枢纽和有限"价格竞争"的逻辑，但该行业高固定成本结构的现实却不容忽视。航空公司的高固定成本来自庞大而多样的机队的大量维护成本，以及训练有素的员工培养成本。尽管大家都明白价格战对所有航空公司都没有好处，但这种高固定成本的结构使得通过降低票价来增加上座率变得颇具吸引力，再加上航空业内长期的产能过剩又加剧了降价的诱惑。结果，随之而来的价格战将整个行业推向了低利润率的境况。

也许最重要的并不是预期的愿景没有实现，而是如何产生一个能够更加接近航空业市场本质的新愿景。当国内的主要航空公司在商务旅行领域争夺份额时，西南航空等廉价航空公司的管理者们却采取了一种截然相反的战略。他们注意到价格敏感的旅客市场虽然被各大型航空公司所忽视，但实际上这个市场有着巨大的潜力。于是，他们提出了一种更加平等的航空旅行观——为旅客提供一种人人都能负担得起的旅行方式。这些廉价航空公司创造的通常是点对点服务，而不是大型航空公司的枢纽和"枢纽轮辐式航线网络"。与大型航空公司选择主导枢纽不同，廉价航空公司选择了主导航线。它们提供标准票价，在所有航线上运营类似的飞机（从而降低了维护成本），使用较便宜的机场设施，如达拉斯的 Love Field 或 Houston-Hobby，往往会取消旅行社的费用和飞机餐食，并雇用了灵活的、低工资的、非工会的劳动力。结果，廉价航空公司大大地降低了成本，市场迅速扩大。

尽管对价格敏感的旅客群体越来越多，一些廉价航空公司在航空业也成功地创造了更高的利润，但大多数大型航空公司仍然坚持它们原先认定的未来愿景。其实在早期，廉价航空公司非常脆弱，这些大型航空公司本可以修正其愿景，使之更符合未来的发展方向。但不幸的是，大多数大型航空公司的管理者并没有意识到这样做的重要性，因为这显然不是他们所规划的未来。

最终，在各大航空公司的枢纽受到严重威胁的情况下，它们才不得不采取措施开始反击。比如，美联航推出了自己的廉价服务品牌——"联合短途航空公司"（Shuttle by United），为旅客提供点对点服务。但是当美联航做出反应时，廉价航空公司已经占据了美国国内运输航线三分之一以上的市场份额，已经无法通过简单的集中努力将其淘汰。此外，美联航才刚开始学习如何提供点对点服务，而像西南航空这样经验丰富的竞争对手对这种模式早已滚瓜烂熟。事实证明，美联航的高成本结构使竞争成为一项艰难的挑战。具有讽刺意味的是，美联航的联合短途航空公司本来可以更早地作为一个小实验开始。美联航本可以利用其强大的枢纽作为建立短途点对点服务的基础，而不是等到其部分枢纽受到廉价航空公司的猛烈攻击后只能选择关闭。如果美联航当时在另一种可能的未来愿景中进行相对较小的投资，就会大大提高它对未来将如何演变的洞察力，并且还能提高它在未来到来时的应对能力和竞争力。但是遗憾的是，美联航的管理层与其他大多数大型航空公司的管理层一样，错误地预期了未来的发展。

后来又发生了什么事情呢？来自廉价航空公司的竞争使得航空业的利润空间大幅下降。尤其在廉价航空公司占据优势的航线上，美联航和其他大型航空公司被迫退出。在强劲的业绩支撑下，廉价航空公司对大型航空公司发起了正面攻击——直击其堡垒枢纽站。例如，在科罗拉多州的丹佛市枢纽，美联航被西太平洋航空和边疆航空逼得大幅削减票价；在圣何塞枢纽，美国航空减少了登机口的数量，而西南航空却在扩大登机口的数量。同时，各大型航空公司效仿廉价服务的努力至今没有取得成效。大陆航空的 Lite 航线已经停运。据报道，美联航的联合短途航空公司在推出的第二年就一直在亏损，同时，美联航还放弃了西南航空统治的几条航线。现在各大航空公司不得不重新审视战略，以应对这"不可预知"的未来。

上述航空公司的案例足以说明，制定一个可行的未来战略对公司至关重要，因为只有未来战略可行，才能促进其在市场上的有效竞争。否则，如果对未来战略管理不善，会使一家公司处于不断追赶的境地，而这类公司最终会失去领先的客户，同时往往还会获得一个刻板和脱节的形象，不受大家欢迎。这些公司经常会被意外事件打个措手不及。相比之下，那些善于管理未来战略的企业最终会迅速适应环境，甚至可能会创造未来，让其他企业不得不跟随其后。在航空业，西南航空和其他廉价航空公司开辟了一个低预算的旅行市场，维珍大西洋航空公司和英国航空公司开创了环境舒适的国际商务旅行的先河。相比之下，其他航空公司则被迫在其竞争对手塑造的未来中左追右赶，步履维艰。西南航空的成功之路如表 5-1 所示。

表 5-1　西南航空的成功之路

公司愿景（不是行业愿景）	• 西南航空的愿景是"自由地旅行"，它的使命是为每个人装上飞上天空的翅膀 • 航空服务不是一项繁重的工作，而是每个人都值得奋斗的有意义的事业。西南航空开创了航空业的民主风范
探索性的试验（而不是按部就班的计划）	• 西南航空通过实践"如果……那么……"的探索过程，为未来做好充足的准备。这种不断探索的试验过程使得西南航空足以应对将来可能出现的所有情况 • 西南航空的创始人赫伯·凯莱赫说："我们确实有按部就班的计划，那就是所谓的做点什么。"他补充道："在大多数战略规划过程中，那种一丝不苟的规划方法、对每个细节都吹毛求疵的行事方式，会给人造成一种精神上的束缚。而这束缚使得公司在日新月异、快速变化的行业里，变得束手无策。"

（续）

时刻保持警醒	• 好的准备让西南航空就像预言家一样能够洞悉未来。西南航空是一家每位员工都在非常认真地践行本职工作的公司 • 西南航空一直广泛收集情报和信息，紧密关注竞争对手的动向，比如，它们在做什么，它们采取了什么方法以及是什么主导了它们的想法等

资料来源：Jackie and Kevin Freiberg, Nuts! (Austin,Texas:Bard Press,1996).

为什么未来的战略如此具有挑战性？一方面，未来固有的不确定性意味着按部就班的计划不是一种有效的方法。因为我们很难知道未来会发生什么，更难以预测什么时候会发生。所以，对于企业来讲保持灵活性至关重要。另一方面，激烈的竞争和快节奏的变化使得被动应对成为一种糟糕的战略。被动应对意味着总是在追赶，总是在别人定义的未来中争得一席之地。因此，对未来进行适当的押注是至关重要的。不过管理者面临的两难困境是如何在对未来做出确定性承诺的同时，为未来提供一定的灵活性选择（见图 5-1）。

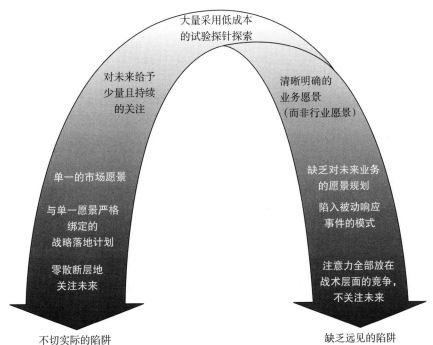

管理者面临的两难困境是如何在对未来做出确定性承诺的同时，为未来提供一定的灵活性选择

图 5-1　试验的边缘

调查问卷

你们公司的管理团队如何看待未来？请花点时间回答以下问题：

企业的共同愿景是

清晰的 ·· 模糊的

企业未来的成功是以行业中某一种特定的情景为前提的

是 ·· 否

我们走向未来的路径是

主动计划 ·· 被动响应

我们对未来行业趋势的关注是

频繁地 ··· 极少地

我们有几个有意义的试验性产品和面向未来的战略联盟策略

是 ··· 否

公司在业界被认为是

行业领导者 ··· 市场追随者

关于试验的基础概念

　　要解决如何对未来做出确定性承诺和为未来提供一定的灵活性选择的两难困境，关键在于时间边缘的另一个过程——试验。如果管理者过于关注当下，那么他们会疲于应付竞争对手的各种举措，最终招架不住而陷入混沌；如果他们过于关注未来，那么他们往往会迷失在某个假定的未来，失去灵活性，最终在自己计划好的某个未来里陷入僵局动弹不得。相比之下，试验则是一种小步快跑、快速试错的低成本探索方式，可以用试验的方式为未来创造出比按部就班的计划或被动响应更复杂、更动态的战略。这种试验的方式既能更准确地洞悉未来，又能灵活应对当下。

太空探索

　　也许你还记得20世纪60年代末，让·克洛德·基利（Jean-Claude

Killy）在 1968 年冬季奥运会男子高山滑雪赛中连夺三块金牌，打破了世界纪录。由于越南战争而备受舆论攻击的总统林登·约翰逊（Lyndon Johnson）不得不痛苦地放弃了连任。滚石乐队（The Rolling Stones）和至上女声乐队（The Supremes）这两个风格迥异的组合，常年荣居全球摇滚排行榜榜首。而月球即将成为人类的一个旅游目的地。

在约翰·肯尼迪总统宣布"登月计划"后，不到 10 年的时间，美国的太空计划已经做好了充足的准备。经过多年对老邻居——月球的研究，美国向月球发射了一系列"阿波罗"登月飞船。尼尔·阿姆斯特朗在月球上迈出的一小步，代表着人类历史性的一大步，它揭开了人类登月的新篇章。在此之后，美国又先后五次发射"阿波罗"载人登月飞船。当然，登上月球的成本非常昂贵，而从月球返回地球更是难上加难，问问"阿波罗"13 号的宇航员们就能够知道其中的艰辛和不易。但在当时，登月的热潮席卷全球，月球似乎转眼便成了触手可及的"殖民地"，还有观光航班随时待命，月球度假村就要成为现实了吗？

但是这种预期的登月旅行却从来没有出现过。"阿波罗"17 号是美国载人航天计划迄今为止的唯一一次登月。由于水门事件、石油危机和通货膨胀吸引了美国选民的注意力，他们逐渐对太空探索失去了兴趣。当时，苏联的太空计划也停滞不前，欧洲人和亚洲人也没有接受太空探索的挑战。现在，太空探索则更多地与现实问题相结合，例如，用于电话通信和电视频道传送而发射的人造卫星；通过卫星转播《达拉斯》这样的热门电视节目，似乎比单纯的太空探索更重要。

20 世纪 90 年代，哈勃望远镜拍摄到的木星和土星的壮观照片，以及在火星上发现了生命的最初迹象，重新点燃了公众的兴趣。与此同时，美国与俄罗斯重新推出了新一代的太空探索计划，又进一步助长了公众的热情。对于火星计划，美国和俄罗斯联手推出了一系列火星探测器、火星地表观测站和火星陆地车等。正如一名负责太空事务的官员所宣称的那样："时隔 20 年，美国重返火星！"[1] 对于月球计划，美国宇航局则推出了新的探测器——"月球勘探者"号。距离上一次"阿波罗计划"约 25 年后，登月计划负责人斯科特·哈伯德宣称："这是美国宇航局重返月球的关键一步。"[2]

但这次最新的太空探索尝试，看起来与 20 世纪 60 年代末的太空计划完全不同。传统的太空探索涉及巨大的风险。20 世纪 60 年代末所谓的"大科学主义"方法的典型标志是巨大的土星火箭和复杂的载人航天飞行器。30年后，美国宇航局的"大科学主义"荡然无存了。1993 年"火星观察者"号的发射失败，更是对"大科学主义"方法最后的致命一击。这项耗资近 10 亿美元的大规模火星探测任务，最终以"火星观察者"号神秘地偏离方向，与地球失去全部通信联系，导致整个项目彻底失败而告终。

通过"月球勘探者"和"火星旅居者"等探测器，美国宇航局正在以一种全新的方式探索未知的世界，它使用"更小、更快、更便宜"的探测工具快速试验。

例如，"火星旅居者"是第一个在火星表面漫游的探测器，它的大小相当于一个儿童骑行玩具，重量只有 23 磅^㊀，在地表爬行的最大速度仅能达到每分钟 16 英寸^㊁。它的太阳能电池只有 1.9 平方英尺^㊂。为了简单操作和节约成本，它选择了不可充电的 D 型电池作为其后备电源。"火星旅居者"号选用了英特尔 80C85 处理器，虽然其速度和功率都要明显落后于许多商用系统上的处理器，但是 80C85 处理器成本低、坚固耐用。

"月球勘探者"号同样引人注目。它的设计很简单，仅需要利用现有的部件就能完成制造。探测器很小：4.5 英尺^㊃×4 英尺，没有备份功能。"月球勘探者"号看上去非常"愚蠢"——它没有计算机处理系统，所有的电脑指令都来自地球。它没有磁带系统，而是直接用无线电传回地球。太阳能电池为它提供动力。工程师们仅用了 17 个月的时间就设计出了"月球勘探者"号，整个建造和发射过程仅使用了 6000 万美元的预算，远低于"阿波罗计划"的 2.66 亿美元。但是，"月球勘探者"却同样可以观测月球并完成大量

㊀　1 磅≈0.45 千克。

㊁　1 英寸≈2.54 厘米。

㊂　1 平方英尺≈0.09 平方米。

㊃　1 英尺≈0.3 米。

任务，按照航天标准来看，它的花费成本非常低，但是它所执行的任务却比
六次"阿波罗登月"的总和还要多。即使第一个"月球勘探者"失败了，美
国宇航局仍然有资金再进行四次尝试。美国宇航局的科学家们已经认识到，
通过大量小型、廉价的探测器进行试验是探索未知事物的有效方式。美国宇
航局星际探索的进程如图 5-2 所示。

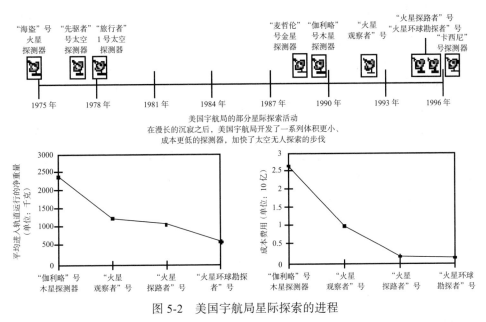

图 5-2 美国宇航局星际探索的进程

资料来源：JPL-NASA (http://www.jpl.nasa.gov);NSSDC-NASA (http://nssdc.gsfc.nasa.gov);and
J.Flanigan, "JPL Think Small, Cheap," *Los Angeles Times*, September 4,1996.

制药业的启示

在医药行业，未来的风险非常大，而且具有极大的不确定性。医药行业
诸多公司的经验表明，试验是非常有价值的探索未来的方式。默克是一家著
名的高速发展的制药公司，每年有超过 10 亿美元的经费投资在对未来新项
目的研究上。和太空探索一样，默克的研究项目也需要非常长的时间周期，
一个新产品需要 10 ～ 12 年的时间。而且这些项目不确定性很大，研究成本
极高，开发一个新产品的费用超过两亿美元。然而，尽管面临着管理前沿科

学的挑战，默克的科学家和高管们还是精明地管理着未来，这对默克在制药行业的长期领导地位起到了重要作用。

像美国宇航局一样，默克的管理者们通过小规模、快速、低成本的试验来管理未知的世界。默克的管理者们非常精通情景规划和蒙特卡洛模拟。蒙特卡洛模拟是一种分析技术，它利用概率分布来模拟科学可行性、治疗效果和汇率等变量的相互作用，从而得出研究组合的一系列可能结果，而不是简单的单点估计。这些技术使默克的管理者们能够快速地探知未来，而且不需要花费大笔的费用。

同样引人注目的是默克对未来的各种推力的依赖。默克的研究项目针对各种疾病领域，从骨质疏松症到精神分裂症。研究项目的投资组合也会在一定的时间范围内保持平衡。有些项目旨在探究基础科学领域，而这些领域的研究将带来深远的影响；有些项目则更直接地针对短期产品和潜在的竞争对手。研究项目的投资组合在其他方面也有所不同。有些项目是内部研究项目，有些是合作项目。合作项目中有些是与大学合作，有些是与小型生物技术公司合作，还有些是与大型知名企业合作，如杜邦和强生。除了内部研究和合作项目，还会有一些像 Medco 这样的收购项目（Medco 的主要用户是健康保险计划购买者，Medco 是为这些购买者管理药品采购的公司）。

最后非常值得一提的是，默克管理未来的关键是"中间决策权"。面对长期的重大研究项目，默克的管理人员和科学家们将研究项目分解成一系列短期的"中间决策权"，可以在较短的时间范围内行使。在其他公司，将重大的研究项目作为大型的长期赌注来管理，而默克则用小规模的、较短期的方式来管理，默克认为重大的项目是对未来信息的一步步探究。"中间决策权"在默克有两方面的作用。一方面，它们将基础研究转变为小规模、快速地、低成本的模式，这也正是美国宇航局后来采用的风格。另一方面，它们还改变了企业的视角，使其将重点放在通过各种方式获得对未来的洞察力，而不是简单地规划未来或对未来做出反应。"中间决策权"还重新定义了成功和失败。如果用"中间决策权"的思维来看待研究本身，一个项目在治疗效果上或者商业上可能失败了，但如果它增加了公司内部对未来的洞察能力，那么它仍然是成功的。

太空探索和基础科学的战略在商业领域的应用

太空探索和制药领域的案例表明，未来的成功战略聚焦在通过一系列涉猎广泛的、低成本的探索方式进行试验，以揭示未来的奥秘。美国宇航局的案例充分显示了"规模更小、成本更低、速度更快"的探测器的力量，而默克的经验则强调了多样性的投资组合、不同时间长度和"中间决策权"的重要性。综上所述，这些案例揭示了通过试验（介于被动应对当下和过度计划明天之间的边缘）可以帮助管理者在不对未来做出具体承诺的情况下，能够洞察未来。

但是，试验也意味着控制权的丧失，这令许多管理者感觉不舒服。就像许多大型航空公司那样，很容易重新陷入"想当然规划未来"的舒适状态，或者像其他公司那样只能被动应对当下。管理者如何才能避免这些陷阱呢？

对未来计划过多："不切实际"的陷阱

许多管理者认为，制定战略规划是应对未来的一种明智的方法。鉴于需要为未来的行动提供一系列复杂的资源，一些前期规划和计划显然是必要的。而且战略规划还可以发挥重要的象征性作用，用一系列共同的主题将员工凝聚在一起，为整个公司注入活力。但是，尤其是在快速变化的行业中，管理者会很容易规划出超出他们认知的东西。快速更迭的技术、不断变化的客户需求以及竞争对手咄咄逼人的举动，都可能导致规划所花费的大量时间变成了浪费。更糟糕的是，一些管理者往往在执行过程中疏于对规划的及时更新，从而进一步将他们的公司困在对未来的憧憬中，而这种憧憬永远不会变为现实，从而跌入了"不切实际"的陷阱中。

跌入"不切实际"的陷阱中会有什么影响呢？当然，也有一些非常幸运的管理者，他们偶尔也会猜对未来，或者至少离未来不远。但是更常见的是，一些管理者对未来进行全面规划但是却搞错了时机。有时他们进入市场太早，所以必须等待市场成熟，有更多的需求出现；有时他们进入市场太晚，所以必须加快步伐重新赶上竞争对手。最常见的情况是，管理者押错了未来，竞争对手采取了意想不到的行动。比如，竞争对手引入了新技术；客户喜欢"绿色"，而不是"蓝色"，等等。这些管理者手里只剩下了一张通往错误未来的单程票。

哪种类型的公司更有可能跌入"不切实际"的陷阱呢？根据我们的经验，那些来自发展缓慢行业的管理者面临着更大的风险，因为他们经常看到战略规划得以成功应用。同样面临风险的还有一些组织结构完备的成熟大公司，在这些公司中，往往有战略规划部门，而且已经发展了很多年。在这样的公司里，战略规划的理念根深蒂固。令人惊讶的是，创业公司的管理者往往也会规划得太多。在创业公司中，管理者可能是迫于压力，为了筹集资金而被迫进行广泛的规划，也可能只是傲慢地认为自己足够聪明，可以规划出人无我有的东西。但不管公司属于何种类型，处于"不切实际"陷阱中的公司往往会对某一特定的未来做过多的规划。

孟山都公司（Monsanto）就是一个很好的例证。孟山都坐落在圣路易斯，20世纪80年代中期，这家公司的高管人员提出了一个战略构想，决定大力发展转基因农产品。他们投入了超过10亿美元的研究经费，并精心策划了一系列投资组合研究项目，研究范围非常广泛，从无农药种植的种子到转基因番茄都有涉猎。孟山都时任总裁对这项战略规划情有独钟，并计划在这个新兴市场上进行为期10年的大规模押注。这项战略诞生的第一个产品是耗资巨大的BST，一经推出就饱受争议，这是一种可以增加奶牛产奶量的激素，曾被前首席执行官理查德·马霍尼认为是年销售额可达10亿美元的生意，但事实表现却差强人意。一方面出于对健康和安全的担忧，消费者对此类产品的接受度停滞不前；另一方面，农民认为这种激素使用起来过于笨拙和费时，也不愿意使用。与孟山都的做法不同，杜邦等竞争对手则采取了试验的方式应对未来，它创造出一系列更便宜、更符合未来发展趋势的产品。虽然几乎没有人会质疑孟山都在行业中的关键地位和重要作用，而且马霍尼的继任者罗伯特·夏皮罗似乎也采取了更多的试验性的方法，但是我们不得不承认的是，孟山都宏大的战略规划可能会导致管理者们过度且过早地消费，而且是以一种不明智的方式消费。正如一家出版物所观察到的那样："有些人在悄悄地想，孟山都是否会抢占更多的市场份额，以证明其巨大的支出是合理的。[3]"

另一个例子是摩托罗拉。作为一家全球电子产品制造商，摩托罗拉的一项重要战略是无线个人通信。而在这个领域中，技术日新月异，所以在技术方向上的投资是否正确就变得至关重要。例如，在美国的数字蜂窝通信市场中，GSM 和 CDMA 两种标准之间的抉择就是迄今为止最关键的一项投资决策。很多人认为 CDMA 在技术上更胜一筹，通话承载能力远高于 GSM，但 GSM 已经在世界其他地区站稳了脚跟，尤其是欧洲市场。在美国，大多数竞争者通过提供两种标准，允许用户自由选择的方式来对冲未来的风险。但摩托罗拉的高管们却并非如此，他们把未来的赌注押在了 CDMA 上。至少在短期内来看，这是一个错误的决策。后来，摩托罗拉的管理者们最终还是对市场做出了妥协，也为用户提供了 GSM 的选项。但是那时候，大多数用户已经选择了其他供应商。正如一位分析家所指出的那样，"看来摩托罗拉完全是自己将自己推进了一个被动的局面[4]"。

有三个特征表明一家企业正在掉进"不切实际"的未来战略陷阱（见图 5-3）。

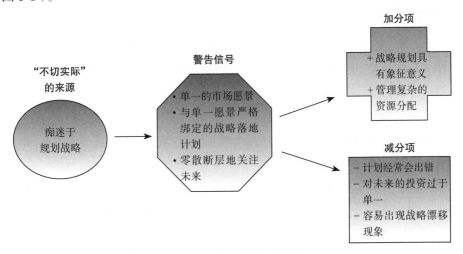

图 5-3　"不切实际"的陷阱

第一个特征是公司的管理者将战略思考聚焦在单一的市场愿景上。尽管其市场往往具有高度的不确定性和快速变化的特点，但对于这些公司的管理团队来讲，他们对于其市场何时会发生变化、会往哪个方面发展逐渐形成了一个单一的看法，这样他们制定的行业愿景就变成了他们看待未来的透镜。

第二个特征是这些管理者往往会制订出与其单一市场愿景严格绑定的战略落地计划。为了实现企业的战略定位，他们从成本、产品、服务的差异化以及技术等多方面为企业布局教科书式的作战计划，由于公司战略与组织架构息息相关，这些作战计划又被进一步分解为详细的产品或服务开发时间表、生产计划以及具有特定技能的员工招聘计划。

第三个特征是公司的管理者对未来的关注过于零散，对未来的发展研究存在断层。尽管这些管理者花了大量的时间来研究他们的行业发展趋势，以制定他们对未来的战略规划，并把这种规划细化成具体的作战计划，但随着真实的未来一步步到来，他们花在重新评估战略规划和作战计划上的时间太少了。这些公司的管理者锁定了一个愿景和计划，却很少再去重新回顾和更新。

Pulsar 危险的战略规划

Pulsar（化名）是另外一个案例，它的管理者也陷入了"不切实际"的陷阱。Pulsar 是我们在第 3 章介绍过的领先计算机公司 Galaxy 的一条业务线。正如我们前面所描述的那样，Galaxy 吸引了众多精力充沛的精英人士，他们夜以继日地工作，创造出了一系列世界上最令人兴奋的电子产品。Galaxy 的空气中到处弥漫着糖分和咖啡因的浓香。Pulsar 就是 Galaxy 的一部分。

Pulsar 的竞争战场是交互式视频领域，目前这个细分市场边界不是很清晰，但具有非常丰厚的潜在利润收益。Galaxy 的高管认为，能够在这个市场上占有一席之地对于 Galaxy 的未来至关重要。Pulsar 的管理者被授权来开拓这一潜在市场。

单一的市场愿景

Pulsar 案例的一个显著特征是其管理者打造了一个单一的市场愿景。这些管理者花了几个月的时间研究市场趋势，并制定了他们的市场愿景。尽管他们认识到市场上存在着巨大的不确定性，但令人惊讶的是，他们最终还是以明确具体的措辞对交互式视频领域市场的未来进行了构想。他们的构想是，在未来的家庭场景中，视频游戏、消费类电子产品和消费类软件将会融合成一体。正如一位高管所言，这个市场将"远远超越游戏领域，它将是整个家庭场景的重要组成部分"。他们还猜测，这种融合将以交互式产品的形式实现，其价位是普通人能够负担得起的，并且具有其想要的功能。Pulsar 愿景的另一部分集中在——要使这一融合场景变成现实的最关键因素是计算机技术的成熟。另一位高管这样向我们描述："真正驱动我们走向未来的是技术。"他接着声称，计算机技术将是核心能力，"这个市场需要一个新的平台，旧的技术终将被淘汰"。

更令人惊讶的是，Pulsar 的高管们没有再进行更多的产品探索和验证，也没有征得外界专家人士的看法，便直接向这一愿景进军。在很大程度上，他们完全依赖于自己对未来的猜想，然而，这一愿景并没有得到其他企业管理者的广泛认同。Pulsar 的高管们从计算机技术（Galaxy 的专长）的角度来看待家庭场景的融合，而其他公司则围绕着电视和电话制订计划，他们认为电视和电话才是未来家庭娱乐的中心。Pulsar 的高管们认为融合的关键是技术的角逐，而其他公司的管理者则秉持不同意见，他们更多的是从消费品的角度来看待融合，其中公司品牌、大批量分销渠道和低成本制造将会是关键。总之，尽管大多数公司的管理者们都预见了基于电视、电话和消费电子产品营销的未来，而 Pulsar 的高管们则依旧坚持以计算机和技术为中心的产业愿景。

严格绑定的战略落地计划

Pulsar 的管理人员根据他们的行业愿景来制定战略方针。第一个也是最重要的战略方针是——技术领先，该战略方针不仅符合 Pulsar 一贯认为的"技术驱动未来"的信念，又与 Galaxy 在使用此类技术方面的能力相一致。据一位经理说："我们所要做的，就是不断地突破技术的边界。"另一位经理则说："我们的战略是要在技术外围做得相当出色，我们想大力推广这项技术。"与技术领先这一项战略相关的是另外一个战略方针——差异化战略，管理者们将产品的消费人群定义为高端消费者，因为他们才能够负担得起 Pulsar 未来提供的这项高端技术。Pulsar 的管理者们计划首先在美国打开新产品市场，随后迅速转向日本市场。他们设定的目标是"成为市场的第一名或者第二名；在第一年内，新产品将带来 25% ～ 40% 市场份额"。

技术领先和差异化的战略制定好了后，就需要在产品计划中落地。这意味着要在产品线中创造出一系列能够吸引高端消费者的功能。正如一位管理者所回忆的那样："我们觉得我们所挑选的产品，对那些会用 700 美元来购买一项很酷的新技术的人来说，有一定的吸引力。"另一位管理者说："我们挑选的产品，可以让消费者很明显地看到我们和竞争对手之间的差异。"首次的产品展示推出了最初的六种产品组合，后来又增加了十种，共计十六种产品，其中一些产品是与合作公司联合开发的。一位高管解释道："我们的战略是在内部生产前六种产品。我们将通过这六种产品渗透市场，然后让知识涓涓细流。我们计划的发布节奏是，在同一天先发布三款产品，之后很快再发布一款，然后是最后两款产品。这种产品推出方式是基于最大的潜在销售量。"为什么初始产品有六款呢？ Pulsar 的管理者们简单地计算了一下，"每一个产品的研发投入大约需要 120 万美元资金和 12 个研发人员 1 年的投入，我们用整体预算除以以上数据，就得到可以研发六个产品"。

产品计划制订好了后，接下来就是人员配置计划要到位。Pulsar 的管理者决定，他们需要熟练使用图形和复杂渲染软件的人员。他们将一些人调回 Galaxy 的其他部门，取消了一些已经在进行的项目，并雇用了具有更多相关技能的员工。

让我们感到惊讶的是，Pulsar 的整个战略中，没有包含任何试验性的产品、与外界行业专家的探讨或者结成前瞻性的战略联盟。交互式视频领域的愿景一旦制定，整条业务线便坚决地执行，没有任何人试图制订风险规避策略或者其他备选方案。相反，Pulsar 的管理者们为他们的战略、产品开发和人力资源制订了一套精心配置的严密计划，所有的这些计划都符合他们对互动视频发展的原始愿景和猜想。

零散断层地关注未来

愿景、战略和运营计划之间的这种紧密配合和安排，给人一种"计划周密，胜券在握"的感觉。Pulsar 的管理者们相信，他们在行业中处于领先地位，也许他们确实如此……但这只是短暂的境况。为什么呢？因为 Pulsar 的危险之处在于，自从制订了战略和计划之后，管理者就没有再重新审视过它们。一位经理承认，"我们必须按照已经制订的计划行事"。然而很有可能随着时间的流逝，他们的规划已经过时了。另一位经理告诉我们："公司的总体战略大约是在 18 个月前制定好的。"18 个月！对于计算机行业来讲，18 个月就如同一个世纪那么久。

Pulsar 的管理者们没有花时间重新评估未来的规划，而是把所有的精力都投入在了当下。比如，他们确实在不同的开发项目之间进行了一些适当的资源调整，但是他们对未来的憧憬从未动摇过。一位经理告诉我们："我们信奉的观念是——忘记未来，先把产品做出来推向市场，然后再担心未来。"另一位经理总结说："对我们而言，担心未来太过奢侈。"在所有管理者的这种共识之下，结果就导致，Pulsar 对未来的关注太过零散、太过跳跃，也就是说，他们往往先对未来进行全力以赴的研究，紧接着就伴随一大段时间内不遗余力的坚决执行，这两个阶段泾渭分明，形成了很大的断层。

业务影响

实际上，对未来进行按部就班的规划，这种方式之所以行不通是因为计划总是赶不上变化，导致最初的计划与现实总是相去甚远。Pulsar 也不例外。在 Pulsar 的战略规划实施了一年以后，管理者终于意识到，他们严重低估了这种战略所带来的技术挑战。一位经理这样描述公司当下的处境："我们面临着非常困难的局面。随着交互式视频领域战略愿景的实施，这个技术平台才逐渐被开发出来，但是这个技术平台如果要投入应用，就需要大量的基础设施做保障，然而我们的时间几乎被技术平台所占用，根本挪不出精力再开发基础设施。"这样的处境使得 Pulsar 的战略执行和落地变得异常复杂和缓慢。管理者们还意识到，他们所选择的技术并不像他们所希望的那样美好。一位经理沮丧地指出，"新技术的研发结果与我们的预期相去甚远。它并没有想象中那么强大"。这就意味着原先制订好的产品开发计划不得不调整，而管理者们当初精心制订好的人员排布计划也要调整，因为随着产品开发计划的变化，这些人员与实际的工作也不再匹配。一位项目经理抱怨，"这些人的很多技能都被浪费了"。而另一位项目经理则抱怨，"我们的技能组合与实际工作需要根本不匹配"。

　　Pulsar 的管理者们也终于认识到，他们错估了市场周期。交互式视频的市场远未成熟，它可能要比预计的时间更晚到来；而同时具有讽刺意味的是，这一领域的旧技术仍然有庞大的长尾效应，却被 Pulsar 过早地放弃了。一位经理感叹道："我们以为一切都将转向新技术，确实是我们的反应太过超前了。我们没想到老产品还有一个很庞大的客户群在那里。"最终，竞争对手推出了更优秀的产品，一举超越了 Pulsar 的市场地位。

　　面对错误的战略愿景、错误的技术选型和错误的排兵布阵，Pulsar 的高管们陷入了困境。不仅是未来的愿景没有实现，更糟糕的是，公司没有任何保障措施，没有替代计划，没有其他战略的备选方案，更没有发生意外情况后的应急措施。一位高管说："从战略上讲，我们完全失去了方向。"尽管 Pulsar 的管理者们又开始重新调整计划，但是对于即将到来的未来，他们丝毫无法驾驭。毋庸置疑的是，Pulsar 掉队了，跟 Galaxy 群星闪耀的各业务线相比，Pulsar 沦落为一颗黯淡的星星。

警告信号

有几个警告信号表明，Pulsar 正在跌入"不切实际"的陷阱：

1. 单一的市场愿景。 就"交互式视频行业"如何发展，Pulsar 的管理者们描绘了一个具体的单一的行业愿景，尽管有许多迹象表明这是不明智的。"交互式视频行业"的确是一个新兴的市场，也有一些睿智的观察家提出了一些与 Pulsar 不同的但是更合理的战略预测。

2. 严格绑定的战略落地计划。 Pulsar 的管理者将业务的愿景、战略与组织结构、资源配置做了完美映射。他们做了教科书式的行业分析，并根据既定战略制订了详尽的落地计划。这样的结果导致，当真正的未来到来时，尤其是当 Pulsar 的战略愿景与实际并不相符的时候，这种周密详尽的落地计划让 Pulsar 的管理者们动弹不得，几乎失去了所有的战略灵活性。

3. 零散断层地关注未来。 Pulsar 的管理者在前期花了大量的时间研究未来发展并制定战略，但后来却将其束之高阁，忽视了对战略规划和作战计划的重新评估和刷新。只有当战略规划宣告失败的时候，他们才又将注意力拉回到未来发展的重新研究和战略的重新制定上。

对未来的被动反应过多："缺乏远见"的陷阱

尽管有些公司就如同 Pulsar 一样，其管理者对未来规划过多，但是还有一些公司的管理者，对未来规划过少，这些公司容易跌入"缺乏远见"的陷阱。"缺乏远见"的陷阱是指，没有任何的未来战略，没有对可能的未来提供有针对性的试验。事实上，这些公司的管理者对未来的思考非常少，他们只是被动地响应市场。长此以往，这些管理者既不可能先发制人，以提前应对可能发生的事情，也没有办法主动塑造市场和机会，让一些事情发生。就像飘荡在迷雾中的船只一样，对于身处"缺乏远见"陷阱中的管理者而言，一切都是出人意料的。

管理者在面对激烈的竞争时，往往会跌入"缺乏远见"的陷阱。因为在竞争激烈的市场上，尤其是当今天的业务需求无所不包，消耗了公司几乎所有的资源和精力时，还要挪出一部分的资源和时间花费在未来的战略研究和制定上，这需要非凡的纪律性。比如，精简和重组后的企业就很脆弱，过度的裁员会使员工没有时间研究战略，他们只专注内部效率而不是外部机会。还有一些管理者之所以会跌入"缺乏远见"的陷阱，是因为他们认为思考未来没有意义。市场变化太快或者总是出乎意料，他们认为很难为未来制定一个有价值的战略。虽然这些管理者可能会对未来有一个粗略的认识，也知道"业务要达成什么样的目标"，但他们从来没有思考过细节，即"如何才能达成业务目标"。无论他们是如何被套牢的，处于"缺乏远见"陷阱中的管理者最终只会停留在今天，迎面而来的各种事情使他们应接不暇，只能做出被动反应，而这种反应有时会成功，但更多的时候等待他们的是失败。

英国的罗兰爱思（Laura Ashley）就是一个典型的例子，它以被动反应的方式应对未来。罗兰爱思的创始人是劳拉·阿什利和伯纳德·阿什利夫妇，他们在伦敦自己的公寓中生产印花围巾，开启了罗兰爱思零售帝国的序幕。这些印花设计极具创意，它淋漓尽致地体现了劳拉对英国浪漫主义的理解，其花卉设计也充分诠释了劳拉对维多利亚的钟情。阿什利和她的设计师们深深地吸引了20世纪80年代全球范围内那些重视传统的消费者，并凭借其独特的时尚外观设计在市场上赢得了巨大的成功。紧接着阿什利夫妇将这种设计风格发扬光大，应用在了更广泛的领域中，包括色彩柔和的服装、配饰，以及少量的家居用品，如墙纸、亚麻布和窗帘，逐渐形成了一个充满活力的花园。最终经过十年的努力，阿什利家族打造了一个成功的零售帝国，引领着时尚。然而，20世纪80年代中期，在劳拉·阿什利夫人去世后，罗兰爱思公司的高层似乎在一夜之间失去了对未来的憧憬，迷失了方向。到了20世纪90年代初，这个"花园"已经杂草丛生，在大约40个国家遍布了数百家店铺。位于不同区域的管理者们，根据各地区的特殊需求以及个人喜好，分别建立了独立的库存系统、财务控制和仓储方式。同理，不同区域的不同商店也只是响应不同客户的即时购物需求。这样一来，公司缺乏核心愿景，结果就是，市场上出现了混乱、被动，有时甚至是相互矛盾的局面。劳拉·阿什利这朵美丽的花枯萎了。

另一个例子是AT&T（美国电话电报公司）。这位电信巨头长期操纵美国的长途电话业，在技术和标准方面发号施令的垄断局面终于结束了。1996年出台的《电信法案》为该行业内的众多竞争对手打开了大门，其中包括实力强大的贝尔电话公司（Baby Bells）。因此，AT&T 被迫推出了本地电话服务，作为长途业务的补充，并面临着电力公司和有线电视运营商等新的竞争对手带来的压力。目前还尚不清楚，在 AT&T 进行了多轮分拆重组后，其管理者是否对剥离后的业务有明确的发展方向和战略愿景，尤其是在电信服务的互联网政策放松管制后，AT&T 是否能够抓住机会。我们能看到的结果是，AT&T 在专有在线业务的首次进军并不成功，导致 AT&T 在互联网服务方面落后于市场，不得不与 Sprint 和 MCI 展开竞争。即使在长途电话这一核心业务上，AT&T 的管理者们也承认，他们被咄咄逼人的小竞争者们打了个措手不及，迫使其不得不采取降价的措施。正如一位业内高管所指出的那样，"几乎所有的观察者都能得出同样的结论——AT&T 在过去四五年中采取了一种'特别'的竞争战略"。[5] 由于对未来没有明显的愿景设想和战略规划，AT&T 逐渐陷入了被动的局面，其管理者只能疲于应对竞争对手的各种行动和措施。

当公司陷入"缺乏远见"的陷阱时，管理者们如何才能够及时发现呢？我们观察到几个显著的特征（见图 5-4）。

第一个特征是处于这个陷阱中的管理团队缺乏未来业务的愿景规划。尽管这些管理者可能对竞争对手的最新战术操作了如指掌，但他们对市场趋势如何发展却一无所知。充其量，这些管理者对未来有各自的看法，但他们缺乏对未来业务和市场的集体愿景。

第二个特征是被动响应各种事件。陷于"缺乏远见"陷阱中的管理者最典型的特征便是被动地响应各种发生的事件。他们并不试图规划未来，不会试图通过试验性产品或前瞻性战略联盟等方式来探究未来。他们只是被动响应。

第三个特征是不关注未来。处于这种陷阱中的管理者几乎所有时间都用于当前业务的发展和运作，以至于无暇顾及未来。他们其实根本没有花时间研究未来。

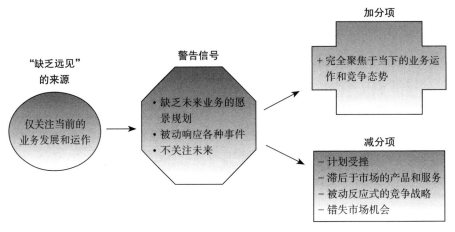

图 5-4 "缺乏远见"的陷阱

Nautilus 的被动反应式战略

我们在第 2 章中介绍过的 Nautilus，就是一个明显缺乏战略远见的企业。这家世界知名的计算机公司处于竞争白热化的计算机消费产品细分市场，在这样的市场上竞争，如何平衡新技术、低成本和有用的功能之间的关系至关重要。当我们对 Nautilus 进行考察的时候，管理者们刚刚完成了对公司基本流程的大规模再造。正如我们前面提到的，他们开发了非常高效的流程约束系统，广泛使用各种检查点，并严格遵循按部就班的程序。其结果是，纪律严明确实带来了公司效率上的提升，但是却难以有效适应当前市场的变化。在本章中，我们将探讨这些管理者是如何应对未来的。

缺乏未来业务的愿景规划

Nautilus 的管理者们非常熟悉和了解当前的业务运作和发展，他们对公司的市场份额、竞争地位和核心竞争力，以及竞争对手的各种情况了如指掌，当讲起这些的时候，他们总是滔滔不绝，眉飞色舞。但是当话题转到市场和行业的未来如何发展时，他们却突然三缄其口，哑口无言。事实上，公司缺乏对未来业务清晰统一的愿景规划。这些管理者几乎没有能力讨论行业内的趋势；他们不知道竞争对手在哪里占据了竞争空间；他们也不知道他们的消费者正在发生怎样的变化。他们对未来几乎一无所知。

Nautilus 的管理者们充其量只是从过时的角度来理解他们的业务，了解该行业的成功驱动因素。一位高层管理人员将该行业描述为"马力竞赛"，这意味着成功的关键在于更快的计算能力。他称："我们所处的市场几乎完全是由'马力竞赛'驱动的。能够赢得比赛的人就是那个拥有最大引擎的人。"然而，具有讽刺意味的是，大多数竞争对手和消费者很久以前就抛弃了这种观点，转而采用了一种更复杂的观点，即把价格、软件可用性和可靠性作为成功的驱动因素。总的来说，除了一些短期的利润目标外，Nautilus 的管理者们对未来几乎没有什么远见，也不知道自己将走向何方。这些管理者陷入了一种非常简单的、战术性的未来战略观，就像一位高管所描述的那样："开始我们遥遥领先，紧接着其他的竞争对手赶超了我们，然后我们又再次反向阻击，赢回第一。"但当被追问时，大多数管理者都认为他们处于"战略漂移"之中。一位高管说："好吧，我敢肯定确实有人会进行战略思考而且我也希望有人这样做但实际上，我并不确定他们是否会这样做。"

被动响应各种事件

在 Nautilus，管理者不仅缺乏对未来的战略愿景规划，而且他们也缺少方法和途径获取有关未来发展的信息和洞察。例如，员工中没有"未来学家"，公司没有探索新市场的战略联盟，也没有推出试验性产品。那么，Nautilus 的管理者们又是如何抵达未来的呢？

Nautilus 的管理者们确实有一套战略规划流程。但就像 Nautilus 的大多数流程一样，它更多的是一种例行的、高度规范的程序化工作，根本不可能产生出具有创造性的战略思想和战略规划。具有讽刺意味的是，由于 Nautilus 的战略规划流程剔除了持续时间超过一年的项目，这实际上限制了公司对长远未来的思考。此外，这种一年一次的例行工作显然跟不上行业的更迭速度，因此也很难在公司范围内产生重大的影响。

不仅如此，更匪夷所思的是，Nautilus 所谓的战略制定方式是让一位高管来专门负责关注外界的变化并制定公司战略，其余所有人则将精力倾注在当前的业务运作上。这样导致的直接后果是，Nautilus 的战略更像是"罗伊的随机想法"。因为这位高管会根据自己对市场的了解和判断，定期地创造一个新的战略愿景并强加给 Nautilus。他的这种想法比较随机，往往是在毫无预警的情况下产生的，上一个想法和下一个想法之间也缺乏连续性。因为这些想法只是这位忙碌的高管对未曾预料的行业事件的直接反应。"罗伊"没有时间跟上行业的步伐。

"罗伊"这些随机的想法在 Nautilus 造成了持续的动荡。例如，产品开发项目往往会因为"罗伊"不同的战略愿景而频繁变动，多次启动、停止、重新启动或者调整方向，因为这些战略愿景只是"罗伊"对不同时间内行业事件的被动反应。在一个案例中，Nautilus 的管理人员正在开发一个关键的新平台产品。但是，当竞争对手出乎意料地推出一款有竞争力的产品时，"罗伊"决定 Nautilus 的管理人员赶紧推出一个扩展旧技术的临时产品作为权宜之计。关键产品的资源被剥离出来，紧急转调到该临时产品的研发上，可想而知原来的产品被推迟了。这一权宜之计太仓促了，以至于工程师都感到尴尬。一位管理者评论说："此时此刻，我想说的是，我们只是模仿者、追随者，我们不仅被我们的过去所牵绊，还在不停地追随着行业的发展方向。"

不关注未来

Nautilus 的管理者们几乎没有投入任何时间来考虑并研究未来。在竞争异常激烈的市场中，"不断地推出产品"的竞争策略，几乎占据了他们所有的时间和精力。正如一位管理者而言："我们所做的大部分工作是强化我们当前的业务运作能力，而不是探索新的领域，我们根本没有足够的时间来关注未来。"

一些管理者认同公司把所有的精力都专注在当前的业务运作上，因为这也是迫于现实的竞争压力不得已的做法。还有一些管理者认为，当他们所有人都专注于"不断地推出产品"的时候，公司依赖于"罗伊"的"商业敏锐度"也不失为一种明智之举。还有一些管理者有不同的看法。有一位管理者曾将 Nautilus 与一个更成功的竞争对手进行了比较，并指出该竞争对手在某种程度上总是能够领先一步，并在各种指标上都取得了更好的业绩表现。

业务影响

由于 Nautilus 更强调被动反应式的应对方式，其战略行动总是滞后并落后于市场上其他竞争对手就显得毫不奇怪了。我们在 Nautilus 观察到的这种"磕磕绊绊"（启动、停止、重新启动）和权宜之计的产品战略，导致产品线经常出现令人尴尬的空白和重叠。尽管对当前业务的重视意味着 Nautilus 能够源源不断地推出新产品，但这些产品在行业中很少能够处于领先地位。

对于 Nautilus 的大部分员工来讲，这种被动反应式的未来竞争战略也带来了极大的压力。很多员工会由于对未来没有丝毫掌控之力而倍感沮丧。有些产品等到上市的时候，才发现计划不周，考虑欠妥，这让参与其中的员工非常尴尬。不足为奇的是，这种被动反应式的战略逐渐削弱了 Nautilus 管理者研究并洞察未来的兴趣。他们的目光和精力越来越集中在企业的日常管理上。一位管理者抱怨说："我们确实没有足够的远见。"另一位高管则直言不讳地讲："我们是追随者。我们不是行业的领导者。"

从更长远的角度来看，Nautilus 纯被动反应式的未来竞争战略也是错失良机的根源。面对市场机会，管理者无法迅速采取行动，因为他们对这些市场机会的觉察总是滞后于竞争对手。竞争对手总是能够使其产品线多样化，不断获得新的商机，从而改变竞争的基础。而 Nautilus 总是落后于竞争对手，总是在一路追赶。因为 Nautilus 缺乏对未来的判断和把握，管理者们很难预知未来将发生什么样的变化，于是面对各种状况只能采取被动反应的方式。一位管理者承认："我们的确错失了很多机会。"偶尔，甚至连反应都很难做到。一位管理者观察到，"有时候，要做出反应已经太晚了"。所以到如今，Nautilus 仍然是一个业绩平平的公司，永远无法进入行业的第一梯队。

警告信号

Nautilus 的案例给我们展示了几个关键的警示信号，告诉我们公司已经陷入了"缺乏远见"的陷阱。

1. 缺乏未来业务的愿景规划。Nautilus 的管理者很少有时间研究并思考他们的业务或者行业的未来。

2. **被动响应各种事件。**Nautilus 对未来的应对方法非常简单。一位高管全权负责外界变化，并不定期地观察并审视竞争格局，而公司所有其他人则完全专注于当前的业务运作。当这位高管发现市场或者行业有变化时，他就会发出信号，让其他人做出相应的反应。

3. **不关注未来。**Nautilus 公司的管理者只关注当前的业务运作，几乎没有花时间和精力关注未来。所以他们很难预测未来，有时甚至无法做出及时有效的应对。

站在时间边缘上进行试验探索

无论是航空公司、太空探索，还是制药行业，在诸如此类不确定性极高、未来不断变化的背景下，管理者在战略上面临的两难困境始终都是一样的，即如何对未来做出确定性承诺的同时，为未来提供一定的战略灵活性选择以适应未来的变化。最有效的管理者会采取两全策略，他们既不会陷入"按部就班地规划未来"可能带来的僵化中，也不会陷入"被动响应未来"可能带来的混乱中，而是会在二者之间取得平衡。他们非常明白，万万不可采取"观望和等待"的策略，因为"对市场行为做出反应"从根本上来讲是一种追赶战略，而不是引领市场的获胜战略。他们必须对未来有所准备和规划。但是他们同时也知道，希望以面面俱到的规划赢取未来更是痴人说梦，因为这种方式假定市场一成不变，而规划者无所不知，这种假设本身就是最大的错误。因此，这些管理者采取了试验的方式，在"被动响应未来"和"按部就班地规划未来"的边缘之间游走。像美国宇航局的科学家一样，他们利用各种简单的、低成本的探索，在保持战略灵活性的同时不断地洞察未来。这样做的结果是，美国宇航局能够更快地对市场变化做出反应，对未来有了更好的预期，同时也催生了更多的创新和增长的机会。

嘉信理财公司（Charles Schwab），作为折扣经纪商的先驱，就是一个用试验来探索未来的典型例子。20 世纪 90 年代初期，嘉信理财遭遇了重大压力，它不仅面临着来自华尔街的各大同类竞争对手的挑战，而且还面临着诸如 e-trade 等互联网交易公司以及美林（Merrill Lynch）等全方位的经纪公司的威胁。嘉信理财的管理者们采取多种方式进行了反击，最卓有成效的方式是利用各种低成本的试验来探索并决定他们下一步的战略举措。比如，管理者推出了一些试验性的产品（简化版共同基金的选择服务和期货交易程序），在传统的折扣经纪业务中测试新概念的适用情况和用户的接受程度。此外，他们还向互联网领域初步试水，推出了 Market Buzz 网站，为用户提供了各种网上交易和信息服务。令人惊讶的是，他们利用这种试验的方式在探索未来的过程中，不知不觉为用户提供了更多的服务，并逐渐将业务模式扩展到全方位服务经纪商领域。例如，嘉信理财的管理者们开始与投资银行——高盛商谈组建一个探索性联盟，允许嘉信理财的客户参与首次公开募股 (IPO) 的承销。当然，并非嘉信理财所有的试验探索都取得了成功，比如，抵押贷款和信用卡的试验就不太顺利，管理者最终决定放弃了这两个产品。但是不管试验最终成功了还是失败了，关键是试验本身就是非常有价值的方式。嘉信理财的管理者并没有认为自己可以预见未来，而是采取各种各样的试验来探索未来，从而帮助嘉信理财一次又一次地重塑了经纪机构领域。

另一个用试验来探索未来的典型公司是 Sun（太阳计算机系统公司）。这家总部设在加利福尼亚的计算机公司是非专有工作站产品领域的先驱。Sun 成立于 20 世纪 80 年代初，在竞争激烈的计算机工作站行业后来居上，逐步超越了惠普、IBM、DEC 和阿波罗（Apollo）等一系列实力雄厚的大公司，最终成为该行业的市场领导者。Sun 并不具备行业一流的技术实力，它之所以能够实现这样的壮举，是因为它通过各种低成本的试验进行不断探索。首先，Sun 拥有多个行业精英能够为公司的管理者们持续不断地提供行业上的未来洞见，软件方面有知名的比尔·乔伊（Bill Joy，他也是 Sun 的创始人），硬件方面有安迪·贝克托尔海姆（Andy Bechtolsheim）。其次，他们还利用战略联盟，一方面他们将 Sun 与柯达和 AT&T 等蓝筹股公司绑定结成战略联盟，争取未来的客户机会；另一方面他们积极地与软件领域其他公司进行前瞻性联盟，形成互补优势，以促进 Sun 产品的销售。最后，Sun 的管理者们还设定了一笔资金，用以投资一系列的试验项目。最近最好的试验项目就是 Java，这是一种面向对象的编程语言，可以用来编写应用程序并在互联网上运行。Java 完全是 Sun 的工程师偶然发现的，当时工程师正在实验室里研究电视机顶盒控制器的应用程序，而 Sun 的高层管理者明智地抓住了这个机会，将 Java 试验项目与互联网机遇联系在一起，使 Sun 在互联网未来的发展中一举占据了领导地位。在"网络就是计算机"的公司战略指引下，Sun 的管理层通常会进行各种各样的未来试验项目来探索未来，使得管理者能够不断地重塑这家领先的计算机公司。

我们发现有一些公司与嘉信理财和 Sun 类似，可以有效地利用各种各样的试验来探索未来并取得很好的成效，这些公司有几个共同的特征（见图 5-5）。

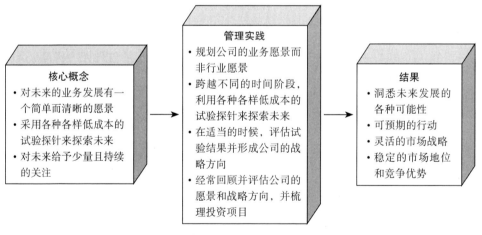

图 5-5 试验性的未来探索方式

第一个特征是它们的管理者对未来的业务发展有一个简单而清晰的愿景。他们并不会试图预测行业的未来发展状况，也不会以某个特定的未来愿景来取代瞬息万变的市场，而是试图定义自己的公司理念和业务属性，不管未来将是什么样子，他们都在试图找出公司会一直标榜并恪守的东西。比如，诺基亚的战略定位是"以电信为本、全球化、专注"，Sun 战略定位是

"网络就是计算机"，都是比较简单明确的愿景。然后，随着未来一步步到来，管理者会根据他们的业务愿景调整自己的作战策略。

第二个特征是这些管理者倾向于采用各种各样低成本的试验探针来探索未来。像美国宇航局的科学家一样，他们不断地投资诸如战略联盟、未来学家、以未来为主题的战略会议、试验性的产品等试验性的项目，以不断地探索行业和市场，逐渐形成对未来发展状况的理解和洞察。这些管理者既不会面面俱到地全方位规划未来，也不会手忙脚乱地被动响应当下，相反，他们是利用试验探针逐渐摸索并形成了公司的战略方向。

第三个特征是这些管理者对未来给予少量且持续的关注。他们既不像Nautilus 的管理者那样过度忽视未来，也不像 Pulsar 的管理者那样在"过度忽视"和"过度规划"两个极端之间摇摆不定。相反，他们会经常从事前瞻性的活动。不过令人惊讶的是，他们其实并没有在未来的战略规划上花太多时间，因为他们知道，当前的业务运作才是公司最重要的事情。尽管如此，未来的战略规划并没有被放在首要位置上，它一直在后台持续酝酿，蓄势待发。

Titan 的试验性竞争战略

离开机场，一路向东，我们开始了前往 Titan 的路程。一路上驶过了灌木丛森林，有偶尔出现的露天购物中心，还有很多农场。最后经过了几个红绿灯，我们的车停在了 Titan 计算机公司（Titan Computing，化名）的门外。很难想象业内首屈一指的公司居然坐落在这个位置，它给人的感觉是精准，不拖泥带水，没有多余的东西。就连 Titan 的建筑大楼也显得非常高效——混凝土、钢筋和玻璃给人一种一丝不苟、井井有条的感觉，看上去就像一台运转良好的机器。只有建筑周围盛开的鲜花冲淡了几许严肃的氛围。

Titan 的主要业务是为成熟的大型机计算市场和基于客户机 / 服务器（C/S）技术的新兴市场提供系统解决方案。当今的大型机业务和未来的客户机 / 服务器业务将并存发展，在市场上具有同等重要的地位。

公司在进行重大转型或者模式转变的时候，成功的关键是在当前的业务和未来的业务之间保持有序平衡。对于 Titan 来说，这意味着既要经营好当前收入重要来源的大型主机业务，同时又要兼顾客户机／服务器业务，因为客户机／服务器业务将会是公司未来明显高速增长的业务。Titan 的高管们把这两项业务管理得异常出色，他们之所以获得这样的成功，至少在一定程度上是因为他们善于管理未来。这家公司的管理者对未来有着非凡的感知。他们通常能够很准确地预测出未来的发展趋势，有时甚至能作为领导者引领整个行业的发展。即使有的时候预测落空了，他们也会迅速做出反应迎头赶上。在这个过程中，他们彻底重塑了自己的业务。

规划公司的业务愿景而非行业愿景

Titan 的高管们对自己的业务有着清晰的愿景——"为全球企业提供完整业务解决方案的供应商"。自公司成立以来，他们就对自己的业务有着非常恒定的定位。在过去的 15 年里，尽管商业计算领域发生了巨大的变化，但是他们却始终坚持并贯彻这一战略愿景。

尽管 Titan 的高管们多年来秉持对业务的同一愿景，但是他们对市场发展趋势和前景的看法却在一直随着市场的变化而变化。Titan 的管理者们深知未来固有的不确定性因素，他们认为技术和市场会不断地发展和演化；他们也深深地懂得竞争的残酷性，竞争格局不会一成不变，各路玩家来了又走，更是兵家常事；他们还知道客户的需求和喜好也会随着时间的变化发生变化。因此，他们调整了作战策略，不管未来如何变化，他们并不会改变 Titan 的定位和战略愿景。一位高管向我们描述了这种公司定位和战略灵活性是如何融合为一体的："二者对于我们来讲同等重要并且两者相辅相成。从一方面来讲，我们心中有明确的目标，就像是我们手握地图，并且知道我们的目标是朝着某个方向前进。从另一方面来讲，市场上的机会风起云涌，但是这些机会并不在我们的地图中，需要我们对周遭时刻保持警惕和敏锐的观察力，一旦捕捉到绝佳并且适合我们的机会，就把它添加到我们的地图上并毫不犹豫地去实现它。"

采用各种各样低成本的试验探针来探索未来

在外界观察者看来，Titan 的高管们对未来市场趋势做出了一系列高风

险的猜测，而这些猜测恰好歪打正着。然而，现实情况却大相径庭。Titan
的管理团队依靠的正是一种明确的未来主义试验探索模式，并以此为基础建
立了他们的战略。这些试验探针的成本非常低，数量众多，而且种类繁多。

通过试验性的新产品来探索市场就是这种试验探索模式的一种具体方
式。Titan 的管理者们会定期推出新的试验性产品，观察并测试市场反应，
以这种方式来不断探索新的市场。试验产品的选择标准明显不同于传统项
目，传统项目一般是根据内部的最低预期回报率来评估的，而试验性产品最
核心的目的是洞察未来，研究和探索行业趋势和未来发展状况。因为这个目
标是洞察未来，所以试验性产品不仅有可能会失败，而且失败可能会经常发
生，甚至在 Titan 内部失败是更受欢迎的事情。因为管理者的共识是，"失败
的试验产品"能够给公司创造更多的学习机会。

试验性产品的选择依据有两方面的标准。第一个标准是潜在的市场规
模。考虑到 Titan 的规模，任何一项业务的持续发展（哪些客户会购买该产
品，为什么会购买）都需要有足够大的市场规模来支撑。对于 Titan 这样的
体量来讲，小市场确实不值得探索。第二个标准是成本要低。试验性的产品
必须通过有限的资源就能够做出来。正是这种小批量低成本的投入，才能保
证公司和员工能够持续地从这种"试验性产品"中不断地探索和学习。大的
投入往往意味着需要取得大的胜利，而这不仅违背了试验探索模式的初衷，
也可能给公司带来大的灾难。另外，低成本还意味着可以进行更多的试验。
举个例子来讲，在 Titan 内部，一个标准的开发项目需要 30 ～ 40 人，而试
验性产品的项目要限制在 5 ～ 8 人。

理解试验探针的机理

采用试验探索的战略方式，必须要理解试验探针的内在逻辑和运作机
理，因为试验探针是试验探索方法的核心。"探针"是另一种形式的突变。
它们的价值体现在以下四点上。

"试验探针"的第一点价值是它们是了解未来的有效途径。通过试验性
产品和战略联盟这样的"探针"形式，能够获取直观的亲身体验，并创造了

"在实践中学习"的机会，这种学习方式要比依靠他人传承的二手经验强大得多。尤其是试验性产品的失败或者对未来预测的失败所带来的"小损失"对于学习本身来说非常有效，因为这些失败能够牢牢地吸引住大家的注意力，而且还避免了由于麻木的心理状态可能给公司造成的"巨大损失"。因为不同来源和领域的知识之间可以形成互补作用，这就使得将多种类型的"试验探针"结合起来使用能够增强公司整体的学习效果。从一种类型获得的洞见可以有效地补充从另一种类型获得的洞见。例如，战略联盟有助于增强未来学家的预测准确性；再如，试验探针的成本越低、规模越小，公司就越能够承担得起更多的试验探针，这些各种各样低成本的探针可以创造出强大而快速的学习能力，帮助管理者更好地掌控未来。

试验探针的第二点价值是为未来提供了更多的可能性。在快速发展、竞争激烈的行业中，预测未来变得越来越不现实。考虑到这种不确定性，有更多的选项储备就显得尤为重要，因为它们可以为管理者提供更多的竞争砝码。而当未来真的到来时，管理者更有可能有所准备，并能根据实际情况灵活地进行调整。

试验探针的第三点价值在于可以有效地防御。各种各样的试验探针大大降低了被无法预料的未来打个措手不及的可能性。通过试验探针对市场的各个竞争角落进行探索，管理者更有可能发现潜在的威胁，比如新的竞争对手出现或者新的技术萌芽。采用多种类型的试验探针相当于为公司提供了多重保障。相反，如果仅仅依靠一种类型的探针或者少数几种探针，会使管理者在其他领域背部受敌。例如，如果管理者只关注现有客户的明确需求，就很容易让那些掌握新技术的后起之秀拥有可乘之机，日后非常有可能给公司带来致命的打击。

试验探针的第四点价值在于能够揭示出意料之外以及未知的东西。试验探针融入了随机性因素，容易让人耳目一新。毕竟，已经熟知的内容还有什么可研究的呢？反而是探针容易带来未知领域的惊喜，激发公司管理者和员工的创造性思维。从竞争的角度来看，探针之所以会带来惊喜，是因为探针往往可以打破现有的竞争僵局，从而改变"游戏规则"。这种试验探针的战略方式所带来的颠覆性创新，远远突破了办公室的桎梏，是管理者通过头脑风暴所无法企及的，远远超出了他们的想象。[6]

一位高管向我们介绍了 Titan 是如何利用试验探针来探寻新市场的（见表 5-2）。"我们把矛头对准了那些我们认为具有潜力的新市场，并试图通过试验性产品尽快获得市场和客户的反馈。当我们锚定一个市场区域，会首先确认那个领域是否有客户愿意使用我们的产品，然后我们会判断这个新市场的规模有多大，最后决定我们是否有必要为这个领域量身定做产品。"

表 5-2　Titan 公司的"试验探针"概览

种类	描述	时间周期	试验探针的度量标准
试验性产品	多币种汇兑产品	6 个月	测试客户的反响
	用以探索低端市场的" Titan Lite"产品	6 个月	增加市场渗透率
未来学家	由 4 位拥有博士学位的管理者担任每周每人至少拜访 10 位客户	1～3 年	
战略联盟	领先的 PC 软件公司	1 年	定性评估战略伙伴的技术领先优势
	最先进的计算机技术公司	1～4 年	
	系统集成商	1～2 年	
以未来为主题的战略会议	每月定期召开各业务线负责人和公司高管参会	6 个月至 5 年	

Titan 曾经推出过第一种类型的探针是针对全球金融服务的试验性产品。根据各国的法律要求，许多公司必须在其金融系统中使用多种货币，这就造成了大量广泛而复杂的计算需求。例如，Titan 在能源行业有一位客户，其内部所有的交易会同时涉及墨西哥比索、美元和英镑三种货币的汇兑。在这样的现状下，Titan 的高层嗅到了商机，他们认为如果 Titan 能够为这些公司提供一款高度集成可靠的多币种汇兑产品，将可能创造一个巨大的潜在市场，为公司带来可观的收益。因此，Titan 的管理者决定先用一个试验性的产品试水，这款产品只支持在少数几个金融应用程序上完全集成，并最多提供三种货币之间的汇兑。将项目的范围限制在三种货币内，并且只限于金融应用，不仅使得这款试验性产品能够以更低的成本、更快的速度上市，及早地获取市场的反馈；同时，这样的项目范围也足以让 Titan 的管理者进行初

步探索，及时捕捉到这个潜在市场可能的发展状况等关键信息。

Titan 还进一步探索了低端产品市场的发展潜力。特别值得一提的是，公司曾经推出过一款称为"Titan Lite"的试验性产品，它是开发人员创建的现有产品的精简版。如果从技术上来讲，这个精简版的设计非常简单粗暴，因为它实际上是现有产品功能的阉割版；如果从产品开发的角度来看，这个精简版只是一种蹩脚的组装，但是就是这种蹩脚的组装却达成了当初的目标——用快速低成本的方式探索低端产品市场的扩张潜力。Titan 的管理者非常认同试验探针的机理，他们对待失败泰然自若，随时做好了迎接失败的准备。正如一位管理者所预言的那样："我们很可能在这次试验中犯很多错误，因为我们对低端市场一无所知。"但是他们真正在乎的是能否从试验项目中学到知识并获取洞见，而非试验项目本身的成败。

Titan 的管理者押注的第二种类型的探针是未来学家。相比之下，试验性产品是用来深入探索目标市场或技术机会的，而未来学家则会为公司带来有关于未来竞争格局的更广泛、更长远的思考和洞见。在 Titan，有四位管理者担任公司的未来学家。尽管他们都担任了公司一部分业务运营的工作，但是他们的主要职责是研究未来趋势并设想可能的未来场景，并且确保 Titan 能够在这些不同的场景中生存下来。这些未来学家具备相关技术领域的高等学历，并与各自的研究团体保持着密切的联系。他们将自己的前沿技术知识与 Titan 所在的行业紧密融合，不断地挖掘更深入的市场洞见。他们还保持频繁的客户拜访，确保自己与消费者能够近距离接触，听到客户的真实想法，获取他们的潜在诉求。这四位未来学家平均每人每周拜访现有或者潜在客户的数量超过 10 个。

Titan 的管理者押注的第三种类型的探针是战略联盟。通常情况下，Titan 的管理者会力图与行业内最一流的公司结成战略伙伴关系，这些伙伴为 Titan 提供互补的产品和服务。同时双方的合作重点将聚焦在新市场和新产品的探索上。拿 Titan 与一家领先的 PC 软件公司的合作联盟来举例，尽管 Titan 自己也提供基于客户机/服务器业务的软件产品，并且可以在 PC 环境中运行，但是 Titan 规划的下一步举措是将其软件产品直接与桌面 PC

进行接口绑定。与 PC 软件公司的战略合作关系就可以直接达成这一目标，使 Titan 的客户机 / 服务器软件产品与合作伙伴的流行桌面软件之间建立了一个无缝接口。从短期来看，这种合作关系使 Titan 很容易进入管理者想要渗透的低端市场；从长远来看，Titan 的开发人员获得了宝贵的用户界面设计经验。

不仅如此，Titan 的管理者们偶尔也会更换战略合作伙伴，以确保双方的合作关系明确着眼于未来。例如，Titan 曾经与一家领先的磁盘驱动器制造商建立了密切的合作关系。但随着磁盘驱动器技术逐渐普及，磁盘驱动器成了众所周知的商品，Titan 解除了与这家公司的战略合作关系，转而替换为另外一家最先进的网络技术者。这是因为 Titan 的管理者们意识到磁盘驱动器技术不再是他们迈向未来的关键。相反，网络技术对于公司的一些互联网产品至关重要，所以他们果断更换了战略合作伙伴。

Titan 的管理者押注的第四种类型的探针是以未来为主题的战略会议。他们会定期（每月举行一次）安排以未来为主题的战略会议来探讨未来。这些月度会议提供了一个对未来形态进行综合思考的论坛，让四位未来学家和各业务线的管理者针对未来各抒己见，畅所欲言，并最终形成公司的战略共识。定期的日程安排也确保了战略会议不会因为紧迫的业务运营问题而被搁置。这些战略会议也作为一个平台，承载了未来学家的洞见、试验性产品的现状进展和探索性战略联盟的最新信息概况，使得公司的管理层能够更综合、更立体地审视未来，逐渐形成公司的战略发展方向，并为未来做出具体承诺和充足的准备。

对未来给予少量且持续的关注

令人感到惊讶的是，尽管 Titan 对未来的管理非常出色，但 Titan 的工作重点仍然是当下日常的业务运作——当下的产品和销售营收，而不是未来。对 Titan 的大多数管理者而言，有效执行当前的任务是最重要、最优先的工作。在这一点上，Titan 与 Pulsar 和 Nautilus 有一点类似。但是显著不同的是，Titan 从未忘记未来。虽然 Titan 的管理者们并不沉迷于未来，但他们一直在不断地思考着未来。诺基亚的一位高管人员曾这样描述过公司的未来发展目标，"我们已经不再把'战略规划'作为公司一年一度的大规模定期活动，我们正在努力使它成为每一位管理者日常活动的一部分"。[7] 这其实是 Titan 的管理者们的真实写照。他们达成这个目标的关键是，在业务的各个层面，管理者们会通过各种各样的试验探针进行持续不断的未来探索，而这种试验探索就像是"后台处理"一样一直在进行中，而不会由于"前台"业务运作的变化而中断。这也意味着，尽管 Titan 管理者们的重点是"前台"业务，但是"后台"也一直在孜孜不倦地工作，比如，试验性的新产品、探索性的战略联盟、未来学家的未来思考以及以未来为主题的战略会议，Titan 的管理者们就是在这些连续不断的"后台背景音"中实现了对未来的运筹帷幄。

业务影响

Titan 采取的试验性竞争战略带来的最直接影响，便是让公司的管理者能够更准确地预测未来将如何发展。特别值得我们关注的是，采用众多小规模、低成本的试验探针能够特别有效地培养员工的洞察力，这是因为当人们通过多个信息源（而不仅仅是一两个信息源）获取信息时，他们的学习效率最高。除了预测未来，这些试验探针还为未来的战略发展提供了多种可选方案，这样我们就不难理解，为什么很少会有哪些行业变化或者市场状况，让 Titan 的管理者们为之惊讶。例如，国际贸易规则变化的事件本来会对 Titan 的产品产生重大的影响，然而实际并没有，这是因为 Titan 的高管们在本消息"官宣"之前就已经得到确凿的信息，从而能够提前做好万全准备。最终的结果是，Titan 是市场上唯一一家能够在贸易规则变更实际生效之前对产品做必要的升级，并且把新产品按时交付给客户的企业业务解决方案提供商。而这所有的一切都归功于 Titan 与一家全球会计公司一直保持着战略联盟关系，才得以让 Titan 能够游刃有余地提前应对这种变化。

Titan 的各产品线令业界羡慕不已。公司的产品始终处于客户需求的前沿，长期稳定占据市场领导地位，很少会被其他竞争对手超越。更常见的情况是，该公司不仅在竞争中胜出，而且还引领着企业计算的发展方向。Titan 的一位竞争对手坦言道，"面对 Titan 这个劲敌，我们毫无招架之力"。

在我们与 Titan 的高管们进行访谈和探讨期间，该公司正在实施一项战略措施，即利用其在大型机计算领域的全球强势地位作为跳板，将其客户机 / 服务器业务模式在国际范围内进行扩张。现在我们也已经看到，Titan 果然成了客户机 / 服务器细分市场的全球领导者。有一家大型商业刊物这样评价，"Titan 已然立于行业之巅"。它究竟是如何做到的呢？最重要的原因是 Titan 对未来的成功管理。通过试验性竞争战略，Titan 最终完成了从传统领域向计算系统领域的华丽转身。而这种转型所带来的巨大回报是，Titan 成为全球发展最快的计算机公司之一。

关键信号

综上所述，Titan 的案例说明了试验性竞争战略有以下三个基本特征：

1. **简单而清晰的业务愿景。**Titan 的管理者们精心设计了一个清晰而恒定的企业愿景——"为全球企业提供完整业务解决方案的供应商"，但是他们对市场发展趋势和前景的看法却在一直随着市场的变化而变化。同时，Titan 的企业愿景也起着吸引和激励员工的重要作用。

2. **采用各种各样低成本的试验探针来探索未来。**Titan 的管理者既不会面面俱到地全方位规划未来，也不会手忙脚乱地被动响应当下。他们能够在二者之间保持一个很好的平衡，利用试验探针逐渐摸索并形成了公司的战略方向。这些试验探针涵盖了短期视角和长期规划，以及广泛的市场领域。

3. **对未来给予少量且持续的关注。**Titan 的管理者深知，在瞬息万变的市场中，需要对未来趋势和市场发展进行持续的研究和探索，但这并不意味着需要花费很多精力。尽管未来近在咫尺，但是当下日常的业务运作仍然是管理者们首要关注的焦点。

试验探针的选择规则

（1）开发大量不同类型的低成本试验探针，并覆盖不同的时间跨度。创建短期和长期的试验探针项目，并允许更多的试验探针能够从当下的业务中慢慢涌现出来。

（2）确保所选择的试验探针有失败的可能性，即使是很小的失败也很珍贵。因为与成功的经验相比，人们能够从小的失败中获取到更有价值的学习机会。

（3）选择试验探针项目的时候要特别注意，要特别挑选一些必须通过动手实施才能看衡量结果的项目。这是因为比起不切实际的想法，人们更容易从实际行动和具体的反馈中学到更多的东西。

（4）如果你所处的市场不确定性极高，那么就尝试增加试验探针的数量。

（5）如果你必须得采用一些规模较大的试验探针，那么要尽可能把这个大的探针拆分成一系列较小的任务项，确保从每个阶段中都能获得学习的机会。

（6）在最有潜力的未来方向上要加大探针的押注。

（7）不要忘记选择一些相对随机的试验探针。因为随机性最有可能揭示出意料之外以及未知的东西。尤其是在市场不确定的时候，这些随机的探针有可能会给你带来意外的惊喜，是非常有价值的尝试。

（8）以这些试验探针的洞察结果为基础，制定下一步的战略行动。

（9）不要总是在某一特定领域进行无休止地探索。在适当的探索之后，就要综合评判并果断决定接下来要采取哪种行动方案。

实施试验性的未来战略

回到本章开头我们提到的调研问卷。接下来让我们对前面所分析过的三个案例进行一一评价：Pulsar（用 P 表示，采用不切实际的未来战略），Nautilus（用 N 表示，采用缺乏远见的未来战略），Titan（用 T 表示，采用试验性的未来战略）。

企业的共同愿景是：

清晰的 //············//·······························//·/ 模糊的
　　　　　T　　　　　　P　　　　　　　　　　　　　　　　　　N

企业未来的成功是以行业中某一种特定的情景为前提的：

是 //···//·/ 否
　 P　　　　　　　　　　　　　　　　　　　N，T

我们走向未来的路径是：

主动计划 //···························//····················//·/ 被动响应
　　　　　P　　　　　　　　　　T　　　　　　　　　N

我们对未来行业趋势的关注是：

频繁地 //··//·/ 极少地
　　　T　　　　　　　　　　　　　　　　　　P，N

我们有几个有意义的试验性产品和面向未来的战略联盟策略：

是 //···//·/ 否
　 T　　　　　　　　　　　　　　　　　　　P，N

公司在业界被认为是：

行业领导者 /·//··························//·····················//·/市场追随者
　　　　　T　　　　　　　　　　P　　　　　　　　　　N

以上的评价结果，应该可以给你提供一些启发，重新审视你自己的企业是如何管理未来的。如果你的企业与 Pulsar 或 Nautilus 具有相似的情况，那么毋庸置疑你需要做出改变。一个好的起点是明确企业在未来扮演什么样的角色。在整个公司范围内进行头脑风暴，尽最大努力发散出各种可能性。头脑风暴是一个很好的方式，可以激发员工的活力，让他们广泛参与进来，并且可能让伟大的想法浮出水面。如果你的企业更接近于 Nautilus，你必须要想办法减少在预测行业未来发展方面所花费的精力和经费。可以沿着未来的发展轨迹进行一些适当的研究和探索，但要时刻牢记，你认为公司做出的最精确的预测都有可能与真实的未来相差极大。所以，没有必要花太多时间去预测你根本无法预测的东西。相反，塑造公司的业务战略愿景是一个可取的方式，一旦明确了公司定位，请务必在各种可能的行业发展状况下对其进行多方位测试。一个定位精准的战略愿景能够承受住未来的各种考验，并最终生存下来。

试验性的未来战略的核心是探索。最好的试验探针能给人带来惊喜，并揭示出意想不到的未来。从盘点公司现有的试验探针开始，根据它们的类型和时间跨度进行分类。虽然最有效的探索策略是把重点放在最有可能的市场领域上，但也应该尽量地保证该领域的多样化。同时，也应该确保试验探针项目的实施周期能够覆盖较长的时间跨度，从几个月的项目到几年的项目应该都有所涉猎。针对较长跨度的项目，可以采用默克公司的做法，把它划分成一系列短期的项目。如果在同一个时间周期内开展了太多的试验项目，就需要进行适当的调整和取舍，以保证试验的质量和效果。另外，还要确保采用不同类型的试验探针，因为各种类型的试验探针之间相互制衡才是试验性竞争战略的关键。例如，与新客户结成 10 个战略联盟但是却不准备一个试验性产品，就是一种很糟糕的探索模式。相反，你应该尝试与不同领域的佼佼者结成战略联盟关系，并让各种未来学家参与进来共同探索未来（哪怕他们并不是真正的未来学家），这就比上一种探索模式更可取，也更容易取得成效。此外，不要畏惧推出试验性的产品，你应该采取真正的选择视角来看待试验本身，更重要的是能否从试验性产品中学习到经验，探索到未来。还应该对试验探针的成果进行评估，可以通过度量指标来评估，另外我们也建议要适当考虑部分主观因素——试验探针的结果有没有让你感到惊讶，在多大程度上让你感觉到很震撼。

最后，评估并衡量一下你和你的同事为未来所花费的时间。如果你的公司更接近于 Pulsar，那么你可能在未来上花费了足够多的时间（也许远远超过必要的投入），那么你需要做的是缩减对未来的投入并分散在其他的事情上；如果你的公司更接近于 Nautilus，那么很有可能你无暇顾及未来，对未来一无所知，那么你需要做的是为未来多投入一些时间。不管是哪种情况，即使当下的业务运作工作让你不堪重负，都要确保每周能够挤出一部分时间用以研究和思考未来，找到与未来接轨的方式。

战略规划需要注意的事项

最后，让我们来谈谈这个有争议的问题——战略规划。Pulsar 的案例提供了一个教科书式的战略规划制定方式：分析行业发展趋势和竞争格局，选择战略方法，并围绕该战略制订具体的作战计划。这样的战略规划方式具有很多优势。首先，它具有极大的象征意义，对于 Pulsar 的员工而言，它就像是一个聚集点一样，把大家凝聚在一起，激发着员工的斗志和工作热情。在其他公司，这种传统的战略规划方式也是一种向债权人和股东展示公司经营能力的渠道，表明公司具有严格的记录制度和规范性，并且对未来规划有着缜密的推理和思考过程。所以，制定战略规划具有重要的象征价值。其次，战略规划能够有效地促进涉及多人的、复杂的、跨部门的协作工作。这是因为战略规划的内容，是组织分配下来的任务，其重要性不言而喻，自然会有一个资源路线图保驾护航。如果公司没有任何计划，员工就会乱打仗、打乱仗，导致局面失控。很显然，在 Pulsar，战略规划帮助管理者协调了一大批员工从事复杂的任务。在那些发展缓慢的行业中，战略规划甚至可以作为管理者驾驭未来的卓有成效的方式。

然而，Pulsar 的管理者们在制定战略规划时，犯了一个非常常见的错误。他们认为，有了战略规划，就足以胸有成竹地对付未来的各种状况。但是实际上，战略规划根本无法起到让管理者游刃有余应对未来的作用。战略规划本身其实是一种被动的方法，并没有积极地参与到未来的实时探索中去。尤其是当计划过于僵化时，甚至会对管理未来非常不利，就像在 Pulsar 遭遇的情况一样。Pulsar 的管理者们根本没有意识到，在高速发展的行业中，战略规划只能阶段性鼓舞员工士气并促进资源优先配置。除此之外，战略规划很难发挥其他更重要的作用，当然也无法指引管理者如何更好地洞察未来或是应对未来。

既然如此，Pulsar 的管理者们可以采取什么不同的做法，从而避免跌入

"不切实际"的陷阱中呢？他们本应该把战略规划当作一个粗略的路线图、预算指南和凝聚员工的黏合剂，而不应该把它当作一件穿在管理者身上的束缚衣，禁锢住了管理者的手脚，让他们无法适应真正的未来。更重要的是，Pulsar 的管理者们可以通过试验参与到对未来的探索中去，并根据这些从试验得到的洞察持续梳理战略方向并制定策略，以补充和调整他们原先的战略规划。

6

掌握节奏

一切都离不开节奏。你见过迈克尔·
乔丹的比赛节奏吗？就是那种感觉。

——马来西亚企业家郭鹤年

Competing on the Edge
Strategy as Structured Chaos

　　除了美味的海鲜盛宴、雄伟壮观的金门大桥和旖旎如画的风光，旧金山闻名于世的还有世界上最优秀的企业。在这些公司中，英特尔对全球经济的影响力首屈一指。这家世界上最重要的半导体公司坐落在旧金山以南的硅谷中心地带。这片土地几十年前还是果园，如今却成为美国科技公司的圣地。1987～1997年的十年间，英特尔给投资者带来了高达44%的年均回报率。更令人吃惊的是，英特尔的年收入相当于排名前十的个人电脑公司年收入之和。[1]

　　是什么成就了英特尔的辉煌？众所周知，英特尔拥有一批杰出的高管。包括公司创始人——微处理器的共同发明人戈登·摩尔（Gordon Moore）、战略和外部关系专家鲍勃·诺伊斯（Bob Noyce），他们之后是年轻的合伙人安迪·格鲁夫（Andy Grove），再到最近接班的前斯坦福大学教授克瑞格·贝瑞特（Craig Barrett）。一代又一代杰出的英特尔领导人不仅打造出了一家成功的企业，还打造了强势、高效的企业文化，包括"建设性对抗"和"双保险"责任制，还有那句为人津津乐道的口号："只有偏执狂才能生存。"

　　英特尔的运气也不错。20世纪80年代早期，英特尔和摩托罗拉（Motorola）以及国家半导体（National Semiconductor）的产品展开正面交锋，争夺新型微处理器计算机行业首选芯片的宝座。英特尔的重大突破来自为IBM设计芯片的机会。英特尔的芯片被IBM PC选中作为CPU，而IBM PC随后成为行业的架构标准。而其他竞争对手的产品都变成了历史。英特尔和同样幸运的微软联手制定了Wintel标准，掀起了PC产业的浪潮。

　　英特尔成功的背后还有鲜为人知的故事——这是一家极度遵守时间步调的公司。时间步调中的变化是随着时间的推进而周期性发生的，并不是对随时可能发生的事件的回应。任何公司的节奏或多或少都会受到事件的影响，因为谁也无法预见未来会发生什么。但只有少数公司的节奏由时间步调主导。然而，英特尔还有其他一些一流公司之所以能够不断超越并击败竞争对手同时建立起持续的竞争优势，是因为时间步调。时间步调是英特尔崛起和保持行业统治力的基础，这一点却往往被人们忽视。

　　摩尔定律是英特尔时间步调的核心。1975年，英特尔创始人戈登·摩尔预言，计算机微处理器芯片的运算能力每 18 个月就会翻一番。没有哪家公司像摩尔创办的英特尔这样看重这条定律，摩尔定律并不是科学推导出来的物理定律。而是被英特尔的工程师们用事实证明的商业法则。摩尔定律定下了源自公司内部的发展脉搏。遵循摩尔定律让英特尔有了一颗按照时间步调跳动的"心脏"。在摩尔定律提出 20 多年后，这颗"心脏"依然保持着原先的跳动节奏。

多年来，英特尔的管理者一直将摩尔定律贯彻得非常彻底，源源不断的新产品让竞争对手应接不暇。20 世纪 80 年代末，英特尔与潜在的竞争对手 AMD 以及 NEC 之间的较量是各大新闻媒体的头条。例如，AMD 质疑英特尔撤销 386 PC 许可证的行为；英特尔则起诉 NEC 侵犯版权，等等。英特尔的律师在前方频频出击，同时英特尔的工程师在后方的产品研发战场上暗暗发力。他们在摩尔定律的大框架里加入了时间更短的创新周期，加快了创新节奏，并定下了产品"中期升级版"的时间表。最终英特尔杀出重围。20 世纪 90 年代，在和摩托罗拉 PowerPC 处理器的竞争中，他们又用相同的策略再一次带动节奏，进一步扩大了领先优势。

最近，英特尔的管理者又找到了另一种节奏——晶圆厂建设的时间步调。英特尔大约每 9 个月就要建造一座全新的工厂（晶圆厂）。每座晶圆厂的投入高达 20 亿美元。为了让这些昂贵的晶圆厂满负荷运转，英特尔创造了另一种不同于摩尔定律的新的时间步调。首席执行官格鲁夫说："晶圆厂的建设比实际提前了两年，那时我们还不知道这些工厂会生产什么，也不确定行业一定会增长。"[2] 提升晶圆产能设定了英特尔内部的第二种变化节奏。为什么要提升晶圆产能？有了足够的晶圆产能，英特尔的产品才不会供不应求，也就不会给对手留下可乘之机。

英特尔管理者渐渐地开始将注意力转向如何与市场保持同步。毕竟，保持有节奏的执行只是一方面，和用户以及盟友保持同步也很重要。芯片产量太高或者技术过于超前都会影响公司的发展。正如格鲁夫所说，英特尔必须想办法"给微处理器创造用户和应用场景"，才能和外部节奏保持同步。英特尔的高管们在好莱坞频频现身，还与视频游戏公司打得火热，只要是计算能力有需求的地方就能看到他们的身影。与外部市场的节奏保持一致，还需要让提供配套的盟友（比如软件开发商）跟上公司的节奏。毕竟，没有软件支持，芯片就没有市场。因此，英特尔的重要盟友会提前对接新的平台，和英特尔的节奏以及产品推出的速度保持同步。英特尔也因此获得了非凡的财务表现，英特尔的财报数据如图 6-1 所示，同时列举了一些公司对时间步调运用的例子，如表 6-1 所示。

安迪·格鲁夫的哲学：
- 把握节奏比什么都重要
- 趁着势头还在时尽快行动
- 和接力赛一样，在正确的时间分毫不差地完成交接棒
- 傻站着一动不动最危险

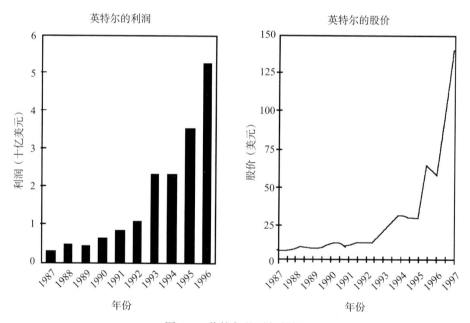

图 6-1　英特尔的财报数据

资料来源：Andrew Grove, *Only the Paranoid Survive* (NewYork: Doubleday, 1996) and David Kirkpatrick, "Intel's Amazing Profit Machine," Fortune, 17 February 1997.Reprinted with permission. ©1998 Time Inc.

表 6-1　时间步调

公司	时间步调的运用
英国航空	• "最多 5 年就要刷新品牌……我们这样做（重新推出欧洲公务舱服务）是因为我们想保持领先，继续获得高端用户的青睐。"——英国航空董事长科林·马歇尔（Sr. Colin Marshall）
艾默生电气	• "过去 3 年中，每年我们都要推出超过 100 种主要的新产品，这个速度比 20 世纪 90 年代初要快 70%。我们打算保持这个速度，总之，目标是将总销售额中新产品的占比提升到 35%。"
吉列	• 吉列 5 年销售额中全新产品必须占到 40% • 吉列涨价的节奏和菜篮子商品（包括报纸、糖果棒、可乐）涨价的节奏保持一致。吉列的价格绝对不会比菜篮子商品的价格涨得快
网景	• "互联网速度"的开创者 • "网景几乎定义了产品迭代速度。"——财捷集团（Intuit Inc.）首席执行官斯科特·库克（Scott D. Cook） • "网景迫使整个行业跟着提速。"——科亿尔（Corel Corporation）技术副总裁艾德·艾德（Eid E. Eid）
3M	• 最近 4 年内推出的产品的销售额必须占到 30%
英特尔	• 定义了计算机芯片的计算能力每 18 个月就翻一番的摩尔定律 • 每 9 个月就新建一座晶圆厂 • "晶圆厂的建设比实际提前了两年，那时我们还不知道这些工厂会生产什么，也不确定行业一定会增长"。——英特尔首席执行官安迪·格鲁夫

资料来源：Steven E.Prokesh, "Competing on Customer Service: An Interview with British Airways' Sir Colin Marshall," *Harvard Business Review* 73,no. 6 (1995):101–116;Emerson Electric Annual Report,1996,4;Robert D. Hoff, "Netspeed at Netscape," *Business Week*, 10 February 1997,79–86;and David Kirkpatrick,"Intel's Amazing Profit Machine," *Fortune*, 17 February 1997, 60–68.

　　有时候，英特尔的微处理器会冲到计算机系统其他部分的前面，其节奏可能会因此而被打乱。如果发生这种情况，英特尔往往会发展周边产品来搭建平台。1991 年的总线结构（计算机的输入 / 输出通道）和之后的网卡（将 PC 连接到网络的电路板）都是这样。拿网卡的例子来说，速度慢、价格贵的网络接入可能拖累高性能微处理器的销售。如果从同事那里或因特网上下载信息都需要很长时间，用户还有什么理由掏钱购买锦上添花的多媒体硬件呢？于是，1991 年英特尔进军网络适配器市场，这个市场当时几乎完全被 3Com 垄断。到了 20 世纪 90 年代中期，英特尔的市场份额已经扩大到了约三分之一。1997 年，英特尔大幅降低了网卡价格，降幅达到了 40%。对制造成本的控制给用户带来了实惠，刺激了用户对廉价、快速的 PC 网络接入的需求……也刺激了用户对英特尔微处理器的需求。

总的来说，英特尔的管理者成功地塑造了一家极度倚重时间步调的公司。这家公司跟着摩尔定律的节拍脉动，他们把摩尔定律和晶圆厂扩建的节奏诠释得淋漓尽致。英特尔的管理者不仅成功地编排设计了提升产能的转换过渡，还创造了按部就班的新产品序列，帮助盟友与客户保持同步。英特尔的愿景引领着整个行业，更重要的整个行业的节奏被英特尔牢牢地掌握着。

英特尔的发展历程充分地展示了时间步调的力量。时间步调能够创造出源源不断的竞争优势，但往往是业务成功背后被忽视的战略组成部分。尽管大多数企业永远也达不到英特尔的高度，但大企业也好，小公司也罢，它们都可以建立时间步调并从中受益。面对快速变化、不可预测的市场，时间步调可能是战略中最被低估、最鲜为人知的那个方面。

时间步调意味着按照计划的时间创建新产品、引进新服务、启动新业务以及进军新市场。比如，每 9 个月打造一种新产品、新服务带来 20% 的年销售额，在 3 个月内做出重大决策，或者每年启动一项新业务。时间步调就是按照既定的日程的期限来运作业务，形成节奏。时间步调就是要设定企业的变革速度——企业从过去发展到现在，再从现在发展到未来的速度。时间步调可以被看作企业内部的节拍器。

和时间步调不同，事件步调会根据竞争对手的行动、技术的变化或者新的客户需求等条件来推动演化。事件步调没有时间步调稳定，也没有节奏，通常是被动反应。未来无法预测，管理者总会在某种程度上响应事件，但时间步调才是建立持续竞争优势的关键。

时间步调迫使管理者一段时间就要从繁忙的业务中脱离出来，审时度势，进行必要的调整，然后再回到工作中。这种战略非常有效，和简单响应事件的管理者相比，找到时间步调的管理者反应更快，预判更准，而且能够更有效地带动行业变革的节奏。时间步调消除了大多数管理者裹足不前、行动迟缓、动力不足的倾向。

时间步调涉及两个容易被许多管理者忽视的管理概念（见图 6-2）。第一个概念是转换过渡。时间步调依赖于工程和制造之间、产品和产品之间、市场和市场之间以及业务和业务之间精心编排的转换过渡。如果转换过渡出现问题，英特尔管理者就无法预见到晶圆产能的提升，也无法平滑地切换一代又一代的微处理器设计。精心设计的转换过渡非常关键，事实上，这就已经可以帮助许多管理者建立优势了，即使他们还没有找到时间步调。

第二个概念是节奏。时间步调依赖于可以实际执行的节奏，这种节奏要能够和市场同步，能够扰乱竞争对手。节奏是时间步调的动力源泉。然而，如果节奏太快，管理者可能跟不上，也可能在市场上过于超前。例如，客户可能跟不上产品过于频繁的更新换代。如果节奏太慢，公司就会在行业慢一拍。另外，转换过渡的设计通常是随意的，而节奏在很大程度上取决于市场，因此更难掌握。

```
第一个概念：转换过渡
• 编排设计
第二个概念：节奏
• 建立节奏
• 保持节奏
• 微调节奏
```

图 6-2　时间步调的基础

时间步调的逻辑

时间步调之所以有效，原因有很多。它遏制了管理者们能不变就不变、能晚变就晚变的本能，同时迫使他们把手上的工作放下来，在采取下一步行动之前，评估成效，调整策略。在瞬息万变的市场中，这种定期对定位进行评估并调整的机会尤为关键。因为在这样的环境中，变化的需求总是很难预测，继续埋头苦干是不由自主的选择。定期的暂停也是修复问题的好时机。总之，定期暂停有助于确保对未来事件的预判。

有意思的是，时间步调也可以防止管理者变化得过于频繁。虽然惯性通常才是更大的问题，但是如果对快节奏市场中的每一次变化管理者都要去适应的话，实在是过于频繁了。例如，他们可能会在新市场还没有发展起来的时候就退出，在数据不充分的情况下仓促做出决定，或者在没有经过充分试验的情况下放弃一项有前景的技术。时间步调迫使他们至少坚持足够合理的时间。

此外，时间步调提醒管理者发现已有的节奏。与外部的自然节奏保持同步，充分发挥它们的协同优势来提升绩效。

最后，时间步调营造了一种紧迫感。将这种紧迫感与可以预测的时间间隔相结合，管理者就能找到节奏或者进入"流动"，他们能够集中精力，建立信心，并产生卓越的绩效。相反，事件步调是被动响应的，对危机的响应往往滞后，且动力不足。尽管交接的设计很重要，但具体细节通常是随意的。节奏是时间步调中更难掌握的要素，因为它既要和市场同步，也要和业务的内部能力同步。[3]

调查问卷

在继续本章之前，请花点时间回答以下关于节奏的问题：

新的产品概念或服务概念是否有节奏地被引入业务当中。

是否业务有明确的过渡程序，包括进入新产品或市场，整合收购，或增加到批量生产。

你的业务是否有一个常规工作与旧业务领域并无关联。

业务和关键客户以及关键供应商的节奏是否同步。

精心编排的转换

亚特兰大奥运会 4×100 接力冠军

1996 年 8 月 3 日，亚特兰大。在这个如同田纳西·威廉姆斯（Tennessee

Williams）剧作中描述那般的慵懒的南方夜晚，奥林匹克的历史被改写了。加拿大的多诺万·贝利（Donovan Bailey）和队友们创造了属于他们的奥运历史，他们在 4×100 米接力中击败了美国队。除了被取消资格以外，这是美国人第一次在奥运会上输掉这项比赛。赛前九块奥运会金牌得主卡尔·刘易斯（Carl Lewis）是否会成为美国队主力的流言甚嚣尘上，但加拿大人无视炒作夺得了金牌。美国不得不接受无法包揽全部四项接力赛冠军的结果。

就在比赛前几天，刘易斯登上了美国各大媒体的头条。在短跑运动员勒罗伊·伯勒尔（Leroy Burrell）因跟腱炎退出比赛后，谁会代替他参加 4×100 米接力的问题引起了激烈的争论。主要的竞争者是肯塔基大学的大学生蒂姆·哈登（Tim Harden）和经验丰富的职业选手卡尔·刘易斯。哈登的速度可能更快，但刘易斯的技术（比如交接棒）高超，而且国际大赛经验丰富。这是下肢速度和交接技巧的比拼。最后哈登得到了机会，但美国队却输掉了历史。媒体关于刘易斯是否能获得创造历史的十枚奥运金牌的争论刚刚结束，加拿大人就立刻以 0.36 秒的巨大优势轻松赢得了比赛。这样的差距在国际赛事中十分罕见。如果不是加拿大选手多诺万·贝利在终点线前就开始庆祝这一历史性的胜利，差距可能会更大。

美国队怎么了？田径迷都知道，接力赛的关键是交接棒。在国际赛事中，一次顺利的交接棒可以创造半秒到一秒的优势。这需要技巧，也需要在交接过程中评估交棒队员速度的判断力，而这种判断力是训练出来的。美国队往往没有足够的时间进行交接棒训练，许多田径比赛观察员认为这会影响他们的成绩。过去，美国队依靠速度更快的运动员来弥补。但面对天赋满满的加拿大队时，这种策略一败涂地。刘易斯的交接棒技巧能改变结果吗？

尽管美国短跑选手乔恩·德拉蒙德（Jon Drummond）一开始有些慢热，但他很快就恢复了状态，在第一棒顽强地咬住了加拿大的罗伯特·埃斯米（Robert Esmie）。埃斯米为了庆祝自己加入了 4×100 米接力队，剃光了头发，只留下了"Relay"的字样。可能是担心最近比赛中美国队糟糕的交接棒表现，又或是担心哈登经验不足，德拉蒙德变得犹豫不决，他放慢速度，小心翼翼地把接力棒交给了蒂姆·哈登。谨慎浪费了时间——这是交接棒环节出现的第一个问题。哈登在与德拉蒙德的交接中抓到了接力棒的中间。哈登意识到在下一次交接棒时第三棒迈克·马什（Mike Marsh）没有足够的空间抓住接力棒——这是交接棒环节出现的第二个问题。于是，哈登在加速到最快的时候，用右手调整了一下握在左手的接力棒。他成功地完成了这个困难的动作，但步伐却被打乱了——这是交接棒环节出现的第三个问题。加拿大的格伦罗伊·吉尔伯特（Glenroy Gilbert）抓住哈登减速的机会，在第二棒取得了领先。第三棒的美国选手马什在交接区起跑慢了，被后面的哈登撞上，交接完成得很勉强，再次浪费了美国人宝贵的时间——这是交接棒环节出现的第四个问题。接下来的第三棒，加拿大选手布鲁尼·苏林（Bruny Surin）似乎嗅到了胜利的味道，越跑越快，而马什落后得越来越多。当美国队最后一棒丹尼斯·米切尔（Dennis Mitchell）接过接力棒时，多诺万·贝利（刚获得100米奥运金牌，成为世界上跑得最快的人）已经领先他两步。米切尔没有任何机会，加拿大人获得了金牌。交接棒的规则如图6-3所示。

在长距离接力比赛中，交棒队员可能会感到疲劳，因此，接棒队员必须时刻注意速度的变化。接力运动员应该采用目视交接棒技术：

- 接棒队员观察交棒队员，计算他跑过来的速度
- 接棒队员开始以同样的速度起跑
- 接棒队员和交棒队员在交接棒的那一刻达到同样的速度
- 接棒队员负责将交棒队员递出的接力棒稳稳地接住

而在短距离接力比赛中，交棒队员不会那么疲惫。这种情况下，配合默契的团队可以采用不看人交接技术。当交棒队员经过预先设定好的位置时，接棒队员就开始助跑。几步加速之后，接棒队员向后伸手抓住交棒队员向前递出的接力棒。

如果参赛队伍过于谨慎，为了追求交接顺利在交接棒环节减速，他们就会输掉比赛。如果参赛队伍不计后果地加速导致掉棒或是交接棒队员撞在一起，他们也会输掉比赛。参赛队伍必须勤加练习，才能掌握适当的交接棒节奏。

"赢得比赛靠的不是终点前的全力冲刺，而是保持速度不要慢下来。"

图 6-3　交接棒的规则

资料来源：Mel Rosen, *Sports Illustrated Track: Championship Running* (NewYork:Harper & Row, 1986).

回顾整场比赛，美国队先是放弃了交接棒经验更丰富的刘易斯（此前美国队六次打破接力世界纪录他都担任最后一棒），然后比赛中前三棒队员在

交接棒环节中都犯下大错。相比之下，加拿大队在前一轮糟糕的比赛之后对交接棒进行了改进，在决赛中发挥得完美无瑕。如果刘易斯参赛，结果会发生改变吗？就算美国队表现完美，加拿大人也有可能获胜。虽然赛前美国队信誓旦旦地要击败加拿大队，但加拿大队信心爆棚，就像吉尔伯特说的那样："机会难得，我们只要努力再提升一点，就能在美国人的主场击败他们。"[4] 谁也说不准会发生什么，但是加拿大队快速流畅的交接棒和美国队磕磕绊绊的交接棒肯定是最重要的情节。

加拿大接力金牌的启示

加拿大在 4×100 米决赛中的胜利给我们提供了转换过渡的经验。

第一，转换过渡是获胜的重要因素。如果忽视交接棒过渡，参赛队伍就会失去位置、跌倒、落后，这是美国队的惨痛教训。相反，如果交接棒过渡得好，参赛队伍就会产生紧迫感和动力。加拿大的布鲁尼·苏林在第三棒超常发挥的速度正是源于这种紧迫感和动力。

第二，转换过渡常常被遗忘，很少得到练习。从事休闲项目的运动员特别容易忽视转换过渡。以高尔夫球为例，大多数球手会重视长距离（发球）和短距离（推球）的练习，但就是很少练习最重要的转换（切球）。然而，对于社交型的球手来说，球道和果岭之间的过渡恰恰是杆数上涨的地方。同样的情况出现在网球运动中，俱乐部球员倾向于练习底线技术（即落地球和发球）和网前技术（即截击和过顶扣杀）。介于两者之间关键的过渡球技术（近距离击球）却往往被忽视，而这也是比赛中最难掌握的击球之一。在需要攻防转换的运动中也是如此，比如美式足球。转换过渡可能朴实无华，却是胜利的基础。

第三，转换过渡需要精心编排。转换过渡通常是一项运动中最复杂的环节，这一点从其中必须完成的活动和参与的人数就可以看出来。因此，转换过渡发生的期间非常脆弱，特别容易出现沟通错误并造成组织性崩溃。而且，许多运动中转换过渡发生的频率比其他活动更低，积累过渡经验的机会也就更少了。

　　第四，尽管转换过渡需要编排设计，但编排的具体细节通常不是固定的。转换过渡中涉及的步骤不尽相同，数量也不定。比如，田径接力中就有几种不同的交接棒方式。关键是每个运动员都清楚并理解过渡的步骤，而且和团队一起勤加练习。

　　一级方程式赛车（F1）的进站就是一个精心编排的转换过渡的例子。1993 年的比利时大奖赛上，贝纳通车队维修站车组创造了 3.2 秒的 F1 进站世界纪录⊖。担任贝纳通车组技师的史蒂夫·马歇特（Steve Matchett）表示，要做到完美的进站，每一秒都非常关键，一次完美的进站相当于一到两次甚至三次超车。车手雅克·维伦纽夫（Jacques Villeneuve）应该不会有异议，因为在 1996 年的比利时分站赛上，正是一次糟糕的进站让他与总冠军失之交臂。贝纳通车组是如何设计进站程序的呢？马歇特透露，周日比赛开始前的那个周四，车组会确定比赛日当天设备精确的摆放位置。他们还会一丝不苟地标记四个轮胎停在维修站车道的准确位置。赛车停下的位置哪怕只偏离两英寸，也会浪费不少时间。即使偏差再小，技师们也得重新找到自己的位置和设备。车组设计了精确的加油和换胎程序。他们标记好位置并仔细检查快速千斤顶和气动扳手这些设备的情况。在赛程周末，车组会对精心设计的进站流程进行实地演练，他们要反复练习差不多 35 次。不断地练习精心设计的转换程序和团队合作是持续做到快速进站的关键。最终，贝纳通车队的进站速度快如闪电，在大奖赛中给车手带来了明显的优势。

4×100 米接力和英特尔的 X86 芯片

　　比赛场上，田径还有其他运动项目的转换过渡和商业有什么关系？其实和体育运动一样，商业领域也存在着关键的转换过渡——设计和制造之间、产品和产品之间、业务和业务之间、市场和市场之间。然而，和体育运动中的转换过渡一样，尽管这些转换过渡很重要而且高度复杂，但很少能被管理好、处理好。商业中的有效转换过渡的关键也和体育运动一样，那就是编排

⊖　目前 F1 的进站时间纪录是 2019 年 11 月 21 日红牛车队创造的 1.82 秒。

设计。尽管编排设计的细节没什么规律，但是在变化快速又无法预测的市场中，精心设计的转换过渡可以为公司带来不一样的效率。

生产消费品的超级明星吉列就是转换过渡执行得很好的例子。20 世纪90 年代，吉列的年均收入增长速度超过了 15%。这家总部位于波士顿的公司财务表现堪称典范，稳定的产品研发能力也同样享誉世界。吉列成功的关键是公司管理者采取了严格的方法来执行转换过渡。在首席执行官阿尔弗雷德·泽恩（Alfred Zeien）的领导下，吉列的战略核心是保持产品流水线全力运转。为此，产品之间的转换过渡拥有细致成文的规范，只有当下一个大项目的模型准备好进行测试时，现有的原型才会被批准生产。泽恩效法制药公司的过渡模式："十年前的产品还在创造效益，新产品就被不断地推出，与此同时未来的产品已经开始了测试。"《财富》这样评价吉列模式："这种模式听起来可能并不复杂，但执行起来需要非凡的纪律性。"[5]

相反，缺乏精心设计的过渡可能是一场灾难。例如，视频租赁行业的领导者百视达（Blockbuster）就在 1997 年栽了大跟头，其中一部分原因就在于对配送系统过渡的管理不当。分析师这样描述他们的错误："百视达和负责门店录像带配送的东得克萨斯配送公司（East Texas Distribution）一刀两断。百视达决定自己配送，因为减少中间环节可以节约成本。但这时新的中央配送设施却还没有建好。"[6]

另一个在转换过渡上栽跟头的是美国在线。该公司的管理者还在用老套的突击促销来刺激客户数量增长，这种方法效果已经不明显了，而美国电话电报公司（AT&T）和网通（Netcom）等竞争对手的定价早已从按小时计费转向固定计费，这种方法更容易吸引新客户。美国在线的管理者也跟着转变了方式，这种转变与美国在线成为互联网广播公司的长期愿景是一致的。但是，这种转换过渡的结果却是灾难性的。改变计费方式带来的客户签约数量远超美国在线的预期，而美国在线的基础设施却没有办法支持这么大的需求量。容量不足打破了美国在线通过广告来增加收入的希望，至少短期内很难有起色。尽管美国在线的管理者专注于今天的商业模式以及未来的方向，却没有处理好两者之间的转换过渡。

过渡井井有条的 Zeus

Zeus（化名）是一家主要的软件制造商，它将转换过渡管理得非常出色。Zeus 是设计出强大的产品，然后借助这些产品迅速进入市场，最终占领市场份额，这是套装软件行业成功玩家的套路。在这些赢者通吃的竞争中，"轰动"的产品是战略的关键，而 Zeus 拥有很多轰动的产品。

与其说 Zeus 拥有的是"创意"环境，不如说它拥有的是"产品"环境。每个 Zeus 人都喜欢"锦上添花"，但与大多数科技公司不同，他们更喜欢的是客户觉得有用的"锦上添花"。最好的设计是能够给客户带来他们真正需要的，更新、更快、更好的东西。最好的产品总是在合适的时间以合适的价格进入市场。Zeus 的管理者和工程师始终将业务战略的核心铭记于心，那就是不断地开发出适合的产品，一次又一次地把它们推向市场。

重视

Zeus 的管理者拥有一些其他管理者都不具备的特质，其中有一点就是他们坚信管理过渡的作用。这一点看起来简单，做起来难。最开始的时候，他们专注于构造产品研发中的过渡结构……产品和产品之间的过渡。随着 Zeus 产品研发组合渐渐丰富，管理者们会不定期地对过渡流程进行调整满足数量不断增长的产品的需要。后来，当我们调研其业务的时候，管理者正在为进入新市场打造正式的过渡流程。

编排

4×100 米接力向我们展示了，编排设计是田径赛场上有效过渡的关键要素之一。顶尖队伍的交接棒程序清晰明确，并且经过反复练习。队员们知道应该采用下压式交棒还是上挑式交棒，应该看着交棒队员还是不看交棒队员。他们事先就计算好了接棒队员的摆臂次数，还有交棒队员手持接力棒的时间。尽管每支队伍的交接棒细节不尽相同，但任何队伍都会精心地设计交接棒程序。Zeus 的转换过渡也是这样。

项目级的过渡就经过精心的编排设计。过渡的流程按照精心编排的周期执行。Zeus 的管理者将产品开发分成三个月的概念开发阶段和九个月的执行阶段。上一个核心产品的开发接近尾声时，开发团队中的少数关键设计师和营销人员（组成"先遣队"）就会将工作重心转移到下一代产品的概念开发上。同时，开发团队的其他成员将会继续完成该核心产品项目，他们会根据技术专长陆续从项目中释放出来。

当先遣队致力于构建下一代产品的概念时，团队其他成员被分散投入到各个实验性项目中，为期三个月。团队成员分配到的这些项目可能会涉及新技术，也可能属于新兴的市场领域或是天马行空的"蓝天"项目。工程师们和项目会迅速匹配，这个过程会考虑他们的兴趣和技能，但也会刻意加入随机性。三个月的窗口期开始前就要完成匹配，这样团队就可以快速启动。

这三个月里大家都像打了鸡血似的。好几位经理表示，大家在实验产品开发上的工作时间不比在核心产品开发上的少。一个原因是窗口期时间只有那么长，另一个重要的原因是开发人员对前沿技术的浓厚兴趣。而且，项目的规模都不大，每个人承担的责任要比平时多，团队合作意识也更强。这些项目还让大家暂时松口气，脱离了长达九个月的核心产品开发周期。在这三个月里，由关键技术专家和营销专家组成的"先遣队"将建立下一代核心产品的整体产品概念。当这三个月的窗口期结束后，工程师们又会根据各自的技术专长回归核心产品开发。这样交替进行，循环往复。

Zeus 管理者还成功地管理了新市场的过渡。尽管他们不会像对待新产品那样精心策划新市场的过渡，但他们有一个粗放的办法，核心就是打造不同以往的新产品类别。Zeus 的管理者采用的正是第 5 章介绍的试验探针方法。他们评估现有产品中实验性功能的技术成效和市场成效，结合来自少数精选出来的客户和战略联盟合作伙伴的见解，再提出产品类别的新思路。未来学家的建议也在他们考虑的范围内。他们挑选出前景看好的新产品类别，依据的标准包括潜在市场规模、竞争可能性以及技术可行性。但是首要的原则是，新产品类别必须吸引大量的存量客户。Zeus 的思路是，在探针试验中找到新的产品类别，在技术和功能上进行创新，但先从存量客户的销售切入新市场，然后再扩展新客户。

过渡毫无章法的 Callisto

许多企业的管理者忽视了转换过渡，这和 Zeus 形成了鲜明的对照。他们对现存业务和未来业务都非常上心，但很少主动去管理它们之间的过渡。Callisto（化名）就是这样。

Callisto 是 Jupiter 庞大的业务网络中的一部分。在 Callisto 所处的寡头垄断的市场上，它面临着与另外三家强势企业的激烈竞争。因此，Callisto 全力以赴才能勉强跟得上业务的发展。产品线上一代接一代产品的创新压力让他们应接不暇。但是有点看不明白的是，Callisto 的管理者并没有给予项目之间的过渡以足够的重视。

缺少过渡意识

Callisto 管理者和许多管理者一样，他们根本没有意识到过渡是可以管理的。来自当前市场和当前产品的需求已经让他们焦头烂额。他们偶尔也会想想未来，但从未想过把每一代产品之间的过渡编排好，也从未想过更高层次的商业机会之间的转换。他们把全部精力都花在当前的业务上，到了产品更迭的时候就变得手忙脚乱。在新的竞争领域，他们在战略举措规划上的投入就更少了。

杂乱无章的过程

由于没人真正地意识到过渡需要管理，Callisto 在新产品和新市场的转换上毫无章法可言。尽管能将项目组织得不错，但 Callisto 的管理者并没有好好设计产品之间的过渡流程。的确，项目上的投入已捉襟见肘，但管理者还是会在项目间隔期停下来，思考下一步的行动。这期间其他人只能无所事事地等待。开发人员结掉手上的项目后，紧绷的神经终于放松下来。他们和同事们打成一片，聊些有的没的。有人告诉我们，这种体验就像"咖啡时间，等待项目的人聚在一起聊聊天，等待着接下来的工作安排"。

Callisto 的管理者也忽视了新市场的过渡。Callisto 研发部门会尝试新的技术，然而，Callisto 的管理者并没有制定流程将这些前瞻性的活动转化成实际的新业务。研发人员和主营业务人员之间几乎没有个人联系，管理者想要应对新的市场机会只能仓促地东拼西凑。这些投入有时能收到成效，有时打了水漂。每一次过渡都是一次独一无二的历险。

在 Genesis（化名）这个实验性质的研发产品上，就发生了这样混沌的过渡过程。Genesis 本可以成为新业务的基础。前期的市场试用表明，该项目已经具备条件，可以从实验状态转化为 Callisto 核心业务的一部分。然而，Genesis 却被 Callisto 束之高阁，理由是找不到人来管理这个机会。短短几个月后，竞争对手成功地靠着类似 Genesis 的产品开辟了新业务。我们离开 Callisto 的时候，管理者正为如何应对竞争对手焦头烂额。那些曾经为 Genesis 付出心血的人十分沮丧和不解，他们曾经看好的业务发展得如火如荼……却和自己没什么关系，大杀四方的是竞争对手的产品。一位经理感叹道："更结构化的方法将迫使我们按照原有的方式增加员工，事实上，它可能正在被时代抛弃。"

掌握节奏

精心编排的转换过渡是时间步调的第一个要素，节奏是另一个。编排好的转换过渡会按照时间间隔的规律不断重复，而节奏就在重复的节拍中浮现出来。节奏给时间步调注入了能量，带来了专注、自信以及源源不断的紧迫感，而这是一种能够推动变革的紧迫感。我们用另一项体育运动来展示节奏的力量。

格拉芙和桑切斯的网坛对决

在很多网球迷看来，温网（温布尔登网球锦标赛）电视转播是绝对不能错过的。但是有多少次你（或者看球赛的朋友）只是走开了一小会儿，回来后却发现比赛风云突变？刚刚还是鲍里斯·贝克尔（Boris Becker）打得皮特·桑普拉斯（Pete Sampras）毫无还手之力，转眼之间桑普拉斯就占据了上风。离开前，莫妮卡·塞莱斯（Monica Seles）刚拿下第一盘，回来却发现玛蒂娜·辛吉斯（Martina Hingis）领先了。发生了什么？显然，当你拿着草莓和奶油回来时，比赛的控制权已经转移了。更确切地说，是一位选手让另一位选手进入了自己的节奏。事实上，大多数顶尖的网球运动员都拥有自己的节奏：他们找到最合适的节奏，通过练习掌握它，并利用它压制对手赢得胜利。按照固定的时间间隔重复执行一组特定的动作就会产生节奏。控制节奏可以让运动员进入专注和自信的"境界"，提升表现并建立对比赛的统治力。

我们来对比一下施特菲·格拉芙（Steffi Graf）和阿兰特查·桑切斯·维卡里奥（Arantxa Sanchez-Vicario）两位运动员。拥有 20 多个大满贯头衔的格拉芙是网球历史上最重要的选手之一，也是德国最伟大的女子网球冠军。桑切斯则是公开赛时代首位登上世界排名第一的西班牙网球选手（包括男子选手和女子选手）。这两位女子网球运动员都是最成功的网球冠军，但有着截然不同的节奏。

格拉芙的节奏如同疾风骤雨一般。她喜欢快速，直来直去，一锤定音。她从来不会耗尽自己的发球时间，上分也非常快。她不会因为过去的分数得失而犹豫。快速拿下每一分、每一局是她的风格。格拉芙喜欢获得领先后一路保持到比赛结束。如果她能一气呵成地拿下比赛，她会非常开心。格拉芙的比赛淋漓尽致地体现了她喜欢的节奏。她的发球和截击正处在巅峰状态。她靠着强有力的发球迅速拿下发球局，而在接发球时，有力的回球让她的反击迅速果断。她的强项是大力的制胜球，特别是致命的正拍进攻，可以让她迅速得分拿下比赛。

桑切斯喜欢的是另一种完全不同的节奏。她享受比赛中的每一刻，沉浸在自己的表现中。她喜欢取悦观众，打出好球时她会热情地庆祝，在非受迫性失误后，她也会低声喃喃自语。桑切斯擅长拉锯战。她喜欢战斗。当她斗志昂扬时，她就会进入自己的节奏。桑切斯的比赛也体现了她喜欢的节奏。胶着的拉锯战会激发出她的最佳状态。她的底线球极具穿透力，让对手难以招架。她会在长时间的僵持局中一点点建立起优势。她最出名的是真真假假的扣杀。她韧性惊人，满场飞奔，每球必争，直到对手精疲力竭。

当这两位选手相遇时，比赛就变成了对节奏控制权的争夺。两人都设法迫使对手进入自己的比赛节奏。谁能成功地掌控比赛节奏，谁就能拿到更多的分数和局数。得分胶着拉锯时，桑切斯比格拉芙更有可能掌控节奏，迅速干脆的得分则是对格拉芙有利的节奏。

1995 年温网决赛的经典对决中，桑切斯以 6∶4 的比分拿下第一盘。格拉芙在第二盘摆脱了桑切斯的控制，重新掌握了比赛节奏，只用了 7 局就拿下了这一盘。第三盘双方陷入了僵局。桑切斯充分地利用了局间和盘间休息，还有每一分之间的时间间隔来放慢节奏。而在对峙中，她使出浑身解数努力将每一分都变成漫长的拉锯。格拉芙则试图通过发球和正手制胜球快刀斩乱麻。第三盘双方你来我往，难解难分，谁都无法压倒对方。最终格拉芙以 7∶6 的比分险胜。

格拉芙和桑切斯这样的顶级网球选手坚持自己习惯的节奏，但她们也会根据场地和对手进行调整。球速最快的温网草皮和球速最慢的法网红土代表着网球场地的两个极端。如果格拉芙参加的是法网，她会改变正常的节奏去适应更慢的比赛速度。同样，如果桑切斯参加温网，她会调整自己的节奏去适应更快的比赛速度。有时，她本可以正常地发球或者回一个底线球，但她会突然加速改变节奏，更多地发球或是更多地截击。通常她会在底线把对手折磨得筋疲力尽，然后用巧妙的扣杀和致命的吊球结束比赛。而在草地上，她会更多地上网，并用角度刁钻的网前扣杀快速终结比赛。

温网的启示

格拉芙和桑切斯的对比说明了和节奏有关的几条关键经验。

首先，找到节奏非常重要。节奏让网球运动员进入一种"境界"：自信、专注，拥有着超强的掌控力，这一切让她们统治了比赛。节奏能让运动员找到最适合自己的打球方式，牵着对手的鼻子走。

其次，保持节奏需要自律和专注。伟大的冠军选手会坚守自己的节奏，甚至还要随着比赛进行不断地加强对节奏的控制。当对手开始掌控节奏时，她们会加竭尽全力保持住自己的节奏。普通水平的运动员在遇到这样的状况时，注意力往往会下降，节奏会被打乱，最后会输掉比赛。

最后，顶尖的网球选手虽然有自己喜欢的节奏，但她们会有策略地调整节奏来适应各种不同的情况。例如，应对温网的草地时采用的可能是一种节奏，而应对澳网的高温时采用的可能是另一种节奏。有时她们也会出奇制胜，改变自己的速度和节奏来扰乱对手。她们认为节奏是一种需要灵活调整的战略武器。

网球冠军和业务

网球和管理有什么联系？首先，和网球运动员一样，管理者也能找到适合自己的节奏。按照固定的时间周期，执行诸如产品发布或者新市场开发这样的活动，就能够形成业务的节奏。如果组织发生变化的模式是有节奏的，那么人们就会调整自己的活动和投入来适应组织变化的节拍。虽然变化的速度可能会很快，但节奏可以带来可预测性，这能让人们感受到掌控力，让他们更加专注和自信，激发出更好的表现。就像顶尖的网球运动员、雪上技巧运动员和越野跑运动员一样，他们可以进入"行云流水"般的节奏（一种所谓的"境界"），增强紧迫感，进而提高竞技水平。其次，管理者需要像网球运动员那样自律来保持节奏。当取得一定成绩或是市场发展超出预期时，管理者可能会失去专注度和节奏，一旦松懈就很难再紧张起来。最后，就像伟大的网球运动员一样，管理者有时候会有意识地调整自己的节奏以适应变化，比如客户需求节奏的变化（牵引）；有时候也会有策略地改变节奏以获得竞争优势。

3M 公司就是一家把节奏运用得炉火纯青的公司，它生产的商品和消费品琳琅满目。和英特尔一样，3M 公司也遵循着由内而生的节奏。决定节奏的是整个公司从上至下都要恪守的金科玉律：新产品的销售额要占到一定的比例。多年以来，他们一直坚持最近四年推出的新产品销售额占比必须达到25%。20 世纪 90 年代中期，3M 公司公司将这一比例提高到了 30%，加快了步伐，这给创新和变革带来了源源不断的紧迫感。

牵引

牵引是生物学上的概念，它指的是有节奏的过程之间存在着的联系。因为这种联系，有节奏的过程往往会趋于同步。例如，人体节律往往趋于和昼夜周期同步。这也是为什么有些人到达旅行的目的地后，需要立即调整适应目的地的昼夜时间表来倒时差。企业的内部流程同样可能由外部节奏来牵引，这些节奏来自自然季节、客户需求或贸易展会。

与 3M 相反，强大的摩托罗拉虽然找到了节奏，却没有坚持下来。这家高科技公司主要因半导体和移动通信（如移动电话、寻呼机、调制解调器和双向对讲机）而闻名，20 世纪 90 年代初的平均收入增长率超过了 25%。然后摩托罗拉的增长引擎就熄火了，其中部分原因就是摩托罗拉的管理者被节奏搞得磕磕绊绊。正如一位分析师所言，"核心业务萎缩得比想象得要快，而新产品却没有跟上"。[7]一些关键业务（比如移动电话）的市场吸引力在下降。摩托罗拉管理层的反应速度跟不上价格下跌、需求放缓的速度。与此同时，被看好的新投资（比如有线调制解调器）离盈利还有很长的路要走。结果便是：摩托罗拉增长乏力。

掌握了节奏的 Zeus

我们进一步深入本章前面介绍过的 Zeus，来看看节奏管理的细节（见表 6-2）。Zeus 对节奏的管理和过渡流程一样，也是围绕着产品展开。每条产品线每 12 个月就要推出新一代的核心产品。Zeus 的工程师们像时钟一样精确地推出一代又一代产品。他们从来不会破坏节奏。工程总监告诉我们，"我们每年都要开发一条新产品线，雷打不动"。营销副总裁描述道，"产品生命周期的目标是四个季度，然后更新换代"。在 Zeus 所处的行业里，"功能和时间"之间的权衡屡见不鲜。Zeus 的管理者可能会放弃一些功能，但他们绝不会打乱时间计划。

表 6-2　Zeus 的时间步调

流程	节奏	精心设计的转换过渡
核心产品开发	每 9 个月为一个产品周期	专家建立产品规格 其他人参与实验项目，并在产品开发启动时加入 开发人员按专长退出项目
实验性研发	主要产品之间的 3 个月窗口为一个周期 为每年的贸易展设计原型	开发人员几乎是随机分配到各个项目，而专家负责建立核心产品的规格
进入新市场	每年开辟一个新市场	针对新市场，评估探针试验结果，从存量客户切入，再拓展新客户

　　除了主要产品的 12 个月的换代节奏，Zeus 的管理者还找到了进入新的重大产品类别的固定时间间隔，形成了另一种节奏。在这个新的业务层次上，Zeus 的管理者会推动组织每年引入一种全新的产品类别。他们把这种节奏与精心编排的过渡流程结合起来，尝试多种可能的选项，选择最优的方案，然后从存量用户切入。编排和节奏的结合让 Zeus 的管理者能够源源不断地开拓新的业务。

　　顶尖运动员都明白保持节奏需要严格自律。然而，管理者往往因为禁不住"再加一个产品特性"的诱惑而打破节奏。尽管 Zeus 的管理者思想上意识到了自律的必要性，但痛苦的经验教训才能让他们真正地体会到自律的价值。

　　有一次，Zeus 的竞争对手出人意料地推出了一款强劲的产品，而这时Zeus 核心产品 12 个月的开发周期刚好进行了一半。管理者并没有即兴地改变进行当中的产品设计，而是决定增加一款临时产品 Echo（化名）。这个决定导致开发计划中插入了一个新产品，而且 Zeus 的管理者需要把主要项目上的人力挪用一部分到这个临时项目上。下一代核心产品的发布一定会延期，但这只是实际影响的冰山一角。

　　在开发计划中插入临时产品，显然会推迟核心产品的发布，但这只是实际影响的一部分。首先，临时产品和核心产品功能重叠，这让销售人员和客户都很困惑。两款产品最终都没有达到预期的销量。一位经理说："最后，客户还是分不清两个产品。这样是卖不出去的。"其次，核心产品的延期发布产生了连锁反应，实验项目因此受到了影响。管理者并没有推迟下一代核心产品的启动时间，而是缩短了实验项目的时间窗口。这一变化影响了 Zeus 对未来的探索，导致他们最终错过了一个实验周期。最后，项目过渡期间的工程师分配十分混乱。有的被分配到核心产品，有的人被分配到 Echo，也有的人同时被分配到了两个产品上。下一代核心产品项目的启动被迫推迟，因为团队中部分人在等待剩余人员到位，而经理们则在梳理这种混乱的局面。Zeus 的经理们对天发誓再也不会随意调整节奏了。

虽然 Echo 项目的节奏切换出现了问题，但这并不是说 Zeus 的管理者完全没办法调整节奏。事实上，Zeus 的管理者会时不时地根据市场和竞争对手的发展来调整节奏和速度，也会伺机改变节奏获得竞争中的战略优势。就在我们对 Zeus 进行调研的前一年，Zeus 的高管们将发布周期从 15 个月大幅压缩到 12 个月，显著地加快了成熟产品的换代节奏。高管们希望通过加快节奏带动整个行业提速。他们对自己快人一步的执行速度和客户的积极响应充满信心。事实证明他们的判断是正确的。Zeus 的管理者利用节奏的变化带动了整个市场的速度，就像格拉芙和桑切斯在网球场上所做的那样。

跟不上节拍的 Callisto

和 Zeus 不同，Callisto 的管理者并不关注节奏。他们运营业务靠的不是固定的时间节奏，而是对事件的响应。就拿 Callisto 的产品开发和 Zeus 的产品开发来作比较。在 Callisto，开发项目的结束时间是不可预知的。项目计划的时间长度不同，而且需要经常调整，比如添加新特性就要延长项目时间；项目有可能提前结束，但远超预期时间的情况更为常见；项目间歇期所谓的咖啡时间加剧了混沌，组织的动力被消耗殆尽。Callisto 的管理者没有时间步调，他们随着事件的变化而变化。竞争对手推出新产品，他们响应。开发部门完成一个项目，他们响应，把这个项目推向市场。新商机出现，他们尽量去响应。Callisto 一直找不到节奏，也从未进入所谓的"境界"。

一年一度的公司规划是我们在 Callisto 发现的唯一的有节奏的过程。每年，Callisto 的经理们都会制订一份商业计划，并送往公司总部。其流程是将各个职能的年度计划（例如市场营销、工程、财务）"汇总"成一份完整的商业计划。这份计划还包括竞争全景调查、主要的资源分配情况以及对特定成果基线的承诺。

对 Jupiter 那些发展缓慢的业务（比如高性能计算）来说，一年一度的计划周期就足够了。严格的年度规划流程确实难以在中期进行调整。但通常这些业务的市场和技术变化得很慢，一年一次的转换过渡足以应对。但这个流程对 Callisto 来说就不那么有效了。在 Callisto 所处的细分行业，年度计划的节奏太慢是大家的共识。计划赶不上变化，一年一度的流程没什么价值。Callisto 的管理者最后只能靠拍脑袋来制订时间跨度这么大的计划，还不得不从业务中抽出时间来干这件没什么意义的事情。

时间步调的影响

以时间定调的 Zeus

结合过渡编排和节奏的时间步调对 Zeus 有着重要的战略意义。

首先，它明确了未来战略与当前业务的联系。而其他许多公司的管理者会将两者分开对待。

其次，涉及大量人员和资源的过渡过程极其复杂且容易出错，而编排和节奏能够有效地梳理这些过程。F1 比赛中，精心编排的进站程序可以让车手迅速重返赛道；而在 Zeus，精心编排的过渡流程也可以让人们回到他们的业务"赛道"上。最后的结果是当前业务强势、快速、平稳地向未来业务转变。在我们调研的过程中，一位经理的比喻十分形象生动：过渡的管理就像是人猿泰山的动作。但是，Zeus 的"泰山"脚不沾地从一条藤蔓荡到另一条藤蔓，而 Callisto 的"泰山"只能先顺着藤蔓落到地上，然后站起来抓住另一根藤蔓。

时间步调还能让人们互相同步，对齐工作强度的节奏，甚至进入一种特别专注、自信和高绩效的"境界"。想象一下座无虚席的体育场里观众们掀起的阵阵"人浪"，这就是 Zeus 带给人的感受。观众们的动作整齐划一，他们找到了节拍，他们知道接下来该做什么。注意力甚至紧张感在人群中传递，促使人们保持"人浪"的效果。

更微妙的是，时间步调带来了更多的战略选择。Zeus 的一位经理敏锐地察觉到，"周期性的结构给了我们可以按需调整的自由"。Zeus 的管理者利用周期性的转换来审视竞争格局，重新评估战略方向，然后重返集体继续工作。他们选择了一种自认符合市场需求的节奏（一开始是 15 个月，然后是 12 个月，后来变成了 9 个月）。这样在行业变化速率的牵引下自然地形成了停顿。而且，Zeus 的管理者还会从战略角度出发对节奏进行重新评估。与大多数管理者不同的是，他们对如何运用节奏这项战略武器思考得面面俱到，不会简单粗暴地提速，也不会满足于抢占一两个市场的"一锤子"买卖。最终，对节奏的掌控力使 Zeus 成为值得商业同盟和客户信赖的合作伙伴。

总的来说，Zeus 一贯表现卓越，并且一直引领着细分行业向前发展。以过渡编排和节奏设定为基础建立起来的时间步调是 Zeus 获得成功的一个关键因素。通过不断地推出新产品，不停地开辟新商机，Zeus 在激烈的竞争中脱颖而出，确立了细分行业的战略变革节奏。

以事件定调的 Callisto

和 Zeus 卓有成效的时间步调相反，Callisto 的过渡毫无章法、不可预测，新产品和新业务的转换十分不稳定。因为项目启动和结束的时间完全无法确定，Callisto 的管理者总是感觉人手不够。一位工程经理在为一个项目分配人员时就碰到了这种情况，她说："这个项目应该立即启动，但我找不到资源。"最终项目不得不推迟。

有些时候，因为找不到合适的人员，经理们不得不等待，或者只能选择有空的人。一位 Callisto 的管理者讲述了这种典型的经历。他回忆道，"从哪方面来说，我都不是这个新项目的第一选择，但我没有工作安排，所以这个新项目就交给了我"。他告诉我们，实际上他对这个新项目知之甚少，但只能硬着头皮坚持下去。

还有些时候，没有工作安排的人多到让管理者不得不巧立名目搞出一些项目来消化人员。这些不必要的项目的规模通常都很小，因为管理者不想它们挤占太多资源。然而，当多个这样的项目同时进行时，实际上还是占用了大量资源。而且这些项目通常和企业的核心使命没有什么联系。一位经理说："我的很多员工现在做的事并不是我们的核心业务。"讽刺的是，这位经理有一个重要的新项目，这个项目需要的人员已经被分配到这些不必要的项目上，所以他不得不等待这些人员从其他项目中释放出来。

总的来说，Callisto 毫无章法的过渡和不可预测的时间安排造成了现在和未来的脱节。这种脱节在不稳定的新产品和新业务转换中尤为明显。Callisto 曾经获得过成功，但无法做到持续的成功。

进入时间步调的节奏

下面是关于时间步调的问卷。

你的公司按照固定的时间间隔有节奏地引入新产品或新服务概念。	是　否
你的公司设定了一些特定的标准，通过和时间有关的度量来评价成效，例如：发布一款全球性的产品需要多长时间，交付一款产品需要多少个月，或者年收入中新来源的百分比。	是　否
你的公司有着明确的过渡流程，包括：新产品的推出、新市场的开辟、整合收购，还有生产规模的扩大。	是　否
你的公司有退出旧业务领域的时间表。	是　否
你的公司的节奏和关键客户以及关键供应商保持同步。	是　否

如果上面这些问题中你的答案很多都是"否"，这说明你的公司和Callisto 一样很少关注时间节奏。这时第一步要做的就是梳理主要的过渡流程，包括产品、开拓市场、成立战略联盟以及扩大生产规模等的转换。还要考虑给一些流程（比如决策流程）加上时间限制，时间限制可以让人们调整

工作节奏，互相同步。确定每个流程执行平均需要多长的时间，以及这些流程是否经过编排。还要盘点公司中已经存在的节奏，比如制造周期时间或者年度的计划审查。接下来对那些最关键的过渡进行编排。过渡流程的细节往往不固定，最重要的是让过渡流程一目了然。请记住，就算没有完全遵循时间节奏，业务依然可以从经过编排的过渡流程中获益。

时间步调中更难的是建立节奏。先列出业务重要的外部节奏，如季节变化、贸易展举办日期、客户需求以及竞争对手的产品及服务的更新节奏。然后，每种内部节奏都要和这些外部节奏当中的一种去匹配。有些内部流程的节奏太慢，这些流程就需要加速。一开始你可能会低估自己掌控时间步调的能力。记住，实际上你的掌控能力可能没有想象的那样不济。

如果你的公司和 Zeus 一样，那么上面很多问题你的回答一定是"是"，而这说明你已经在实践时间步调了。认识到时间步调对业务成功的重要性是很关键的。管理者在工作中往往会低估时间步调的价值。因此，他们要么放松了时间步调需要的自律，要么错失了把时间步调当作战略武器运用的机会。要知道，过渡流程和节奏需要定期调整才能适应变化的环境。这一点对节奏尤其关键，因为正确的节奏往往是由公司外部的力量（比如客户、盟友和竞争者）牵引的。在改变过渡流程和节奏的时候，要小心地排除各种干扰。最后，虽然时间步调是有效的，但管理者有时也不得不依赖事件步调[8]。

关于时间步调的最后说明

时间步调的一个关键形容词是"源源不断"。由瞬息万变的市场牵引的内在节奏所触发的变化会产生源源不断的紧迫感，因此部分 Zeus 的管理者觉得工作压力太大，个人生活受到了影响。Zeus 虽然胜出了，但付出的代价又是什么？

这个问题不容易回答。但是，快节奏产生的压力和忽视时间步调的业务产生的压力值得好好比较。如果一家公司不能按照自身的速度发展，那么就会被其他公司牵着鼻子走。这样未来的不确定性更大，节奏发生变化的时间不确定性也更大。面对突然发力的竞争对手，这种事件步调增加了"死亡行军"的可能性。无视时间步调，业务低迷的时间可能会更长。总的来说，无视时间步调的结果往往是焦虑，管理者萎靡不振，员工被"死亡行军"搞得疲惫不堪然后离开公司。虽然时间步调的压力不小，但还是比不上无视时间步调产生的压力。

　　管理者有许多方法来缓解时间步调的压力。本章介绍的 Zeus 采用的就是一种颇具创意的方法。开发人员周期性地从核心产品开发中脱离出来，通过参与实验项目的方式缓解压力。好心情和乐趣也很有帮助。许多硅谷公司通过给员工放假（每五到七年一次长达数月的带薪假期）来帮助他们释放长期的工作压力。总之，时间步调的压力换来的是非常有帮助的、成功有效的竞争策略，对这一点要有清晰的认识。

7

制定和实施边缘竞争战略

造世界毕竟不是创世界。

——E.E. 卡明斯 (E. E. Cummings),
著名诗人

Competing on the Edge
Strategy as Structured Chaos

"1650亿美元"这个天文数字的财富，是零售业从20世纪80年代中期到90年代中期为股东们所创造的财富神话，这只是《商业周刊》的粗略估计。谁是这场零售盛宴的最大赢家呢？沃尔玛的销售额高达420亿美元，家得宝贡献了200亿美元。总的来说，大约有25家公司总共创造了85%的收益。那么有没有垂死挣扎的输家呢？谁曾想到，曾经作为美国零售业标志的世界最大零售商——西尔斯，居然只创造了微不足道的10亿美元，成为名副其实的输家。甚至就在沃尔玛雄心勃勃地扩张，一举成为折扣零售商之王的时候，在家得宝异军突起，成功地将自己塑造成现代零售业"品类杀手"的时候，西尔斯居然毫无反击之力，只能坐以待毙。西尔斯就像被困在时间里的一只恐龙，动弹不得。它的市场价值居然沦落为一个讽刺的指标，在动态地衡量着这家美国曾经领先的零售商的下滑速度。

西尔斯成立于大约一个世纪前，曾是一家极具创新精神的公司，引领着零售业的变革步伐。它的公司大事记就像是一长串的功劳簿，记录着西尔斯的丰功伟绩。西尔斯曾开创了很多行业上的第一：它是第一个提出"目录购物"概念的公司；在两次世界大战之间的几年里，它是第一个创造百货商店模式的公司；而在二战以后，它又再次行走在市场创新的前沿，首创了郊区型购物中心。直到20世纪60年代，西尔斯仍然是美国零售商的巨头，其地位无法撼动。西尔斯一度成为美国人心中最理想的购物天堂。

然而，此后的30年里，西尔斯一直萎靡不振，举步维艰。公司的高管人员每几年就要更换一次，高管的继任者（当然也包括他们的员工）都能够意识到，公司正在走下坡路，逐渐淡出了公众视线。后来，西尔斯的管理层最终清醒地认识到，凯马特和沃尔玛才是他们真正的竞争对手，而这些竞争对手的商业模式与自己完全不同，而且能够更快响应市场变化。所以，西尔斯意识到重整旗鼓并不是问题的所在，最核心的问题是通过什么变革方式能够让西尔斯重新崛起。而且，这不是一次两次的变革，而是持续不断的变革。

很难讲清楚西尔斯的高管们究竟是从哪一个时间点开始他们的变革之旅的。

也许是20世纪80年代初，西尔斯的高管们通过收购整合了一系列业务，开始布局其金融服务战略，其中包括经纪业务的迪安·威特（Dean Witter）、房地产业务的科威国际（Coldwell Banker）和保险业务的好事达（Allstate）。

又或许是在 1988 年，当时的首席执行官埃德·布伦南（Ed Brennan）提出了"每日低价"的战略方针，并称之为"25 年内我们所要做的最重要的事情"。

也有可能是在西尔斯推出"品牌中心"战略的时候。该战略指出，将西尔斯的门店拆分并打造成围绕特定知名品牌的精品店。正如布伦南所说："我们的战略是将自己定位为在每一项业务中都有实力的专业商家。"

又或者是在 20 世纪 90 年代初，西尔斯的高管人员对公司进行了重组，大刀阔斧地砍掉了西斯尔的众多业务，包括金融服务业务、非常成功的 Discover 信用卡，还撤回了公司在 Prodigy 在线计算服务的投资，甚至还卖掉了位于芝加哥中心的摩天大楼——西尔斯大厦。

也可能是西尔斯的高管们采取了一种更为保守的方式。1992 年，公司孤注一掷聘请了一位外部人士来经营公司，他就是托尼萨克斯第五大道精品百货公司（Tony Saks Fifth Avenue）的高级主管阿瑟·马丁内斯（Arthur Martinez）。自马丁内斯上任以来，西尔斯关闭了 100 多家门店，裁员约 5 万人，甚至关闭了历史最悠久的目录购物业务，最后只留下了最核心的零售业务。当时，一些观察家对这些举动提出了质疑。有人指出，"马丁内斯先生的战略似乎太过保守，甚至可能给西尔斯带来危险。"[1]

直到如今，西尔斯的重振之旅似乎还未抵达终点，也没有看到给公司带来任何实质性的变化。正如一家主要新闻期刊所言："西尔斯最近又出台了一项新的战略举措，力图帮助公司扭亏为盈，这已经是第几次新战略了？第三次？第四次？第五次？这么多年来，西尔斯接连不断的新举措让人眼花缭乱，但是这又能埋怨谁呢？[2]"西尔斯的高管们的确希望能够重新振兴这家公司，带着它杀入快速发展的新市场，将这个曾经的零售之王再次推向世界之巅。只是现实让他们感到力不从心，无力回天。1992 年的汽车维修丑闻可谓让西尔斯跌到了谷底。迫于公司总部巨大的财务压力，西尔斯汽车购物中心的销售人员故意引导客户购买不必要的汽车维修保险。最终，这种大规模的消费欺诈行为，被加利福尼亚州和其他州处以巨额罚款。

西尔斯公司的高管团队到底哪里出了问题？如果从外部打量这家公司，的确会非常费解。他们制定了清晰的公司战略愿景；他们围绕战略愿景重组了组织能力；他们又慧眼识别并捕捉到有前景的市场（比如炙手可热的金融服务业）。但是，为什么他们最终却收获了一个如此惨淡的结局呢？拿"每日低价"的营销战略来讲（据报道这一想法还是出自一家市场领先的咨询公司），不仅没在商业策略上取得成功，反而还带来了灾难性的后果，惹上了虚假广告官司。最后就如我们看到的那样，西尔斯没能漂亮地绝地反击，变成一家可以在竞争激烈、瞬息万变的行业中翻云覆雨的成功企业。

然而，西尔斯的故事并非独一无二。全球有不少知名企业都遭遇过发展停滞甚至每况愈下的困境，比如，日本的日产（Nissan）、欧洲的阿尔卡特（Alcatel）和布尔（Bull）、美国的数字设备公司以及大部分钢铁巨头。与这些轰然倒下的庞然大物形成鲜明对比的是，那些追求更快节奏、商业模式中自带变革基因的公司，例如纽柯、诺基亚、家得宝和思科等，在竞争中脱颖而出取得了骄人战绩。正如 IBM 的元老托马斯·J. 沃森 (Thomas J. Watson) 曾经说过的那样："保持一家企业的持续稳定经营要比创建一家企业难得多。"[3]

"将企业打造成一个能够持续重塑自我的系统"不仅仅是那些规模巨大、官僚主义盛行的大型企业所面临的挑战，也是刚起步的公司所面临的挑战。刚起步的公司往往会遇到这样的情况——在首次的一鸣惊人之后，很难突破或者超越他们最初所取得的成绩。例如，互联网新宠雅虎、亚马逊和网景等公司的管理者们显然面临一个巨大的挑战，那就是如何在自己当下的业务中找到重塑或者增长的模式。

企业之所以很难成为自我重塑、自我革新的系统，是因为企业管理者采取了一种理性的甚至是机械化的方式来管理他们的企业。这些管理者往往被束缚在一种隐含的假设中，即企业就像一台机器。他们对于理性的企业运作事项娴熟于心，比如确定目标市场、挖掘公司竞争力、制定战略愿景等，但是他们往往忽视了企业还有一个最重要、最根本的属性——企业是有生命力的。有生命力的东西，就必然伴随着成长。它们会随着竞争对手的变化和市场环境的动荡而不断地自我适应和进化。变化正是生命体的本质特征。相反，机器只能根据特定的指令执行某种任务，它们自己不会发生变化。即使偶尔发生改变，也是因为指令让它们如此，比如神经网络，就是人输入指令让机器模拟生命的某些特征而已。二者最大的区别是，机器是由零件组装而成的，而生命体则会随着时间的推移而不断发展和进化。

本章将深入探讨企业如何制定并应用边缘竞争的战略。成功应用该战略的企业与应用不成功的企业之间有一个关键的区别，就是管理者认为企业是冷冰冰的机器还是活生生的生命体。如果再具体一点，就是企业采取的到底是由零部件拼凑的组装战略，还是可以自我生长的成长战略。在西尔斯的案例中，高管们采取的就是机械化的方法。他们试图将各个业务模块组装成一台机器，打开开关，然后观察它的运转。他们没有意识到的是，一个处于边缘竞争环境中的公司绝不是一台一成不变的机器。如果用比喻来形容的话，一个不断变化的公司其实更接近于一个生态社区，而不是一辆汽车。这是因为无论是汽车、坦克还是面包机，都是组装而成的机器，而生态社区是有生命力的，它会随着时间的推移不断成长。成长有几个关键要素：如何起步，每一步的顺序以及各个步骤之间的内在联系。

我们再回过头看看西尔斯发生了什么。其实，在 20 世纪 90 年代的时候，公司高管采取的战略方针更接近于成长战略，而不是过去的组装战略。20 世纪 90 年代初，新任 CEO 阿瑟·马丁内斯上任，他的第一步就是精简公司各项业务，将资源集中于重振核心零售业务。在一连串的精简步骤之后，一位观察家评论说："自 1931 年以来，西尔斯公司第一次仅仅只是一家零售商。"[4]

在公司零售业全面复苏的基础上，马丁内斯开始尝试并拓展新的零售概念，如经销商商店（厂商与经销商的协作销售）；强化了西尔斯的品牌优势（如 Craftsman、Kenmore、DieHard 和 Weatherbeater）；建立独立的品牌专卖店等。正如马丁内斯当时所言，"直到现在，我们才有权利考虑公司的增长问题。"[5]西尔斯似乎终于走上了一条发展边缘竞争战略的道路。

培育大草原

去美国旅行过的人都知道芝加哥的奥黑尔机场（O'Hare Airport），它是世界上最繁忙的机场之一，尤其是到了冬季，你最好要避开的季节。奥黑尔是美国的交通枢纽地带，为美国的第三大城市芝加哥服务。这个机场甚至还经常作为电影中的场景出现。如果你打算在奥黑尔机场换乘航班的话，你会发现奥黑尔机场足够大，你有无数的选择；如果你的目的地是芝加哥的话，肯尼迪高速上的各种车辆会将你顺利地带到市中心；如果你有点累了，就奉上一场小熊队的比赛，让你享受一场无穷无尽的视觉盛宴。但是，奥黑尔的过去可并不是现在的模样。

想象一下，你是从一个完全不同的时间点来到了奥黑尔机场，不是在1998年，而是在1898年，甚至在1798年。那个时候，中西部的景观还没有被改变，这里是一片大草原，到处充斥着蜿蜒的道路、篱笆和农场。簇拥在你周围的是丰富多样的植物——各种颜色的高高的草类，五彩斑斓的鲜花，还有道路两旁高大的树木。你还能看到在微风的吹动下，"金色的麦浪"一起一伏，沙沙作响。如果再停留片刻，你还能看到各种各样的动物在进行着日常活动。这是一个生机勃勃的大草原，它延绵千里，直达落基山脉，让人沉醉其中，流连忘返。然而让人遗憾的是，这种自然的草原生态景观早已销声匿迹。

假设现在你被赋予了一项任务，要重现200年前的那片大草原。假设你没有预算限制，但是你买不到大草原，必须要自己培育。当你思考如何解决这个问题时，请记下解决方案的关键步骤。

如果你和大多数人一样（至少是和我们的朋友差不多），那么你得到的解决方案很有可能是这样的：

第一步：在过去可能有大草原繁衍过的地方买一块地，比如，在芝加哥奥黑尔的郊区。

第二步：去图书馆查阅资料，找到关于大草原的老照片。尽可能多地获得草原生态系统中所有动植物的清单。

第三步：收集所有相关物种的样本（例如植物的种子和雌雄配对的动物）。

第四步：清理土地，然后播下各种植物的种子，再种几棵树。

第五步：将动物投放到这片土地上。

第六步：观察并等待。

也许你还增加了一些其他的干预步骤，比如施肥或浇水，但总的来说，你所建议的解决方案很有可能是我们称之为"组装"的方法。也就是说，你所列出的步骤包括：清理工作空间，拿到大草原的关键组件——动植物"种子"，规划蓝图，并遵循蓝图中的各项指示开始组装"大草原"，即把"大草原"中的各个组成部分拼凑起来，并满心期待一个草原生态系统就此出现。

这种方法相当合理。尤其从直觉上讲，它似乎是正确的。如果你是在组装一辆汽车、一座房子或一台烤面包机，这种方式的确会奏效。但是你所要做的是，在一块生机勃勃的土地上，把"草原生态系统"的各个组成部分组装在一起，然后就觉得大草原会随之出现。听上去很有道理，但是确实如此吗？

错了，组装是行不通的，至少对大草原来说这种"组装"的方式根本不起作用。草原是有生命力的，它是一个会不断发展和进化的系统。它必须是从一个很小的系统开始，然后逐渐成长和壮大起来的。草原的各个组成部分相互影响，相互依存。一旦草原系统"启动并开始运转"，它就会作为一个复杂的系统工作。这种复杂性体现在，大草原依赖于系统中所有组件之间的错综复杂的交互作用。因此，培育大草原不是那么简单的事情，不是念念"咒语"或者挥挥魔法棒，一个草原生态系统就自动生成了。

事实上，的确有一些生态学家在不断地尝试种植大草原的试验。早期的实验者采取了组装的方式，但他们遇到了复杂的问题。城市杂草就是一个典型的例子。相对于大多数草原物种，这些有害的杂草具有侵略性，而且生长迅速。只要一有机会，这些强悍的杂草就会把那些相对柔弱的草原物种驱逐出草原领地，并阻止它们繁衍生息。早期的生态学家认识到这一点以后，就先清除了田地里所有的杂草，然后种植草原草籽。大草原是不是就此蓬勃发展起来了？错！在这些被清理干净的土地上，生态学家从未成功地培育出草原生态系统。

到底是什么原因导致草原生态系统培育失败的呢？问题在于，在一块新开垦的土地上，最先发芽生长的植物并不是最早种下的种子，而是最凶猛、生长迅速的城市杂草。所以，尽管草原的种子最先种下，但城市杂草却先占据了被清理过的土壤，而草原的植被却无处扎根。相比之下，在没有被清理过的杂草丛生的田地里，既有早期蔓生的强壮的杂草，也有后期生长缓慢的其他杂草，而这种环境更有利于草原种子的生长。事实上，一些生长较慢、生长较晚的杂草实际上也属于草原家族的一员，它们的存在有利于草原生态系统的形成和发展。经过早期试验的失败和教训，生态学家在后来的实验中，直接把草原种子添加到杂草丛生的田地中，而不是被清理干净的田地中。

在后来的实验中，生态学家放弃了组装的方式，转而采用培育的方式来种植大草原。特别是在伊利诺伊州的实验中，生态学家成功地种植了一片稀树大草原（即生长了少数树木的大草原）[6]。他们首先在芝加哥郊区选择了一片林木茂盛、杂草丛生的田地，并精心挑选了一些稀树大草原的植被种子，在田地里播下。经过精心的照料和管理（例如清除灌木丛等），仅仅两年时间，这片田野里就开满了各种罕见的野花。随后，在灌木丛的草丛和热带稀树草原中，北美洲的东方蓝知更鸟居然出现了。这些鸟儿已经几十年没有在这个地区出现过了。再接着，一些没有被播种的植物种类出现了。这些濒危植物的种子要么是一直在休眠，等待合适的生长条件，要么就是被不断增多的鸟群带进来的。

后来，伊利诺伊州绝迹了几十年的蝴蝶种类也出现在这片稀树大草原上。更让人吃惊的是，稀树大草原的经典代表物种——爱德华兹细纹蝶在几年后也出现了。昆虫学家原本还由于前几年没有发现这个物种，而怀疑芝加哥的实验大草原是否是真的稀树大草原。到了实验的第五年，田野里到处都飞着爱德华兹细纹蝶。渐渐地，随着各种物种相继出现，这片土地也开始从人工培育的野草地慢慢地进化成了真正的稀树大草原生态系统。

随着实验的进一步开展，生态学家们学到了更多关于人工培育草原生态系统的经验。他们了解到，物种引入的顺序对草原生态系统有非常重要的影响。比如，颠倒了一个物种和另一个物种的引入顺序（调换两个食肉动物的进入顺序），整个生态系统就会发生实质性的改变；再比如，如果增加或者减少一个物种的引入，生态系统也会发生改变。这种改变最终会影响草原生态系统的最终状态，以及它对变化的适应能力。

培育大草原的这个实验，也许带给生态学家最微妙的教训在于，即使到了实验的结束，也不一定能把种植稀树大草原的所有组成要素全部找到。他们是在万般努力失败之后得到的这个结论。他们培育出了一个极为相似的稀树大草原，但是仔细观察，它还不足以称为是一个真正的稀树大草原，因为有些事情不太对劲。最终，这个稀树大草原可能只是一个混合体，混合着稀树大草原的生物物种和非稀树大草原的生物物种。实验似乎没有能力攻破最后一道关卡——演化成一个真正纯粹的自然界大草原。生态学家们努力寻找着在培育大草原的整个过程中，到底遗漏了哪些重要步骤或者缺少了哪些关键组成成分。他们始终在寻找一些他们认为应该存在但是却没有存在的东西，但问题就出在这里，换言之，他们应该去关注那些曾经来过但是却没有留下来的东西。也就是说，大草原的培育过程中可能缺少了一个临时成员，它不会一直存在，只是会偶尔造访。

但是这种说法确凿吗？自然界的稀树大草原上是否真的存在一个临时成员，它不会一直存在，但却对整个草原的生长和进化起到了至关重要的作用？的确，这个缺失的环节就是火。起初，生态学家并没有把火引入到他们的实验草原系统中。因为从"稀树大草原生态系统"这个产品的最终形态上来讲，火并不是一个明确的因素，所以也就没有人把它当作一个必要的组成成分，刻意添加到实验中。此外，尽管生态学家试图模仿自然，并尽量减少对大草原的人为管理，但野火在真正的自然环境中发生的概率，远远低于理论上的发生率。没有火，生态学家就无法创造出难以捉摸的纯粹的自然界大草原。这是因为火灾会给稀树大草原带来许多新的草原植物，同时也会淘汰许多不耐火的城市植物。也就是说，如果没有火，也就不可能有真正纯粹的自然界大草原。

培育大草原的启示

生态学家培育稀树大草原生态系统的例子给了我们很多启示。尤其是当我们与有生命属性的系统打交道的时候，比如蚁穴、生态系统、企业等。它们并不是冰冷的机器，按照指令行事，而是会随着时间的推移而不断地改变和成长（见表 7-1）。

表 7-1　培育的基本概念

• 培育而不是组装
具有生命属性的系统是随着时间的推移不断地发展和进化而来的，而非在某个时间点上一下子组装和构建起来的
• 起点很关键
从当前的位置和状态开始培育
• 顺序至关重要
只有以正确的顺序加入食材，才能够烤出味道极佳的美味蛋奶酥
• 注意缺失的环节
要留意那些不属于最终系统组成成分的、容易被忽略的临时成员

第一个启示是，有生命的系统是生长出来的，而不是组装出来的。草原上的各个物种相互依存，不可能在一个单一的、大规模的变革行动中被组装出来。要事先知道一个系统所有的组成成分，并获取这些组成成分之间错综复杂的相互作用，然后创造一个系统出来，这不仅是一件非常困难的事情，而且也不现实。培育大草原生态系统的关键在于，认识到这种"培育"并不是一种高度控制的、单一的创造行为，而是朝着一个理想的目标不断进化和演变的过程。考虑到这一点，针对本小节开头提出来"如何培育大草原"的问题，生态学家们采取的方法与大多数人截然不同。他们不是一次性组装所有的草原"组件"，然后静待大草原的出现，而是培育了一个小型的草原系统。他们精心照料这个小系统，使其能够稳定运作，并以此为基础种植更多的植被，来拓展更大的草原。他们采用了培育的方式，而不是组装。

第二个启示是，起点很关键。例如，大草原的实验，如果从一块新开垦的土地上开始种植是无济于事的。相反，应该是从杂草丛生的田地里开始，让草原种子从那里开始生根发芽。被清理干净的土地也会产生一个生态系统，但那不会是我们所期待的稀树大草原生态系统。

第三个启示是，顺序至关重要。在大草原的实验中，用一种顺序建立这个生态系统就会得到一种结果；如果把某两个物种的引入顺序调换，就会得到另外一种结果；如果增加一个物种，那么得到的又将是不同的结果。让我们来考虑另外一个例子——烹饪蛋奶酥。烹饪蛋奶酥的过程是一门艺术，而不是科学。蛋奶酥的配料清单很简单，就是黄油、蛋黄、蛋白、奶酪和牛奶。但是，尽管清单很简单，一个初学者如果不知道蛋清必须最后加入，就会彻底失败。如果顺序正确，简单的食材就会变成口味极佳的美味蛋奶酥；如果顺序不对，结果就会跟蛋奶酥相差千里。

第四个启示是，注意缺失的环节。有些缺失的环节可能会被隐藏在最后的结果中，但它们对创造生命系统来讲却是至关重要的存在。它们可能是临时成员，虽然不是最终系统的关键组成成分，却是系统在成长和演化过程中不可缺少的一部分。

制定和运用边缘竞争战略

虽然"培育大草原"的例子揭示了培育过程中的一些基本原理，但它与商业世界相距甚远。那么，从培育草原中获得的启示如何应用到商业世界中呢？接下来，我们会分析惠普公司拓展新加坡市场的案例，帮助大家更好地理解一个企业是如何制定并运用边缘竞争战略的[7]。

创建惠普新加坡公司

1970 年，美国著名的跨国公司惠普（HP）成立了计算机产品新加坡公司（CPS）。成立该公司的目的是在东南亚地区建立据点，争得一席之地，作为惠普公司全球化战略的重要组成部分。CPS 的目标是在亚洲建立一个有潜力的设计和研发中心，使其成为一个完整的运作实体。经过近 30 年的发展，CPS 成为惠普内部一个充满活力的全球设计、研发和制造中心。CPS 是如何走到今天的呢？

第一步：以现有业务作为起始点

一开始，CPS 就被刻意设定为低成本的制造运作中心。重点业务是最简单的生产与制造、劳动密集型的元器件组装以及最简单的产品的生产。CPS 生产的第一批元器件是计算机核心存储器，生产的第一批产品是从美国工厂转移过来的 HP-35 计算器。虽然制造非常基础，但惠普计划建立整个运作体系。所以，从一开始，惠普的管理者就将质量改进计划纳入其中，鼓励新加坡的员工不断地发展和改进自己的制造技能。

CPS 的员工慢慢地积累了装配制造方面的专业知识，从而增强了他们以更低的成本提供高质量产品的能力。以 HP-35 计算器为例，CPS 大幅降低了产品的制造成本。有了这些成功的经验，随着制造能力的不断增强，惠普公司逐渐将更多的产品从美国转移到新加坡。到 20 世纪 70 年代末，CPS 不仅生产计算器，还生产键盘、显示器和其他计算机部件。这也为 CPS 建立了这样的运作模式：首先开发一个能力平台，然后在类似的活动中复制这种能力。

第二步：扩充现有业务

在 20 世纪 80 年代初期，CPS 由单纯的组装生产逐渐向成本工程转变。也就是说，它开始对现有产品提出简单的设计变更，以进一步降低制造成本。与往常一样，惠普公司始终愿意在新加坡员工的内部能力建设和培养上花精力。HP-41C 是一个很好的例子，这是一个复杂的计算器。CPS 的管理者们设定了一个雄心勃勃的目标，要把成本降低一半，这个目标只能通过在集成电路板的层面上重新设计计算器才有可能达成。CPS 派遣了大约 20 名新加坡工程师和技术人员到美国学习 HP-41C 计算器的设计，为期一年。当这批人回到新加坡后，他们已经具备了足够的专业知识，成功地使 HP-41C 计算器的制造成本降低了 50%。

在制造和成本工程的基础上，CPS 开始介入到更多产品的重新设计中，同时 CPS 也开始了更大规模的生产和制造。这个团队从键盘开始，然后转向更复杂的产品，比如打印机。随着 CPS 在大批量、低成本的"制造"方面的技术越来越成熟和精进，公司还在不断研究并持续降低生产成本。一个典型的例子是 ThinkJet 打印机，这是惠普公司一个具有战略意义的关键产品。该产品在美国上市仅 4 个月后，制造权就交给了 CPS。引人注目的是，CPS 在一年内将 ThinkJet 打印机的制造成本降低了 30%。

最终，CPS 成功转向了成熟业务线的产品设计。在一位美国高级管理者的指导下，新加坡工程团队具备了设计和研发能力。CPS 再次从键盘开始，到 1986 年，该公司成为惠普键盘的唯一供应者。至此，CPS 开始完全负责整个键盘业务线，包括从设计、研发到制造的端到端的全链条业务。

第三步：借鉴过去，探索未来

随着当前键盘业务的有效运作，CPS 的管理层开始着眼于未来的思考，并深入探究如何才能持续重塑业务。CPS 管理团队共同商定，合理的举措是围绕服务亚洲市场来构建他们的未来。确定了以亚洲市场为核心的战略愿景，他们开始布局打入亚洲打印机市场的策略。于是他们研发了 Capricorn——这是进入日本打印机市场的一款入门产品，也是第一款完全由 CPS 独立设计并研发的打印机产品。为了快速进入市场，CPS 团队大量借鉴了 DeskJet 产品的现有设计，以及他们从共同管理其他打印机项目中获得的经验。然而，设计上的挑战仍然很大，因为新的打印机必须设计得比现有的惠普打印机小很多，以满足亚洲市场的需求。此外，CPS 团队还认识到在日本建立品牌形象的重要性，以及他们的第一款产品发布将会给公司带来的持久影响。CPS 团队知道 Capricorn 并不是一款理想的产品，但是他们所做的妥协是经过深思熟虑的，因为 CPS 团队更明白的是只有在日本市场上打拼过，才能真正了解这个市场。所以，在 CPS 以亚洲业务为中心的愿景下，Capricorn 成为他们探索日本市场的第一次试水。

第四步：时间步调

作为最后一步，CPS 制定了一系列的相关举措，以与亚洲市场的步伐同步。CPS 的管理者们明白，从长远来看，如果想在惠普作为一个独立的部门存在，他们自己必须具备不断创造新产品的能力。管理团队通过一系列巧妙的举措，在 CPS 建立了一种与日本市场需求相适应的节奏感。Capricorn 是他们的第一步棋，虽然这并不是一个"全垒打"产品，但它确实为惠普公司在日本打印机市场打下了根基。CPS 的管理者们在 Capricorn 上市之后迅速推出了一款彩色打印机（代号为 Scorpio），这是他们的第二步棋。Scorpio 同样也借鉴了美国团队的设计经验，使得 CPS 团队得以向日本市场接二连三地推出新产品。当然，这款产品也并非完美无缺。不过，它的确提供了一个独特的功能——明信片的定制化创作，这对日本市场产生了非常大的吸引力。经过第一步棋对市场的初探，CPS 团队认为在市场上保持一种产品快速推陈出新的形象是非常有必要的（日本客户比较习惯于快速推出新产品），因此在 Capricorn 推出后仅仅 9 个月的时间，就紧接着推出了 Scorpio。

Scorpio 产品取得了出乎意料的成功，CPS 也借此在日本市场上牢牢地站稳了脚跟。有了立足点，CPS 开始专注于日本市场本土的需求，全力设计并研发一款全新的打印机产品。它与日本供应商合作，创造了一款全新的产品——便携式 DeskJet。DeskJet 在 Scorpio 推出后仅 5 个月就在日本上市。这是第一款在日本首发的惠普产品，这款产品非常成功，随后很快就在美国发布。在亚洲建立了自己的地位后，CPS 随后负责了全球范围内的所有便携式打印机产品。现在，CPS 已经成为惠普公司的一条独立的业务线。

惠普新加坡公司的启示

随着惠普新加坡公司的成立，惠普公司创建了一个充满活力、不断发展的生命体，而且它还不断地蓬勃发展和自我革新。这个案例清晰地向我们展示了，我们在前文"培育大草原"过程中所获得的关于"培育"和"组装"的经验，是如何在商业世界中运用的。惠普新加坡公司的成长历程（见图7-1），给了我们如下三个启示：

第一，就像大草原的培育过程一样，惠普新加坡公司是随着时间的推移而逐渐成长起来的，而不是组装起来的。CPS 一步步地向着大家所希望的业务发展方向演化，成了一个可以不断自我革新的组织。CPS 给我们展现了一个简单的成长模式，其步骤是：从一些简单的事情开始（例如，装配制造），构建执行简单事情的能力（例如，质量改进计划，美国培训），在其他的业务领域复制迁移这种能力（例如，新产品，批量生产），并在现有的能力基础上增加另外一种能力（例如，产品设计），然后不断地重复这个过程。这就是我们所讲的"尺蠖蠕动"的方法，用这种方法可以构建边缘竞争战略。

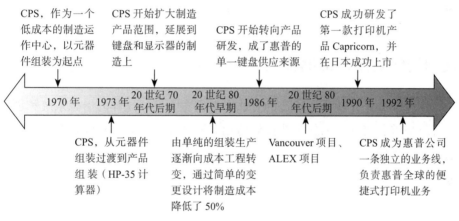

图 7-1　惠普新加坡公司的成长历程

第二，惠普新加坡公司的经验表明，开拓某项业务，一个明智的起点是从现有业务中最简单、众所周知的方面开始。惠普新加坡公司的起点是最简单的装配制造。惠普的管理者们并没有在一开始就赋予新加坡分部承担起未来的责任，或者让他们做一些远远超出新加坡人现有能力的事情。

第三，惠普新加坡公司的案例，也让我们意识到成功构建边缘竞争战略需要恰当的步骤节奏。拿 CPS 来举例，管理者们首先在当前的业务运作上稳扎稳打；在此基础上，围绕未来业务的愿景，逐步扩大业务领域；最后，CPS 制定了与亚洲市场同步的新产品研发和上市节奏。

那在这个过程中有没有缺失的环节呢？就如同"培育大草原"被遗失的火一样，缺失的环节是微妙的，但它们的确是存在的。在惠普新加坡公司的案例中，这些缺失的环节是那些转化为学习经验的失败经历。这种学习经验后来又产生了更切实的影响。其中一个例子就发生在 Capricorn 打印机开发之前。新加坡和美国的工程师联合起来，共同设计了一种新的、成本非常低的打印机，代号为 ALEX。虽然这次经历并不是特别成功，而且打印机也没有完成，但新加坡的员工从中学到了大量关于产品、项目管理和战略的知识。如果没有这些经验，CPS 团队的第一个日本产品也不会如此顺利。然而，如果仔细观察惠普新加坡公司今天辉煌的便携式打印机部门，我们却找不到 ALEX 的丝毫踪迹。ALEX 正是一个缺失的环节。

转向边缘竞争的战略模式

到目前为止，我们所描述的方法，对培育大草原这样的生态系统和创建惠普新加坡公司这样的新企业比较适用。那么用这种方法对成熟企业进行组织变革是否同样起作用呢？比如，起始点和变革顺序依然至关重要吗，是否也存在缺失的环节，成熟企业的转型过程能否更快，小于惠普新加坡公司创建和发展所用的 20 多年的时间？

我们实地考察了两家公司，它们的具体情况为我们上述问题提供了一些思路和答案。这两家公司都面临着业绩下滑的困境，并迫使管理者对公司进行变革，以图扭转不利的局面。我们通过从这两家公司获得的数据，来分析组织变革究竟是如何发生的。另外，一家公司实现了成功转型，另一家公司以失败告终，通过对两家公司的转型比较，我们还可以得出一些转型过程中的结论，比如哪些方法和模式是更有效的，有助于公司转型；哪些方法和模式是不怎么有效的，我们要尽量避免。事实证明，更成功的公司确实遵循培育大草原和创建惠普新加坡公司的方式，来制定并运用边缘竞争的战略模式。

Tai-pan 与 Royal

我们在第 3 章讨论跨业务协同效应时介绍过 Tai-pan，这是一家高歌猛进的多元化计算机公司。虽然目前 Tai-pan 已成为业界无可争议的市场领导者，但它的运气并不总是那么好。该公司在 20 世纪 90 年代曾经历了一次重大的变革。这家曾经辉煌一时的公司陷入了官僚主义的僵局：它的业务步伐停滞不前，它的竞争对手们并驱争先逐渐走到了 Tai-pan 的前列，而它的产品也面临着过时和被淘汰的风险。

同样，Royal 也曾一度统领市场，但现在却举步维艰。我们在第 2 章介绍了 Royal，并描述了它混乱的多媒体业务。Royal 还有一项长期的核心业务——大型机。Royal 的这部分业务在传统市场上已经根深蒂固，完全丧失了变革的能力，创新乏力。

Royal 和 Tai-pan 都面临着一些类似的业绩难题。它们都曾是行业中的佼佼者，却都被商业模式更快的公司后来居上。两家公司如何才能恢复昨日辉煌，是它们迫在眉睫的问题。最终，Tai-pan 成功地东山再起，但 Royal 却每况愈下。这期间两者真正的区别究竟是什么？

转型的起点不同

不论是 Royal 还是 Tai-pan，都积攒了众多的问题：产品开发流程不完善，新市场机会创造乏力，跨业务部门的资源重复配置等，每个环节都存在着严重的不足。对于 Tai-pan 来讲，产品设计过度且价格太高，很多消费者负担不起；对于 Royal 来讲，产品上市过晚且设计过时，一上市就面临着被淘汰。就其核心业务而言，两家公司腹背受敌，遭到了速度更快、组织更精简、商业模式更有效的竞争对手的沉重打击，市场份额在不断下降。就未来而言，两家公司都未成功打入新兴市场，如：客户机/服务器计算、互联网应用和多媒体等。用篮球术语做个比喻，在全场紧逼（一种应用于全场比赛的防守战术）的比赛中，Royal 和 Tai-pan 都是以半场紧逼（球队在自己的后场采用的一种防守战术）的方式进行比赛。转型的起始点很多，究竟选择哪一个呢？

Royal：着眼于未来

Royal 的高管团队以未来作为公司的转型起点。为了应对当下的问题，他们花了 6 个月的时间为公司制定了新的五年战略规划。这些高管以前就曾经试图重塑 Royal，不过这次是他们第一次扩大范围，让公司内许多关键的管理者参与进来，在很长一段时间内一起制定公司的战略规划。

这个新的五年战略规划要求 Royal 从一家大型机计算公司转变为一家基于客户机／服务器的公司，而且要以最快的速度实现这一转身。战略重塑的第一步是充分榨取当前的业务，变为公司的现金牛。正如一位高管所描述的那样，"我们希望能够充分利用当下的成熟业务，只提供一些必要的资源，然后逐步降低投入"。这意味着要适度地推出一批新产品来保持原有业务的扩展，再加上裁员，最终关闭旧业务。

战略规划的第二步是利用这些现金为公司的转型举措提供源源不断的资金支持，以加快公司向客户机／服务器业务和其他新的计算市场的进军步伐。特别是客户机／服务器业务，是 Royal 已有大型机业务的自然延伸，因为客户机／服务器业务与大型机业务的客户和基础计算诉求是高度重叠的。正如一位经理所言："我们希望在大型机业务上尽可能地保持收入的增长，尽量拉长传统业务的长尾效应，那我们就赢得了转向新业务机会的时间窗口。"第 2 章中所描述的多媒体举措正是该公司战略重塑规划中非常重要的一部分。

时机是战略重塑中特别关键的一环。Royal 的管理者们认为，他们很快就能在客户机／服务器这一业务领域崭露头角，因此他们逐步将人员从旧的 Royal 转移出来，集中所有优质兵力全力以赴建立新业务。一位经理告诉我们："和其他任何事情一样，我们要做两手准备，既要为客户提供他们今天会真正买单的产品，又要有着眼于未来，提前研制那些他们未来会买单的产品。"

因此，Royal 的管理者们投入了大量的精力制定未来的发展战略，即逐步淘汰现有业务，同时加大新业务的开发力度。该战略既有总体方针，也包括针对各个业务推出的具体产品计划。但是 Royal 的管理者们忘记了实际执行这些计划，尤其是在他们现有的业务中。他们将现有业务中的精兵强将调离出来，大胆地投入到了未来业务的研制当中。他们全速驶向了新的计算市场和下一代计算产品的研发。

Tai-pan：着眼于当下

与 Royal 着眼于未来的转型方式不同，Tai-pan 的管理团队选择从当下业务的运营模式开启了转型的帷幕。他们对公司核心业务在日常竞争中捉襟见肘的情况进行了仔细审视。通过快速分析，他们发现了当前业务运营中存在的主要问题：成本高昂、市场份额下降、所开发的特性并不符合消费者的诉求等。在 Tai-pan 的核心业务赛道，竞争对手的撒手锏是更低的成本和深入人心的功能。因此 Tai-pan 的管理者们决定把改进的重点放在这两个方面。从某种程度上讲，公司的这一转型举措大大出乎人们的意料。毕竟当前业务日趋成熟、竞争激烈，利润率也在不断下降。但是，Tai-pan 的管理层还是决定从重振当前业务开始转型的步伐，而不是越过当下从未来的规划出发。

Tai-pan 呈现给外界的是一种公司再造战略。其管理者削减了产品成本和技术投资。他们还改造了产品线，并将重点转移到价格低廉的高可靠性计算上。他们通过改善物流和全球合作的方式来降低制造成本。从内部视角来看，这是一个更完整的故事。Tai-pan 的管理者逐渐改变内部的组织结构，使其处于我们称之为混沌边缘的状态，从而完成这些外部举措。在整个公司内部，Tai-pan 的管理者们改变了他们管理现有业务的方式，使之更接近于第 2 章和第 3 章所描述的即兴发挥和协同适应的过程。

例如，在一条业务线中，管理者发现（在公司总部的催促下）本条业务线的组织结构，有一部分过于松散，而另一部分则过于严谨。分析表明，对于确定优先事项和分配责任这样的事项来说，确实需要更有条理和更慎重地对待。但是从一方面来讲，员工之间的沟通相对零散和随机，也不像大多数管理者认为的那样频繁。从另一方面来讲，该业务线上也存在结构过于臃肿的问题。例如，新产品创新流程过于僵化和按部就班。公司有一套精心设计的新产品开发体系，包含有大量的规格说明程序和各种进度检查点，这些僵化和繁重的流程严重限制了工程师的灵活性，是他们不能根据技术演化或者消费者的诉求变化而及时调整新产品的方向。在这种情况下，也就更谈不上即兴发挥了。

Tai-pan 战略再造的第一步是，管理者们把那些容易导致关键运营流程陷入僵化的旧体系（比如产品创新的开发体系）剥离出去，让公司能够以一种更灵活流畅的方式来构建组织。战略再造的第二步是，这些管理者为一些关键的组织结构和中间环节梳理并建立新的流程或者规范（见第 2 章），例如，具体目标的责任分配（如利润指标的分摊）、优先级的设定，以及团队的沟通模式和机制。这一调整的关键在于，使新流程和新规范与 Tai-pan 所推行的新市场战略相匹配。Tai-pan 的战略不再强调技术领先，而是趋向于采用一种更折中的方法。这意味着市场部被赋予了比以往更多的责任（如利润率）。

最后，与惠普新加坡公司的策略一样，Tai-pan 的高管们依靠他们新打磨的业务执行能力，接二连三地向市场推出一波又一波的新产品。与着眼于未来的 Royal 不同，Tai-pan 的管理者选择了专注于当前的业务。说实话，他们的这一策略着实让人意外，因为这种选择意味着他们至少有一项甚至可能是几项主营业务面临着增长放缓的局面。从行业分析家的角度来看，市场上可能还有更好的机会。但是，通过集中精力提高运营效率，Tai-pan 的高管们将组织维持在了一种混沌边缘的状态。最后的结果是，公司获得了更低的成本、更好的产品、更精益的制造模式，并且还建立了一个可以迁移到未来的安全平台。正如一位管理者在转型过程中所总结的那样："我们的主要竞争力是 Tai-pan 具有比其他公司更好的实施能力。"

转变的顺序不同

在培育大草原和创建惠普新加坡公司的例子中，转变的顺序至关重要。例如，在大草原中引入特定的蝴蝶之前，若先引入某种类型的花，最后大草原的生态系统演化的结果将会对这两个物种产生巨大的影响。那么，Tai-pan 和 Royal 的战略转变的顺序又会对这两家公司有何影响呢？

Tai-pan：从混沌边缘到时间边缘

随着核心业务的季度业绩在短期内趋于稳定，Tai-pan 的管理团队将注意力转移到了时间边缘。正如一位管理者所解释的那样："我们一直比较被

动，公司从成立以来也一直如此，被动地响应市场上的诉求。而现在我们的
战略之所以看上去比较主动并且具有前瞻性，是因为我们可以在一个非常短
的时间内做出快速响应，而且能够在市场上领先于所有竞争对手……但是接
下来更大的挑战是，我们必须要培养预测未来的能力，并且挑选出那些可能
在未来崭露头角的产品，重金投入。我们正在这么做，所以公司正处于一个
过渡期——从被动应对外界变化到主动出击的转变。"

在外界看来，Tai-pan 下一阶段的转型，就像是公司正在朝着一个计划
周密的未来迈进。这种看法并不完全正确。虽然，Tai-pan 的管理者确实聘
请了一家大型战略咨询公司，来帮助他们识别潜在的业务增长机会并规划未
来的长期业务发展战略。这些明显的举措对 Tai-pan 的转型很有帮助，但这
并不是故事的全部。公司内部的观点更明确地揭示了公司真正的转型方向：
虽然外部认为公司的战略是对未来进行按部就班的规划，但其实公司真正采
用的是试验性的竞争战略。Tai-pan 的管理者在转型过程中设定了一系列的
试验探针。

第一个试验探针是对未来学家的押注。Tai-pan 的管理者把几个关键人
物调到了未来学家的岗位上，这几个人的核心任务是思考和研究使用计算机
的新方法。这几个人加入了市场小组，建立了一个新的焦点小组。和许多
公司一样，Tai-pan 已经广泛使用焦点小组来评估核心业务产品的各个方面，
并更好地了解当前产品用户的喜好。不过跟一般的焦点小组不同的是，面向
未来的新型焦点小组明确关注的是那些不使用技术的消费者。还有，他们
的重点不是放在当前的业务上，而是放在更广泛地关注这些消费者为什么不
使用计算机技术上，以及产品上带有哪些功能就会让他们萌生愿意一试的想
法上。

第二个试验探针是 Tai-pan 的管理者们调整了公司的战略联盟。他们之
前的策略是与旧的技术公司（如磁盘驱动器公司）建立战略联盟关系，这些
公司比较成熟，它们的产品已经上市了。现在做出的改变策略是：与类似这
样的公司依然保持生产关系但双方的联合产品创新活动被取消了。取而代之
的是，Tai-pan 的高管们转而与拥有更多尖端技术的公司建立关系，这些公

司可能会在未来的项目中为 Tai-pan 提供优势。Tai-pan 把重点转移到与那些能够在未来给公司提供机会之窗的公司建立联盟。

第三个试验探针是 Tai-pan 的管理者们还在开发组合中增加了更多试验性产品。例如，他们增加了一些试验性项目，探寻移动通信设备未来的新应用和市场。他们还在标准产品上使用更多的试验性选项，以此来更好地了解消费者对未来产品的偏好。

第四个试验探针是 Tai-pan 的管理者们还发起了正式的"以未来为主题的战略会议"。以前，未来的发展和规划问题主要是公司高管们需要考虑的事情，随着转型的深入，高管们将这一责任下放到各业务单位的负责人身上。通过这种方式，Tai-pan 调低了参与战略决策制定的管理层级。业务单位负责人作为公司和业务层面战略思维的关键整合者，成为公司战略制定和落地的核心推动者。

在公司转型和变革的过程中，很多管理者往往容易忽视和否定过去，但在 Tai-pan 这种情况并没有出现。与最优秀的竞争对手一样，Tai-pan 的管理者们慎重思考并设法在过去和现在的边缘达成有效平衡。在公司层面，高管们采取了几项广为人知的举措，充分利用了过去的经验和优势。Tai-pan 也非常注重公司品牌的构建，他们模仿了英特尔"Intel Inside"的品牌战略。这一举措效果非常明显，极大地提高了 Tai-pan 在这个竞争激烈的行业中的知名度。同时，他们还整顿了公司的制造部门，保留并改善其中某些生产环节，其他环节或者零部件则采用外包的方式。

Tai-pan 还采取了一些其他的变革举措，尤其是在产品创新方面。根据公司的传统，营销和产研团队会作为一个整体从一代产品转移到下一代产品，人员常年固定不变。时间长了，就容易故步自封，缺乏创新。为了避免陷入过去的陷阱，Tai-pan 的管理者决定重新调整产品的人员配置，下一代产品的团队只保留少量现有人员，再加入其他员工形成完全不同的新团队。经过几次滚动后，有一些员工会退出他们参与过的几代产品团队，调到完全不同的产品组。这样的变化不仅在每一代产品上保留了最核心的经验丰富的员工，而且也为新产品的研发增加了一定的新鲜感。

Royal：困在计划好的未来中

然而，Royal 的表现却不尽如人意。该公司在向未来迈进的过程中陷入了停滞。其中一个问题是，Royal 的管理者们把他们现在的业务和未来的业务完全割裂开来。虽然这一战略要求用 Royal 旧业务线的利润来支撑公司，但是旧业务线的员工不再对未来抱有幻想而变得心灰意冷。因为他们没有未来可言，旧业务线的使命就是"支撑好新业务线，然后死亡"。旧业务线也没有什么新的知识和创意会涌现，而且这些老员工很少有人能被调到新业务中去。因此，也没有足够数量的有经验的员工可以从旧业务转移到新业务中。由此可见，新旧业务之间产生了一条巨大的鸿沟，原有的专业知识没有得到充分的继承和利用，新业务也未能给旧业务带来任何新的变化。

变革步骤背后的科学依据

先解决混沌边缘的问题，再接着解决时间边缘的问题，这样的变革顺序不可颠倒是有科学依据的。时间边缘的各种方法，如试验和再生，都涉及进化过程。而系统发生进化之前要求系统有一定的结构（就像基因一样），并且可能变化的范围被复杂性和错误灾难所限制。因此，进化演变的基础首先是自组织系统，而进化和演变的结果是渐进的。相反，混沌边缘的各种过程，如即兴发挥和协同适应，是结构和混沌之间的竞争张力带来的辩证变化。辩证变化的速度更快，规模范围更广。因此，混沌边缘的过程适合对系统进行快速的、重大的修正以创造结构，所以混沌边缘应该是最先采用的方法。进化过程需要秩序，为系统创造渐进的、微调的变化，所以适合在混沌边缘之后再进行。最后，一旦系统发生了真正有效的变化时，时间步调就变得重要起来了。[8]

然而 Royal 更大的问题是，管理者从未把当前的运作模式稳定下来。正如第 2 章所阐述的那样，新的业务线高度混乱。相反，老的业务线非常僵化和官僚。具有讽刺意味的是，尽管两者在文化上有很大的不同，但两者都不能非常有效地开发新产品，而新产品开发正是未来战略计划的核心。正如一位经理所描述的那样："现在的 Royal 是一个混合体，旧业务循规蹈矩受限颇多，新业务刚刚组建还没有头绪，我们目前有点介于这二者之间。"从第 2 章描述的关键结构点来看，Royal 的两条业务线都有问题。设定优先级就是其中一个例子。新业务线的一位经理承认："我认为一些关于优先事项的艰难决定，只是以这样或那样的借口关闭了。"旧业务线的一位经理声称："我们发现在项目之间做出权衡是极其困难的。"两条业务线的责任分配很混乱，基本都是每隔 4 到 6 周就召开一次员工会议，以同步或者协调相关事宜。可见，Royal 两条业务线的运作都很糟糕，都无法很好地管理它们目前的业务。

最后，Royal 的未来战略计划最终也偏离了目标，就像大多数计划那样，时机是问题的关键所在。新的市场并未像 Royal 的高管所预期的那样迅速来临，而旧的市场也没有像他们所预期的那样迅速消亡。高管对市场变化的速度出现了重大误判。

最后一击：转型的时间步调不同

与惠普新加坡公司的管理者们一样，Tai-pan 的管理者也将时间步调作为转型的最后一步。特别值得一提的是，他们在公司的两个层面上制定了精心编排的过渡和节奏。

Tai-pan：遵循时间表，进入节奏

当我们离开公司时，Tai-pan 的经理们才刚刚开始在业务层面上进行时间步调的变革，他们已经完成了一次特别成功的新业务启动，并试图将其编成一套可以反复使用的过渡程序。他们已经成功地开展了一项新业务，并试图将其编纂成一套可以反复使用的过渡程序。他们的目标是每 18 个月进入一个新业务领域。考虑到 Tai-pan 强大的执行能力，在一些市场中，占主导地位的企业还在依赖于旧的、缓慢的商业模式，这些市场是最有潜力被突破的。Tai-pan 的经理们首先瞄准了这些机会。

在产品层面，Tai-pan 的经理们成功地编排了一套新的复杂的过渡程序。他们仔细研究了团队如何从一组项目过渡到下一组项目，从而创立了一套更有条理的过渡方法。例如，组织没有遵循传统上使用的那些比较随意的方

法，而是设计了一个特定的过渡角色。市场营销经理负责新项目团队的启动工作。这样，工程经理仍然专注于当前的项目运作，市场营销经理则充当催化剂，为下一个新的项目组建核心团队（通常也包括运营经理）。Tai-pan 的管理团队还为项目过渡制定了明确的节奏。经过一些试验，组织最终确定了新产品的发布节奏为八个季度。

Royal：在时间上的断裂

在 Royal，管理人员甚至没有意识到需要关心过渡问题。而且更严重的是，因为管理人员对忠诚的大型机客户采取了置之不理的态度，在实际上切断了每个时间段之间的连续性。大约一年后，一位经理才感叹道，"我们真的惹恼了客户"。如果他们的新市场有了起色，这或许还勉强可以接受，但 Royal 的经理们错误地判断了新市场爆发的时机，也高估了自己在新市场中所能产生的影响力。留在 Royal 背后的，是奄奄一息的过去和姗姗来迟的未来。

结局

经历了一系列的变革举措，Tai-pan 不仅在几条重要的业务线中成为市场领导者，而且在其他几个业务线上也有非常好的表现。公司高管因这一巨大转变而广受赞誉，其中一家主要的商业杂志称其为有史以来最快、最有效的转变之一。外界对这次转型也是褒奖有加，赞其成功地削减成本、推出了伟大的产品，并为公司规划了良好的未来战略。但是 Tai-pan 实现企业转型的内幕却与外界津津乐道的大不相同。它实际上发展了一种边缘竞争战略，最终使大胆而有效的战略举措成为媒体广泛报道的内容。

相比之下，Royal 的结局就要惨淡得多，它没有稳定的业绩基础以支撑公司的未来战略。当 Royal 的经理们将精力倾注在新的五年规划时，公司的季度业绩指标却依然停滞不前。新的客户机 / 服务器组织要迅速创造收入是压力巨大的一件事情，最终的结局证明 Royal 的确不堪重负。两年后，客户机 / 服务器业务举步维艰，老产品的收入也在每况愈下。Royal 的转型起点不对，管理者从未真正面向未来，也从未管理好当前的业务，他们切断了与过去的连接。

Royal 和 Tai-pan 转型战略的启示

通过对 Royal 和 Tai-pan 两家公司在战略变革和举措落地方面的对比分析，我们进一步把培育大草原和构建惠普新加坡公司的案例中所收获的经验和启示，落实到对边缘竞争战略的制定和运用上。

第一，制定边缘竞争战略的关键是要从培育的角度出发，而不是从组装的角度入手。边缘竞争是关乎变革的，所以创造变革的过程应该更接近于培育一个生命体，而不是组装一台机器。在 Tai-pan，管理者并没有试图在同一时间执行竞争边缘战略的所有部分。相反，他们先是尝试了边缘竞争战略的某些部分，一旦这些措施奏效并稳定下来，他们才会紧接着尝试边缘竞争战略的其他部分。Tai-pan 的战略制定和落地运用速度很快（比惠普新加坡公司的创建过程快得多），不过他们并没有同时展开边缘竞争战略的各个方面。

第二，转型的起始点很重要。Tai-pan 的管理者在正确的地点开始了他们的转型——当下的业务运营。他们先是花费心思打磨了当前的战略和运营基础，包括物流、制造和产品开发，然后才整装待发。找到业务的混沌边缘是制定和运用边缘竞争战略的第一要务。相比之下，Royal 的管理者就找错了起点。他们没有走向混沌边缘，公司的管理者陷入了救火的陷阱，他们缺乏执行力，也使他们永远无法走向未来。

第三，变革步骤的实施顺序也很重要。Tai-pan 的管理者从当前的时间表和相应的混沌边缘的流程入手。这一举措不仅稳住了他们的局面，而且为变革提供了平台。然后，他们充分利用了过去的知识和经验，并有序地展望和开拓未来市场，随后又转向时间边缘的变革步骤。当我们离开 Tai-pan 时，管理层的注意力正集中在设定节奏上。在 Tai-pan 我们广泛研究的一条业务线中，其经理已经在产品层面设定了节奏，并且正在着手设定业务线层面的节奏。

第四，在制定和运用边缘竞争战略的过程中，每一步都需要 Tai-pan 的管理者们建立新的能力或技能。在混沌边缘，即兴发挥和协同适应是需要掌握的核心技能；在时间边缘，再造和试验探索的技能至关重要。

Royal 和 Tai-pan 边缘竞争战略的不同如表 7-2 所示。

表 7-2 Royal 和 Tai-pan 的边缘竞争战略

公司	转型的起点	转型的顺序	最后的步骤	结局
Royal	**转型的起点着眼于未来的战略愿景** 公司的五年战略规划: • 当前的业务作为现金牛支柱,集中转向开拓新讨算市场 • 假设新市场能够快速进入并爆发	**困在规划好的未来中** 过去: • 没有借鉴任何旧业务线的知识和资源 现在: • 公司的业务运作问题连连,需要不断救火 未来: • 错误地预估客户机/服务器新业务的崛起时间和大型机消亡的同期	**断裂的时间表** 从过去到现在: • 大型机旧业务和客户机/服务器新业务之间产生了一条巨大的鸿沟,严重割裂	Royal 跌跌撞撞每况愈下
Tai-pan	**转型的起点着眼于当下的业务运作** 采取即兴发挥的方式加强当前的核心 业务: • 破除僵化的流程 • 形成半结构化的组织模式 责任: • 分配利润指标,安排进度计划,制定工作规范 优先级: • 每月一次定期评估优先级 度量: • 精简度量指标:实时调整,让度量指标更有效 最后期限: • 增加各项任务的完成时间,明确完成项目的截止时间 实时沟通: • 增加每周跨项目会议	**从混沌边缘到时间边缘** • 从过去汲取经验和教训;评估利用潜力的能力,确保一定的随机性 • 使用探针模式对未来进行探索 未来学家: • 聘用未来学家,并让部分员工发挥未来学家的作用;建立包含未来学家在内的新兴焦点小组 战略联盟: • 取消在旧技术上的战略联盟关系;同时增加与顶尖技术公司等合作伙伴的战略联盟关系 试验性产品: • 在开发组合中增加了更多与移动通信和互联网有关的试验性产品;为现有的标准产品提供试验探索的多种选择 聚焦未来的战略会议: • 每月召开业务线负责人例行会议,讨论业务层面的未来发展问题	**时间同步调** 精密编排的转换进度: • 完成了在产品层面上时同步的变革;开始着手在业务层面上进行时同步调的变革 建立节奏: • 在产品层面确定了新产品的发布节奏为 4~8 个季度;在业务层面正在制定节奏的节拍时间	Tai-pan 高歌猛进东山再起

总体来讲，Royal 与 Tai-pan 两家公司的对比分析，揭示了制定和运用边缘竞争战略的两个关键点。

第一，管理者要深刻地理解边缘竞争战略的内容有哪些。在此，边缘竞争的核心概念如下：混沌边缘、时间边缘和时间步调。理解边缘竞争战略的具体实施方法：在不断变化的业务中，即兴发挥、协同适应、试验探索、再生和时间步调这些方法是至关重要的。Tai-pan 的管理者能够理解这些核心概念，而 Royal 的管理者则没有。他们仍然相信未来是按部就班规划出来的，而不是通过试验摸索出来的；他们目前的业务并不是协同适应和即兴发挥的，取而代之的是混沌和官僚。最后，他们根本没有意识到时间步调的重要性。

第二，仅仅知道核心概念是不够的，管理者还必须了解如何制定和运用边缘竞争战略。就像大草原和其他适应进化的生态系统一样，边缘竞争战略是培育出来的，而不是组装出来的。这意味着并不是所有的事情都能一次性完成，也意味着变革起点和转型顺序很重要。事实上，你可以把本章的关键观点看作如何整合边缘竞争的核心概念，以创造出一条能够不断自我变革的业务线。

实施边缘竞争战略

从第 2 章至第 6 章，本书逐步介绍了边缘竞争战略的每一个步骤的基本概念和方法，以及如何把它们作为独立的改进机会在商业公司中实施和落地。本章是从整体的角度向读者阐述，如何制定并实施整个边缘竞争战略。在本章开头，我们向你提出了"如何重新培育一个大草原"的问题。你可能想到的最显而易见的解决方案是像组装一台机器一样，收集所有的"零部件"来组装一个大草原。但是真正的解决方案是像培育一个生命体一样培育它。将边缘竞争战略视为一种公司必须要制定和运用的战略模式，这是理解"实施边缘竞争战略"的核心。通过西尔斯、大草原、惠普新加坡公司、Royal 与 Tai-pan 的诸多案例的分享，你可能对如何制定和运用边缘竞争战略有了很好的认识。为了澄清，在下面列了一个简短的检查清单。

从当前的业务运作开始：

（1）永远不要忘记，对当前的业务进行整顿和变革是第一要务。它是公司复苏和发展的基础。就像马丁内斯领导下的西尔斯和 Tai-pan 一样，即使其他地方可能有更好的市场增长机会，也要从这里开始。专注于关键的经营问题，比如制造、销售或产品创新。如果你的业务太过多元化，就要像西尔斯一样，精简业务，专注于核心领域。

（2）在混沌边缘上保持平衡。测试你的组织，看看哪里结构过于臃肿，哪里结构过于松散。就像在 Tai-pan 一样，可能两者兼而有之。

（3）如果可以的话，尽量从小处着手实施战略变革。选择有针对性的领域来启动转型，并把它们作为扩散的榜样或平台。惠普新加坡公司采用的这种策略是最安全的。但如果你的业务情况紧急，你可以像西尔斯，尤其是 Tai-pan 那样，更快地扩大规模。

（4）当你构建起即兴发挥和协同适应的能力时，不断地把这些能力复制到其他密切相关的战略中。例如，尝试用新产品的创新能力扩大产品线，把强大的物流能力延伸到新的地域，或者通过渠道能力流转更多的产品。

正如西尔斯的马丁内斯所言，一旦你当前的战略初有成效，你就赢得了考虑未来增长的权利：

（1）将注意力转移到时间边缘。首先为未来的试验探索制定一份清单。仔细审视公司当前的战略联盟是否为你提供了一个窗口，让你可以洞察未来的某些关键方面。如果没有，就要整顿并寻找新的战略联盟。至少要创建几个度量指标来评估战略联盟的效果。

（2）检查你的产品或服务的开发组合。其中至少有15%的比例应该属于试验性质的项目，用以探索未来。如果你的战略处于领先地位或者公司的市场步伐非常快，则应该投入更多的比例探索未来。

（3）增加例行的"以未来为主题的战略会议"。尝试一些情景规划，聘请未来学家。邀请不同类型的人畅所欲言，激发你对未来的思考。这些事情要定期进行。

（4）不要忘记公司过去的经验。管理者往往对未来太过迷恋，以至于忘记了过去的知识和经验可以成为再生的源泉。具体来说，评估并总结过去的经验和能力，看看如何最大化地利用它们。即使是那些"停留在过去"的企业，也应该保留一些自己擅长的东西。

（5）在你力所能及的范围内，利用新业务上的成功来重建现有业务。

一旦你在每个时间段内的战略举措都初有成效，那么尝试：

（1）制定时间步调。时间步调能给公司带来巨大的优势，但是在你还没有稳定公司当前的业务和新业务之前，不要试图这样做。还大多数企业还处于初级阶段，还不到考虑这个问题的时候。时间步调的关键是精心的编排和节奏。最简单的方式是从组织较低的级别开始（这里的转换过渡比较频繁），然后再一步步地往更高的层级发展，就像 Tai-pan 公司所实施的那样。

（2）注意缺失的环节，避免掩盖失败的诱惑。相反，你应该像惠普新加坡公司的管理者那样，要找出问题出在哪里以及是什么原因导致的问题，从中学到经验教训并在其他的项目中利用这些洞见。

8

CHAPTER 第 8 章

引 领 战 略

我不能带来一个圆满的世界，虽然
我尽力地缝缝补补它。

——《弹蓝色吉他的人》，
华莱士·史蒂文斯（Wallance Stevens）

Competing on the Edge
Strategy as Structured Chaos

说起咖啡时，你首先会想到什么品牌？福爵（Folger's）？麦斯威尔（Maxwell House）？雀巢（Nescafe）？如果你身处 20 世纪 90 年代末的北美洲，一定会和大多数人一样，不太会想到这些名字，尽管这些咖啡都是货架上最畅销的品牌。要是在 90 年代前提起咖啡，大家或许会想到这些品牌……但是在 1997 年，美国咖啡消费者心里和马克杯里装着的一定是星巴克（Starbucks）。

星巴克经营模式的创意来自霍华德·舒尔茨（Howard Schultz）。20 世纪 80 年代初，霍华德从布鲁克林搬到西雅图，在当地一家小型咖啡连锁店星巴克工作。在欧洲度假时，霍华德被意大利户外咖啡馆的热情和风格所震撼。回到西雅图后，他立刻建议星巴克推出意式咖啡馆的概念。老板拒绝了他的提议，却没有拒绝他的金钱。1987 年，霍华德用 380 万美元从星巴克老板手中买下了西雅图的六家门店。

十年后，星巴克发展成了美国精选咖啡的超级明星。该公司的利润以每年 63% 的速度增长，1996 年的销售额从 2.85 亿美元上升到了 4.65 亿美元。当年收入增长了 156%，达到了 2600 万美元，这个数字是 1991 年的 10 倍。星巴克的管理者不满足于 900 家门店的规模，他们希望在世纪末将门店扩展到 2000 家。为了保持利润增长和高速发展，星巴克的管理者想出了许多别具一格的点子来提高品牌号召力。他们与美联航（United Airlines）合作，在飞机上销售品牌咖啡。他们联手百事可乐（Pepsi）将星冰乐（一种由冰咖啡和牛奶混合而成的低脂饮料）摆到了超市的货架上。他们与德雷尔（Dreyer's）合作生产咖啡口味的冰激凌，与国会唱片公司（Capitol Records）联合制作了搭配享受咖啡时光的爵士乐 CD。星巴克甚至把手伸向了啤酒市场，为红湖精酿（Redhook Brewery）的烈性黑啤酒提供咖啡萃取物。星巴克的战略就是持续不断地重塑和改变业务。

而福爵、雀巢和麦斯威尔仍然死守着超市里的一亩三分地做文章。在这些品牌看来，咖啡无外乎是一种低价的普通商品，乏善可陈。这些家喻户晓的品牌在几个点的市场份额上斤斤计较，他们惯用的手法是折扣战，有时候他们也会尝试着做出一点改变。但这些举措收效甚微，带来的利润远远不如星巴克。

虽然星巴克仍然在不断地发展壮大，但它的前方并不是坦途。星巴克的管理者能够维持这样的业绩吗？咖啡豆的价格因为南美洲糟糕的天气水涨船高，他们的商业模式会不会因此而动摇？人民咖啡（People's Coffee）这样的非主流竞争对手能够成功地挑战星巴克这家号称"咖啡界沃尔玛"的巨无霸吗？星巴克的管理者是否过度地扩张了品牌，稀释了星巴克的品牌价值？他们的咖啡对大多数消费者来说会不会太贵？

星巴克并不算长的发展史告诉我们，直面挑战才能保持持续的卓越业绩，尤其是在不可预测和快节奏的市场环境中。这里的挑战从何而来？主要有三个原因。

首先，保持领先意味着在混沌边缘和时间边缘上保持平衡。虽然适应性的行为会在边缘上浮现出来，但它们同时也是不稳定的（处于耗散平衡状态）。这种不稳定性意味着管理者必须全力以赴才能保持边缘状态。他们很容易陷入过去的惯性，或是被未来的幻想所吸引，或是陷入过多的官僚主义，又或是陷入过度散漫的混乱之中。保持这种状态就如同和青春期的子女相处，父母必须不断地寻找平衡，既要给孩子足够的空间，让他们成长为独立、成功的人，也要给他们足够的约束，在他们的判断能力还不成熟的时候加以引导。对星巴克来说，过快的发展速度或者冒进的机会主义尤其容易导致失控。

其次，只有跟上变化才能保持业绩长红。持续的业绩表现是一种动态平衡，这意味着平衡点在不断地变化。星巴克的咖啡价格可能会变化，最优的门店地址可能被捷足先登，与美联航的合作可能破裂。对星巴克这样的管理者来说，他们的挑战在于找到改变平衡点的时机和方法，跟上变化的节奏，甚至反过来引领变革。

最后，竞争对手绝非等闲之辈，他们一直在尝试夺回主动权。星巴克就面临着各方的竞争压力，有的来自人民咖啡这样的直接挑战者，有的来自宝洁（P&G）和通用食品（General Foods）这些传统的咖啡生产商，还有的来自冰茶和水果饮料等替代饮品。这意味着谁都无法立于不败之地。

我们还可以通过杯子和玻璃球的实验来理解这些挑战。想象一下，把一颗玻璃球放进杯子（比如咖啡杯）里。如果保持不动，玻璃球会停在杯子底部。晃动杯子，玻璃球就会滚动起来，但最终它还是会停在杯子底部。现在，把咖啡杯口朝下翻过来，把玻璃球放在杯子上。晃动杯子，稍不注意，玻璃球就会掉下来。这就是耗散平衡的状态。再端起杯口朝下、上面放着玻璃球的咖啡杯跑起来，就是动态平衡的状态。要想让玻璃球不掉下来越来越难……最后，再想象一下有人在追着你跑，想抢走杯子上的玻璃球。难度进一步增加，因为现在有人和你争夺玻璃球了。这还没完，如果没人抢你的玻璃球，你还得想办法把价值平稳地转移到下一个商业模式上。在不可预测的高速市场中维持卓越的绩效，就像拿着杯口朝下的杯子奔跑，同时还要提防放在杯子上的玻璃球被快速灵活和技巧娴熟的竞争对手抢走。

杯子和玻璃球的例子不仅形象地比喻了星巴克面临的挑战，而且这个例子强烈的画面感还突出强调了保持高绩效需要管理活动的同时性和动态性。要让玻璃球待在杯子底上，需要保持平衡，观察跑动方向，留意竞争对手的行动，还要确保你的玻璃球是大家都想得到的那颗玻璃球。管理上的挑战在于如何有效地同时完成这么多的动态任务。

应对这一管理上的挑战需要整个公司从董事会到业务团队自上而下的反思，反思领导者到底应该做些什么。传统管理理论中有两个基本的角色：战略制定者和战略实施者。高级管理人员通常是战略的制定者，而具体业务的管理人员通常是战略的实施者。与之相反，在快速变化、不可预测的市场中，管理活动的动态性和同时性要求领导者承担更多不同的角色，而且这些角色还会发生转移。

第一，战略制定者的角色将下沉到具体的业务层面，具体业务层面的战略制定和公司整体战略的协同塑造都是如此。战略的核心其实就是业务层面对不可分割的两个问题（"要达成什么样的目标"和"如何达成业务目标"）的回答。与之相关的任务围绕着即兴发挥、协同适应、再生、试验以及时间步调等流程展开，这些正是本书的核心内容。战略制定者这个角色就好比端着杯子奔跑的人，除了必须保持杯子上的玻璃球的平衡之外，他既要时刻观察奔跑的方向，还要帮助其他同样端着杯子奔跑的队友。

第二，新出现的领导力角色。这个角色承担着集团级或部门级（或者公司级，如果公司规模较小）各项产品、服务或业务的协调工作。其主要任务是不断地对业务进行增减分合，让业务来适应不断变化的市场机会。这就是为了应对快速、不可预测的变化而产生的关键的拼接师角色。用咖啡杯的例子来类比，拼接就是在变化的竞争环境中不断地把最合适的跑者和玻璃球重新搭配在一起。

第三，高级管理层承担的角色从主要的战略制定者转变为合成器。这个角色承担的关键任务是总结、灌输以及清晰地传达出半连贯的战略方向的本质，也就是业务在自我重塑的过程中浮现出来的战略特征。在咖啡杯的例子中，这个角色雇用合适的跑者和拼接师，在他们身边鼓励他们。他最重要的任务是清晰地传达每个人都要狂热地端着杯子跑的原因，也就是业务在快速变化、不可预测的市场中所呈现出来的特征。这三种领导力角色是在边缘竞争上保持绩效的关键。

领导力一二三

波士顿人都能理解红袜队（Boston Red Sox）球迷的痛苦心情，这支大联盟（Major League Baseball）美国联盟东区（American League East）的球队似乎已经习惯陪跑。波士顿红袜队已经好多年没有尝到获得世界大赛（World Series）冠军的滋味了，而死敌纽约洋基队（New York Yankees）对大联盟的统治无疑又在红袜队球迷的伤口上撒了一把盐。20 世纪 30 年代到 70 年代，洋基队几乎没有缺席过每年秋天的世界大赛，竞争总是在洋基队和另一支世界大赛的常客洛杉矶道奇队（Los Angeles Dodgers）之间展开。从贝比·鲁斯（Babe Ruth）和乔·迪马乔（Joe DiMaggio），到米奇·曼托（Mickey Mantle）和怀特·福特（Whitey Ford），再到丹·马丁利（Don Mattingly）等，一代又一代的球星帮助洋基队赢下了 40 年里几乎 70% 的美国联盟冠军。无论红袜队站在"绿色怪物"[⊖]前防守左外野的是泰德·威廉姆斯（Ted Williams）、卡尔·雅泽姆斯基（Carl Yastrzemski）、吉姆·赖斯（Jim Rice）还是随便哪个新秀，结果没什么两样——洋基队进军世界大赛，红袜队打道回府。

但是到了20世纪70年代中期，洋基队不再是过去那支常胜的条纹军了。原因可以用一个词来概括：自由球员制。球员只要一两年内打出优秀成绩，就可以更换球队，签大合同挣大钱。到了20世纪90年代，罗杰·克莱门斯（Roger Clemens）、贝瑞·邦兹（Barry Bonds）或肯·小格瑞菲（Ken Griffey Jr.）这些巨星自己就可以促成交易。现在的职业棒球就是围绕明星球员建队，通过周边商品销售和高额的电视转播合同赚钱。联盟吸收了更多球队，增设了分区冠军，还增加了跨联盟赛事的场次。这些变化带来的结果就是，没有任何球队可以像洋基队过去那样一家独大。球迷们对洋基队20世纪50年代雷打不动的先发阵容如数家珍：一垒手是比尔·史柯隆（Bill Skowron），二垒手是鲍比·理查森（Bobby Richardson），中外野手是米奇·曼托，等等。随着自由球员市场的繁荣，球队首发阵容的变化逐渐频繁起来。巴尔的摩金莺队（Baltimore Orioles）、多伦多蓝鸟队（Toronto Blue Jays）、克利夫兰印第安人队（Cleveland Indians）和洋基队都有争夺美国联盟冠军的机会。曾经缔造了洋基队、比尔·拉塞尔（Bill Russell）时期的波士顿凯尔特人队（Boston Celtics，美国职业篮球联赛球队）、莫里斯·理查兹（Maurice Richard）时期的蒙特利尔加拿大人队（Montreal Canadiens，北美职业冰球联赛球队）等传奇王朝的那个充满秩序的职业体育世界，已经一去不复返了。

在职业体育进入自由球员时代后，还是有几支球队摸到了持续获胜的法门。20世纪90年代最接近建立王朝的大联盟球队是亚特兰大勇士队（Atlanta Braves）。1991年至1996年，亚特兰大队四次夺得国家联盟冠军，五次晋级世界大赛（1994年的世界大赛因为大联盟的罢工而取消）。1997

年他们的胜率又是最高。这支国家联盟排名曾经垫底的球队，火箭般地从 1990 年的榜尾蹿升到 1991 年的榜首，还能始终保持住积分榜靠前的位置。在快速变化和充满不确定性的自由球员时代，勇士队是如何保持战绩的呢（见表 8-1）？

表 8-1　20 世纪 90 年代的亚特兰大勇士王朝

领导者	领导力角色	
鲍比·考克斯主教练	战略制定者	考克斯将年轻球员和老将成功地融合成了一支冠军球队，这种能力十分罕见 考克斯深刻地理解了投球和防守之间的联系 考克斯善于合理分配板凳上的代打、代跑、替代防守队员等各种角色
约翰·舒尔霍兹总经理	拼接师	勇士队比其他任何球队都渴望得到朴实无华的自由球员特里·彭德尔顿和席德·布雷姆（Sid Bream）。在他们加盟之后，勇士队拿冠军拿到手软 舒尔霍兹拍案叫绝的交易运作给球队带来了弗雷德·麦克格里夫、奥蒂斯·尼克松（Otis Nixon）、马奎斯·格里索姆（Marquis Grissom）以及格雷格·马杜克斯 尼格尔的交易是舒尔霍兹的又一神来之笔。特雷尔·韦德（Terrell Wade）、杰梅恩·戴伊（Jermaine Dye）也是冉冉升起的希望之星
泰德·特纳球队老板	合成器	特纳偶尔会到俱乐部讲几句话，但他从不干涉球队的日常运营。他说："我要做的所有事情就是坐在这里，在支票上签字。"

勇士队的成绩：

勇士队 1991 年到 1997 年连续 6 年获得分区冠军（创下国家联盟纪录），4 次晋级世界大赛，胜率冠绝整个大联盟，而此前 5 年他们有 4 年积分榜垫底

资料来源：Associated Press,Atlanta,18 October 1996. Additional sources can be found in the bibliography.

第一个原因是勇士队的主教练鲍比·考克斯（Bobby Cox）。主教练是棒球场上的领军人物。在亚特兰大勇士队的体系中，考克斯专注于这个领导力角色。他和其他教练一起拟订防守阵容，落实比赛日的战术，选择先发投手，指定打击顺序。他鼓舞明星球员们的斗志，关注投手们的手臂状况，尝试新的防守阵容，并制定对抗对手的策略。简单地说，在整个赛季的 160 多

场比赛中，他（还有其他勇士队农场系统⊖的主教练）的工作就是日复一日地将棒球场上的 26 名球员凝聚在一起，全神贯注地赢下比赛。

第二个原因是勇士队的老板泰德·特纳（Ted Turner）。作为老板，特纳管理旗下公司的办法就是放权，无论是全球新闻电视网络 CNN（Cable News Network，有线电视新闻网）、勇士队还是其他公司。比如在 CNN，传说他雇用员工开办了第一批节目后，就退居幕后去参加"美洲杯（America's Cup）"帆船赛了。而在勇士队，他的工作就是招聘主要管理人员，在支票簿上签字。但是他不会待在球员休息区，也不会干涉球员交易。他只是作为勇士队的头号球迷待在看台上为球队加油。

第三个原因，恐怕也是最重要的原因，就是约翰·舒尔霍兹（John Schuerholz）。舒尔霍兹投不出时速 95 英里的快球，也做不到 0.350 的平均打击率，但是他肩负着球队总经理的重担。1990 年赛季结束后，他离开堪萨斯城皇家队（Kansas City Royals）加盟勇士队。他的工作就是不断地发掘每个位置最好的球员并把他们留在亚特兰大勇士队。20 世纪 90 年代初，他完成了一系列重要操作，留住了球队的先发投手约翰·史摩兹（John Smoltz）、汤姆·葛拉文（Tom Glavine）、史蒂夫·艾弗里（Steve Avery），还签下了格雷格·马杜克斯（Greg Maddux）。他们组成了令整个大联盟闻风丧胆的先发轮换阵容。在此期间，马杜克斯成为国家联盟的最佳投手，连续多次获得赛扬奖。年复一年，舒尔霍兹从亚特兰大农场系统中不断地挑选出合适的球员；通过赛季中期的交易为勇士队带来关键的冠军拼图。当球队需要一锤定音的强力打者时，他签下了弗雷德·麦克格里夫（Fred McGriff）；当球队需要救援投手时，他签下了亚历杭德罗·佩纳（Alejandro Pena）。还有 1997 年签下一棒打者肯尼·洛夫顿（Kenny Lofton）的休赛期交易。他发掘了丹尼·尼格尔（Denny Neagle）这样的新星，尼格尔在勇士队效力的第一个完整赛季就打出了队中最好的投球纪录。他也会签下像特里·彭德尔顿

⊖ 每一支美国大联盟球队都有数支小联盟（Minor League Baseball）球队，为旗下年轻球员、受伤或暂时下放的大联盟球员提供培养、训练、康复和比赛机会。小联盟球队统称为农场球队，或称为某某队的农场系统。——译者注

（Terry Pendleton）这样朴实无华的球员，彭德尔顿为球队带来了领导力、防守和令人惊叹的本垒打。他还允许球员在适当的时候离队。这些交易在其他球队的经理们那里只会停留在嘴上，而舒尔霍兹真正地做到了。他不仅对勇士队体系中的人才了如指掌，对其他球队的人才也保持着关注。他不断地进行着一次又一次的拼接，确保在持续变化的棒球人才储备下勇士队拥有的阵容是最好的。过去的洋基队是铁打的营盘，而现今的勇士队是流水的兵。舒尔霍兹的工作就是打造这份不断更新的球员名单——在进入自由球员时代后，职业棒球快速、无法预测的变化让这项工作变得格外重要。

　　亚特兰大勇士队 20 世纪 90 年代对大联盟的统治给我们提供了如何保持成绩的经验。第一条经验是，在市场变化快速、不可预测的时候，发挥关键作用的是舒尔霍兹的拼接师角色。舒尔霍兹具备识别模式的能力，他能把勇士队的球员拼接成一张完整的拼图，并且不断地查缺补漏。这是将勇士队重塑成冠军争夺者的核心。每个赛季舒尔霍兹都是如此。这里的关键管理技能在于识别组织内外的模式，让这些模式相互匹配。这项技能在舒尔霍兹身上体现得淋漓尽致，他能够抓住机会，第一时间和关键球员签约，迅速填补伤病产生的空缺。他打造出的球队既能让考克斯充分发挥执教能力，也能让特纳为之喝彩。

　　第二条经验是主教练鲍比·考克斯在球场上的重要作用。在棒球运动中，教练团队由主教练和击球教练、投球教练等专项教练组成，这就好比一项业务或一条产品线的最高管理团队。在舒尔霍兹加盟勇士队之前，考克斯同时兼任球队的主教练和总经理，而这支球队是史上战绩最差的球队之一。舒尔霍兹加盟之后，考克斯终于能够专注于主教练的工作，而勇士队的表现也大有起色。这中间到底发生了哪些变化？考克斯可以集中精力处理俱乐部的紧张竞争态势。他能够全神贯注地在比赛日即兴指挥球队、平衡新老球员的关系、尝试不同的救援投手安排，等等。这里关键的管理技巧在于平衡：在混沌边缘和时间边缘浮现出来的紧张竞争态势中寻求平衡。对于考克斯和勇士队体系中其他球队的主教练来说，在一场接一场的比赛中处理球场上紧张竞争态势的能力至关重要。

第三条经验是高管承担半连贯战略方向合成器的思路。特纳负责招募管理层，偶尔也会投入大笔资金来留住明星投手马杜克斯等特权球员。他会放手让管理团队全权处理勇士队上下的日常运作。这和同样资金雄厚的洋基队老板乔治·史坦布瑞纳（George Steinbrenner）做法完全不一样。喜欢插手的洋基队老板并不算成功。

总而言之，亚特兰大勇士队持续优异的表现足以说明在快速变化、竞争激烈、无法预测的业务中领导力角色各司其职的意义。领导力的主要分工包括业务层面的制定战略、行之有效的拼接以及高管对业务本质的提炼阐释。

拼接的艺术

1960 年，哈佛大学伟大的企业史学家阿尔弗雷德·钱德勒（Alfred Chandler）出版了一部经典著作[1]。在这部关于多元业务公司成功战略的著作中，他记述了杜邦（DuPont）、通用汽车（General Motors）、西尔斯（Sears）等公司的高管们所经历的发展历程。这些公司从 19 世纪后期纵向一体化的组织架构演变成了当代的事业部制（亦称 M 型）组织架构。这部著作传达了一条重要的信息：业务应当与其所服务的特定市场匹配，而公司的组织架构必须与这些互相独立的业务对齐。例如，钱德勒描述了杜邦在 20 世纪 20 年代发生的转变，这家公司从按照功能划分的纵向一体化组织转变成了围绕尼龙、人造革和油漆等产品建立的去中心化组织。这部著作内容深刻独到，但无意间也让一些读者形成了一种"组织架构图"的思维定式。他们会认为事业部与其所服务的市场之间的对应关系应该整齐有序，而且是永久性的。这种对应关系通常用一幅由大小和间距一致的方框组成的传统组织架构图来呈现。这些工整的方框描述了业务与市场之间固定不变的匹配关系。这里隐含的观点是：市场应该是固定不变的，因此业务和市场之间的匹配关系也应该是固定不变的。

想象一下我们所处的世界，市场节奏是在不断加速的。新技术（基因剪接、互联网）的出现、创新型产品和服务（运动型多功能车、仓储式商店、健康维护组织）的引入，新兴市场（亚洲中产阶级、西裔美国人群体、东欧企业家、雅皮士）的开拓，完成一两次收购，融合一些市场（银行和股票经纪、电视和电影）……变化可以说无处不在。这些变化又会给业务组合带来哪些影响？

有时，业务原本的范围之外会出现新的机会（比如移动电话、数码摄影、美食咖啡馆在美国的流行）。这时在投资组合中加入新业务就变得顺理成章。有时，曾经风马牛不相及的业务会因为流动产生融合的机会（比如个人电脑和电视）。这时合并业务或转移业务活动也变得合情合理。还有些时候，流动会带来机会的大爆发（比如席卷啤酒市场的各种微酿啤酒、精酿啤酒屋和精酿啤酒杯），这些机会可能被新业务或现有业务瓜分。最后，机会也会消失。这就到了关闭相关业务的时候了。

问题的关键在于，当市场发生快速和不可预测的变化时，业务和机会之间的匹配也会不断地变化偏离。因此，这幅组织架构图上现在清晰工整的方框，随着机会的来来去去，未来一定会变得混沌过时，它们一会儿重叠，一会儿分裂，一会儿扩大，一会儿收缩。在这个不断变化的环境中，需要频繁地通过拼接来对齐业务和新机会[2]。

模块化

模块化思想是拼接能力的基础。对于公司而言，模块化意味着一家公司是由一组不同的独立业务组成的。这就好比一床由一块块布料拼接而成的拼布被子，布料之间基本上没有重叠。我们把这叫作模块化。

模块化听起来很玄乎，但是那些因自我重塑、业绩长虹而闻名的公司中，不少都经历过深度的模块化，这并非巧合。来自欧洲的 ABB（其表面上的矩阵式组织架构具有很高的模块化程度）、来自亚洲的宏碁，还有来自北美的惠普、3M、艾默生电气以及强生都是这些公司中的一员。它们经常通过模块化的方式调整组织，不断地将小规模、高度自治的开创性业务和演变中的市场机会进行匹配。例如，宏碁的管理者追求的是融合消费电子产品和计算机的使命，他们会依据不同的地域划分公司业务，并不断地重新调整。

和宏碁类似，艾默生电气也会围绕特定的市场机会将业务和不同的产品模块对应起来。

其他企业的管理者才刚刚认识到模块化的威力。他们划分出更清晰的业务边界，建立起更加独立、模块化程度更高的业务，将决策权下放到更低的组织层级。例如，盖璞的高管将更多的权力移交给零售部门，更加清晰地界定这些业务模块的边界。1996 年，盖璞首席执行官米基·德雷克斯勒（Mickey Drexler）放权让各个零售部门（老海军、盖璞和香蕉共和国）自己负责产品的开发和营销。类似选择哪家广告代理这样的决策完全交给部门经理独立决定。公司的响应力因此得到了提升。

无独有偶，默克公司也推行了模块化。默克首席执行官雷·吉尔马丁（Ray Gilmartin）最早的举措之一便是围绕重点疾病组建全球化的业务战略团队。来自财务、生产和营销等不同领域的高管们组成团队，从生产成本到潜在市场规模对业务进行全方位的评估。例如，骨质疏松症团队由 13 人组成，他们通过推动医生教育项目和广告来推广福美加（Fosamax，默克出品的治疗骨质疏松症的药物）。默克希望通过这种方式建立兼顾一致性和灵活性的全球化战略。

最后还有一点，模块化并不是产品型业务的专利。例如，英国航空的管理者把公司的服务按照类似产品方式划分成模块（比如公务舱服务）。同样，一些医疗保健机构和银行也通过把服务"产品化"来划分模块。

拼接

拼接指的是将模块化的业务（或产品或服务）和市场机会进行动态的匹配。这需要不断地对齐业务与市场。美国大联盟顶级球队的经理们不断地从人才储备中挖掘出合适的球员与球队所需的位置进行匹配。同样，为了保持卓越的业绩，商业公司的管理者不断地关注着现有业务当中的"真空地带"，通过重新定位业务活动组合来匹配业务。拼接因此成为推动业务重塑的根本动力。

拼接需要解决两个问题。第一个问题是粒度。如果按照较粗的粒度将公司划分成几大块业务碎片，那么这些业务碎片覆盖的市场范围会比较广，垂直整合的程度也会比较高。但如果划分过于粗放，业务碎片就难以对局部发生的变化做出反应。接踵而来的就是僵化，业务碎片会渐渐尾大不掉，失去对市场变化的响应力。相反，细粒度的划分能匹配细分的利基市场。细粒度的业务碎片可以最大化地响应市场变化。然而，粒度过细的业务碎片之间的联系过于紧密，需要花费太多的精力来协调。业务碎片会让人感到困惑，而业务碎片之间也会互相干扰。规模的限制也会造成这些业务碎片无法形成成功所必需的群聚效应。划分太细的业务碎片只能勉强拼凑起来，根本无法有效地适应变化。

第二个问题是内容。有效的拼接靠的是业务碎片和市场之间正确的匹配。如果某些特定的市场空间没有被业务碎片覆盖，那么公司的产品线中就存在缺口或真空地带。这就需要新的业务。如果划分出来的业务碎片互相存在重叠，那么业务可能会混淆、互相蚕食。这两种情况都需要重新划定业务边界。如果业务碎片不能与市场匹配，那就别指望有什么销量了。

公司就是业务碎片组成的生态系统

面对组件和约束互相作用的复杂情况，最好的解决方法通常是将完整问题分解成独立不相干的小问题或碎片（即模块化），然后各个击破。尽管缺乏集中式的控制，通过高度自治的方式解决小碎片的问题仍然是一种有效的解决方案，原因有二。第一，将复杂问题分而治之形成的整体解决方案往往是最好的。第二，如果这些小碎片能像第 3 章中描述的那样是松散的沟通，那么这些小碎片会随着时间的推移共同进化，形成更好的解决方案。换句话说，互相之间能够适度沟通的自治碎片最能有效地跟上环境的变化[3]。

这一推理产生的结论并不符合人们的直觉：碎片的粒度反而比碎片的内容更加重要。如果碎片太小，每个碎片出于自身目的追求最优状态时就会相互干扰。如果碎片太大，整个生态系统将变得稳定和僵化，而每个碎片都无法共同进化达到次优状态。只有粒度相当的碎片，才能让生态系统维持在混沌边缘，形成一种互惠的有序模式，此时业务碎片才能在生态系统中演化。

我们可以用公司来类比，假设公司是由一组业务"碎片"组成的。如果划分出的独立小业务太多，每个业务都不可能适应这么多作用互相交织在一起产生的所有影响。这样的结果就是混乱。相反，如果划分出的业务粒度很大，而业务之间通过集中的控制来协调，那么公司在面对不断变化的市场时表现出来的就是僵化。因此，找到最优的碎片粒度是公司能够适应变化的关键。

本田汽车就是一个在产品层面进行拼接的例子（见图 8-1）。20 世纪90 年代初，由于日本经济低迷、日元升值对出口的打击、错过 SUV（Sport Utility Vehicle，运动型多功能车）热潮等原因，本田的股价暴跌。事实上，1993 年和 1994 年本田汽车在日本的销量有所下降，而本田的管理者通过巧妙的拼接做出了回应。他们推出了一系列被他们定义为"休闲车"的新车，进军此前被忽视的 SUV 市场。本田的管理者采取了两个尤其关键的拼接措施。首先，本田的工程师们对 SUV 市场进行了细分，而不是只靠一种 SUV产品来通吃整个市场。换句话说，他们创造了更细粒度的业务碎片。其次，本田管理者选择了一些独特的业务碎片，而不是简单地复制其他公司的业务划分。比如，他们的奥德赛（Odyssey）就填补了传统旅行车和多功能休旅车市场之间的空白。这款车型比旅行车大，但又比多功能休旅车短。CR-V是另一款拼接产品，定位类似吉普切诺基（Jeep Cherokee），但比切诺基更小、更便宜。换句话说，本田的管理者划分的业务碎片所包含的内容和竞争对手不同。事实证明，这些拼接举措异常成功。到了 1996 年后半年，这些车型的销量占到本田在日本的新车销量的 60%。而本田在本土市场的排名也从第五位升至第三位。更重要的是，购买车型的都是日本的年轻人，这些客户未来的成长空间让同行们羡慕不已。

在业务层面进行拼接的另一个例子是计算机巨头康柏（Compaq）（见图 8-2）。1996 年，康柏正朝着 2000 年实现 400 亿美元年销售额的目标快步前进。康柏高管将公司重新划分为三大事业部和九个新业务部门，全面覆盖了工作站、通信产品、互联网产品、个人电脑定制等计算机业务。这些业务碎片的粒度（相对较小）以及覆盖的产品（对网络产品市场和互联网市场的倾斜）体现了康柏管理者对促进计算机、电信和消费电子产品融合的想法。

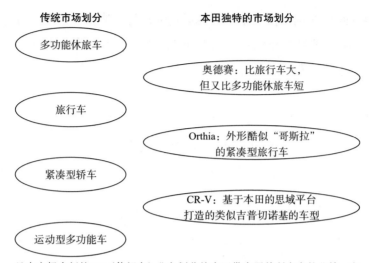

日本市场全新的 RV（休闲车）业务划分给本田带来了前所未有的业绩。在日本，最畅销的 12 款车型中就有 4 款由本田生产，RV 车型的销量占到了本田总销售额的 60%，市场排名从第五位上升到了第三位。

图 8-1　本田的 RV 产品划分

资料来源：Alex Taylor Ⅲ，"*The Man Who Put Honda Back on Track*"，《财富》，1996 年 9 月 9 日，第 92–100 页。

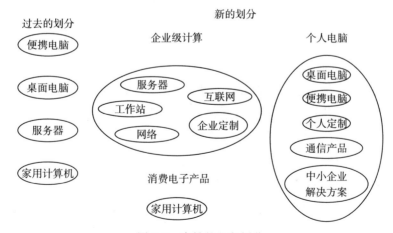

图 8-2　康柏的业务划分

资料来源："*Compaq Announces Sweeping Organizational Changes Aimed at Supporting Growth, Expanding Global Leadership*"，Compaq Computer Corporation Press，1996 年 7 月 2 日发布。

本田和康柏的例子说明了管理者如何通过拼接来重塑产品、业务甚至公司。对于惠普和艾默生电气这些公司来说，反复拼接更是家常便饭。我们调研的几家公司都是如此。

Pioneer 的拼接

Pioneer 是一家高成长的企业，它已经成为计算机行业的顶级新公司之一。Pioneer 的独特之处在于它的经理们巧妙地将"工程师说了算"的理念与财务回报结合在了一起。工程师们不单可以运用令人兴奋的技术打造领先行业的畅销产品，同时还能得到丰厚的报酬。这里是"极客的天堂"——但有一点特别重要，那就是开发人员打造的产品必须得到客户的青睐。Pioneer 正是凭借这种"能卖得出去的令人兴奋的技术"，在财务和技术两方面的表现都领跑整个行业。

Pioneer 吸引了大量技术人才，工程师们趋之若鹜。原因有三个。第一，工程师能够和最先进的技术打交道。工程师们想要的就是这种有难度、有挑战的前沿工作。第二，和能力挂钩的一流薪水。第三，也是最重要的一点，工程师开发的就是真正发布的产品。与许多公司不同的是，Pioneer 的工程师很少把时间花在那些不会上市的产品上。Pioneer 的工程师们乐于见到人们使用他们设计的产品创造惊喜。

把业务模块化是 Pioneer 管理方法的关键组成部分。管理者把公司划分成多个小部门，让这些部门里业务层面的经理（和他们的管理团队）来制定战略。他们必须对盈利、创新和市场份额增长等具体的指标负责，这和我们在第 2 章中介绍的即兴发挥一样。如果没有指标的约束，他们就会变成肆无忌惮，各玩各的业务模式。

Pioneer 的管理者不仅没有忽视拼接，还把拼接看作成功的关键，这是 Pioneer 的显著特征。事实上，拼接由一位重要的公司主管牵头负责。他不断地审视市场机会，需要的时候就增加新业务，必要的时候也会合并、拆分、关闭业务。拼接意味着不断重新调整企业与市场机会之间的匹配，而保持业务拼图的完整是 Pioneer 管理者不断重塑公司的重中之重。把管理的焦点放在拼接上，让 Pioneer 保住了顶级计算机公司的地位。下面我们来看看 Pioneer 的管理者是如何完成拼接的。

开拓新业务

我们看到 Pioneer 在一次收购中碰到了拼接的问题。Pioneer 所处的细分行业发展日新月异，收购是家常便饭。在这种环境中，Pioneer 的管理者也收购了 Performance Computing（化名）这家公司。这次收购不但达成了主要的商业目标，还让他们额外收获了一条互动视频的产品线。这条产品线并不是这次收购的目的。我们可以认为这条产品线是一个孤儿业务，或者把它比作一块在 Pioneer 业务拼图中找不到位置的碎片。这条产品线应该如何安置，就是管理者要解决的拼接问题。

这里有几种选择。第一种选择是将互动视频业务合并到 Pioneer 现有的相关软件技术业务。这样的话互动视频就会达到产生群聚效益的规模，并产生技术协同效应。第二种选择是将业务合并到有着相似销售渠道的成熟业务中。这样的话该部门优质的销售渠道会获得一款新产品，但后续还会不会有新产品就难说了。第三种选择是将收购的业务作为一个独立的部门保留下来。第四种选择是卖掉这块业务。毕竟，Pioneer 的管理者一开始并没有收购这块业务的打算，他们无暇顾及这块业务，也不太了解这块业务。

许多需要运用拼接的情况都有不止一种可行的选项。也就是说有多种方法把交互视频产品线安置在业务拼图中。大多数情况下，拼接的关键不是怎么做而是迅速地决策。拼接的选项通常是相对清晰和直接的，评估决策并不需要多少时间。Pioneer 完成一次拼接运作通常需要两到三个月。推迟决策并不能产生新的洞见，反而会加剧相关业务领域的紧张和困惑。而且，Pioneer 的决策并不是"一锤子买卖"。如果出现了更好的选择，决策随时可以改变。

Pioneer 管理者最后选择的是用 10 周左右的时间融合两种技术路线（选项一）。他们认为，两项技术的结合将产生群聚效应，创造独辟蹊径的增长机会。在这次拼接运作中，粒度显然也是一个重要的考虑。总之，这两项技术互相促进，为 Pioneer 进军互动视频市场打下了坚实的基础。

业务冲突

业务之间的冲突是另一类特别常见的拼接问题。当不同业务部门的管理者开始追求同一市场空间的新机会时就会出现冲突。这并不奇怪，因为打造新产品和追求新的增长机会是 Pioneer 文化的一部分。发生冲突的业务部门的管理者有时知道对方的存在，有时则不然。最终，管理者会和负责拼接的主管一起识别出重叠的业务并重新进行拼接，保证每块业务独立聚焦。在 Pioneer 调研期间，我们就碰到了一次冲突。

这一次冲突出现在服务器业务和桌面电脑业务之间。桌面电脑业务的工程师们开发了一种针对互联网使用场景的"网络计算机"（不那么智能的"简化"PC）。他们已经把产品介绍给了一些优质的客户，客户也表达了初步的兴趣。几个月后，服务器业务的管理者发现了同样的市场机会。他们也开始开发网络计算机。最终，双方的经理和负责拼接的主管都注意到了重叠。这种重叠持续存在了大约两个月。这段时间里，他们仔细地确定双方业务是否真的重叠，并分析双方是否采用了不同的技术方向（如果存在的话）。当确定机会大致相同时，经理们决定重新拼接。

业务冲突的情况并不少见，因此拼接决策的选择也很清晰。第一种选择是成立独立的业务部门，把桌面电脑业务和服务器业务各自的举措整合到一起；第二种选择是将这项业务融合到桌面电脑业务中；第三种选择是将这项业务融合到服务器业务中。第一种选择很快被否决了，因为这项业务的规模还不够支撑一个完整的部门。粒度依然是影响决策的关键因素。这样一来，就只能在现有的两个部门之间做出选择了。

和大多数拼接运作一样，选择的决策过程并不轻松。简单地把业务放到更适合的部门中去还远远不够。桌面电脑部门已经在产品开发周期中投入了很多，部门规模更大、更成熟。尽管经理们对新产品很感兴趣，但这只不过是他们现有产品组合微不足道的补充。相比之下，服务器部门规模更小、更年轻。将新兴业务融合到服务器部门中，可以帮助该部门发展这种特定产品所需的工程技能，布局未来。此外，网络计算机业务可以刺激某个区域的招聘，而高管们正好想要加大该区域的招聘力度。最后，服务器部门和桌面电脑部门的新产品经理都更希望加入服务器部门的大家庭。负责拼接的主管最后决定将这项业务融合到服务器部门中，尽管桌面电脑部门对这个决定有些不满，但还是接受了。

模块化失误

经常处理拼接的主管都明白模块化是拼接的基础。然而，拼接选项经常和业务模块发生冲突，主管经常要面对牺牲模块化来解决冲突的诱惑。通常他们不会妥协，但 Pioneer 出现了一次失误。

这个机会是打造一款软件产品，用于衡量连接在一起的计算机系统的性能。两个业务部门的经理都发现了同样的机会，业务又出现了冲突，为了争取打造这款软件的机会，两个部门提出的理由都非常令人信服。手心手背都是肉，负责拼接的集团高管与两个业务部门的经理决定共享这个新机会。她让一个部门主导软件的开发，让另一个部门主导营销并对前一个部门的利润负责。她的理由也很合理，这个软件项目能帮助第一个业务部门发展关键技能，而商业机会本身更贴近第二个业务部门的业务范围。

一开始，大家都赞成这个折中的选择。方案看起来能促进团队合作，但两个月后事与愿违，谁也不想对这款软件产品负责。产品线被交给了其中一个部门的经理，但他级别较低，也缺乏足够的权力和时间，产品难以为继。Pioneer 最后错过了这个市场机会。而这项软件业务只能重组，被整体整合到其中一个独立的业务部门。

拼接的规则

（1）指定一位高级别的经理持续审视机会，不断地创建、合并、分割、修正和重组业务，寻找新的市场，寻找创新的拼接方法。

（2）注意业务碎片的粒度，不同的粒度是关键。

（3）把拼接与试验紧密地结合起来，这样就可以从探针试验顺利地过渡到新产品和新业务。

（4）当拼接的机会出现时：

1）快速给出多种选项。

2）要避免把机会拆分到多个业务中的选项。

3）从技能发展、区域需求和绩效潜力多个方面对机会进行评估。

4）快速决策，因为速度比正确性更重要。

（5）市场变化得越快，业务划分的粒度就要越小。粒度过粗会造成僵化，而粒度过细会造成混沌。

Jupiter 的困局

在 Pioneer，我们看到了业务和市场机会之间的动态匹配。Jupiter 的情况则截然不同（见第 3 章）。Jupiter 是一家非常全面的公司，Pioneer 也正在朝着全面型公司的方向快速发展。但是 Jupiter 没有像 Pioneer 那样安排定期的拼接计划，也没有牵头负责拼接运作的主管。因此，Jupiter 的管理者在公司的经营中没有机会拼接。而且，历史的包袱让 Jupiter 很难围绕商业机会建立灵活性。高层自上而下强制要求的协作反而助长了业务内部的地方保护主义。由于例行拼接计划的缺失和业务之间的壁垒，Jupiter 的管理者往往会错过重新调整业务划分的机会。即便业务到了不得不重组的境地，管理者也会非常谨慎，因为这些选择非常罕见，而且没有回头路。讽刺的是，犹豫不决的选择进一步加剧了矛盾。最终，Jupiter 的管理者失去了重塑的根本动力。

从 Pioneer 和 Jupiter 学到的教训

把 Pioneer 和 Jupiter 放在一起对比，我们得到了一些和拼接运作有关的教训。

首先，对于变化快速、不可预测的环境来说，拼接运作是一项至关重要的活动。新兴市场不断出现，繁荣市场不断分化，新技术不断涌现，市场不断碰撞冲突，而拼接就是管理者有效地将业务与不断变化的市场匹配的过程。

其次，拼接决策涉及的选择通常很清晰，但远远不是把机会留给最有前景的业务这么简单。选择隐含着更广泛的影响，包括职业发展、招聘、士气和业务碎片的粒度。这些都是在拼接决策中需要考虑的重要因素。

再次，尽管拼接决策的选择都非常明确，但随之而来的往往是激烈的冲突。拼接的决策总是存在着经理们互不相让的地盘之争。因此，无论做出何种选择，总会有些人不开心。处理冲突的关键是广泛讨论、迅速决策。

最后，适当的业务碎片划分粒度和模块化是有效拼接的基础。Pioneer的管理者就因为破坏了自己定下的业务模块化规则而后悔不已。

合成战略

"让我赚大钱！"㊀ "笨蛋，这是经济问题！"㊁ "要么吃掉别人，要么被人吃掉！"这些所谓的金句是当代文化备受非议的特征之一⁴。"金句"一词本身就说明了 MTV 一代㊂转瞬即逝的注意力。但是，言简意赅、一针见血的语言并不是一无是处。在科学界，克里克（Francis Crick）和沃森（James Watson）那篇关于 DNA 的革命性论文还不到两页，爱因斯坦的相对论也可以用不到一页纸来概括。从修辞学上解释，震撼人心的演讲让人记住的是短小精悍的金句而不是完整的长篇大论。道格拉斯·麦克阿瑟（Douglas MacArthur）的宣言"我会回来的"，马丁·路德·金（Martin Luther King）的"我有一个梦想"，以及约翰·肯尼迪（John Kennedy）的"……问问你能为国家做些什么"都很简短，但让人印象深刻。简短的修辞体现出了一种优雅，能够抓住复杂思想和情感的本质的优雅。这是最好的金句。

这里之所以提到金句，是因为在高速发展和不可预测的市场中，高管这个角色需要创造一些这样的金句。高管这个角色的工作就是阐述和传达一项或者多项业务的本质和兴奋点，而且只有简短优雅的语言才能做到这一点。

㊀ 1996 年的电影《甜心先生》中，小古巴·古丁的经典对白。——译者注
㊁ 美国政坛最知名的金句之一，来自赢得 1992 年大选的克林顿团队。——译者注
㊂ MTV 一代指的是 20 世纪 80 年代和 90 年代初期的年轻人，他们大多受到 1981 年开播的 MTV 电视频道的影响。——译者注

当企业员工面临快速和不可预测的变化时，一句简单的话语就能够抓住他们工作的核心。这句话是把大家拧成一股绳的关键。

1992 年，芬兰电信公司诺基亚（Nokia）的首席执行官约玛·奥利拉（Jorma Ollila）在一次头脑风暴后，匆匆写下了几个词语："以电信为本、全球化和专注"，还有"增值"。这些词语成为诺基亚接下来数年愿景和方向的基石[5]。

一方面，这些词语传达的是对公司的简短诠释，并不是对未来的憧憬。它们既没有给电信行业未来的发展定调，也没有定下开拓业务的先后顺序。相反，它们描绘的是诺基亚成为全球化电信公司的愿景——未来一切皆有可能。它们还描述了诺基亚不会做的事情。

另一方面，这些简短的词语抓住了现实。它们将公司众多产品线、30000 多名员工以及全球 40 多个国家的发展、行动和运营紧紧联系在一起，汇聚成一个半连贯的战略方向。这几个词语精准地描述了诺基亚现在正在做的事情以及诺基亚管理层未来打算做的事情：建立手机品牌形象、打造高端产品（比如售价 2000 美元 Communicator 9000，一款兼顾电话和互联网的设备）、投资个人通信服务（PCS，Personal Communications Services）等新技术。它们抓住了公司自下而上产生的半连贯的战略方向的本质。这种简单性让原本复杂的战略组合呈现出了一种连贯性，产生了一种能够被驾驭的感觉。

三类领导者的对比

我们研究的案例中，有三位高管在战略的提炼和阐述上形成了鲜明对比。第一位高管来自 Titan，这家公司的主营业务正在从大型机向客户机／服务器计算转型，他巧妙地用"全球化企业计算解决方案的领导者"来解释公司的定位。这句话不算长，却抓住了 Titan 的业务精髓。同时，它允许中心主题的变化。这位高管告诉我们："我们有一个愿景，但当我们发现更好的机会时，我们也会脱离主线去尝试。"所以，在 Titan，并非任何一件事都要刻板地和公司愿景绑定。尽管公司会尝试一些与愿景并不完全一致的方向，但公司的基本盘仍和愿景牢牢地绑定在一起。实际上，这位高管创造了一种不完全的连贯性，但他诠释的连贯性又比业务表现出来的连贯性更强烈一些。

第二家公司的高管眼光也相当长远。他能洞察到行业的未来和公司在行业中的定位，也了解自己公司的各种业务是如何整合在一起的。但这位高管没有办法进行提炼，无法传达业务当中的连贯性。他认为公司纷繁的业务太复杂，不可能用一句话讲清楚。在他看来，这种简化会产生误导。他不愿意（或许也没有能力）画龙点睛地阐述公司的宗旨，这让其他管理者感到困惑。他们想要的是一个愿景。其中一位经理恳切地说："我们需要看到有人站出来领导我们。这里太混乱了，我们只能认为他在领导我们，他知道发生了什么。看看其他公司，他们有斯科特·麦克尼利（Scott McNealy，太阳计算机系统创始人）、拉里·埃里森（Larry Ellison，甲骨文创始人）和比尔·盖茨（Bill Gates，微软创始人）。我们需要他站出来。"

第三家公司的这位高管则喜欢高谈阔论。在阐述公司未来的时候，他魅力四射，但他口中的愿景却空洞无物。未来很美好……但和他的公司无关。大多数人无法感受到愿景和自己或整个公司之间的联系。这个愿景太超前、太不切实际，无法让人信服，也不能鼓舞人心。这位高管对公司的阐述太虚幻了。

边缘上的领导力

本章开始我们就指出，卓越的业绩没有那么容易保持，对星巴克和其他任何企业来说都是如此。尤其是处在瞬息万变、不可预测的市场竞争压力之下，保持这样的业绩非常有挑战性。因为这需要在混沌边缘和时间边缘上保持平衡，需要跟上变化的步伐，需要与精明的竞争对手周旋并战胜他们。这些挑战的同时性和动态性需要重新思考领导力的作用。我们将不同的管理者的领导职能总结如下。

在业务和职能这个管理层面上：

（1）战略是管理层面的工作。获胜就是战略的底线。

（2）通过即兴发挥、协同适应、试验和再生来制定策略。然后是时间步调。

（3）不断地试探，确保不要偏离边缘。通过增加或去除一些结构试探是否超越边界。对偏离边缘的发展迹象保持警惕。

（4）如果市场发展提速，就要考虑将业务划分成小碎片。

（5）培养处理紧张竞争关系的技巧。

在多项业务或多条产品线的拼接这个管理层面上：

（1）保持业务模块化，聚焦特定的市场机会，对关键的绩效指标负责。尤其要重视业务的粒度。

（2）快速做出拼接决定，但要广泛地听取意见，避免办公室政治。

（3）市场节奏越快越不确定，业务碎片就要划分得越小越精细。要避免业务碎片之间的紧密联系。

（4）培养识别模式的能力。

在高管这个管理层面上：

（1）用简单的语句诠释公司（不是画饼）要抓住业务的本质，不要被条条框框限制，要尊重事实，但也不用过于拘泥。

（2）清楚地把对公司的诠释传达出来，该发声时别犹豫，做出承诺，鼓舞士气。

（3）市场节奏加速或者不确定性的增加都会让公司变得割裂，但对公司的诠释应该保持连贯性。

（4）留意可能被拼接层面的管理者漏掉的市场机会。

（5）培养对模式进行提炼并表达出来的能力。

无论在哪个管理层级，和时间有关的管理技巧都是必须掌握的。把握时机，能在聚焦于当下的同时在未来一个月、一年甚至好几年的时间跨度上思考，这是在快节奏、竞争激烈和不可预测的市场中保持卓越业绩的关键。

传统的领导力和边缘竞争的领导力对比

传统的领导力	边缘竞争的领导力
• 集团高管是为了确保充分的控制而打破束缚的人。	• 部门高管通过业务拼接适应不断变化的市场。
	• 战略来自业务。
• 企业领导人制定战略。	• 企业领导人从多项业务中提炼出战略的精髓。
• 最优秀的管理者能够有效地分析复杂的情况并制订战略计划。	• 最优秀的管理者能够从数据中看到模式，他们的思考跨越的时间范围更长。
• 严格按照详细的战略计划执行才能具备竞争力。	• 竞争无时无刻不以出人意料的方式发展。
• 成功来自万无一失的计划和完美无缺的执行。	• 成功来自业务层面实时、娴熟、快速和敏捷的行动，来自部门层面巧妙的拼接，来自高管层面画龙点睛的愿景提炼。

9

边缘竞争的原则

优秀公司的标志是能够发现游戏规则已经改变并且能够适应变化。

——亚瑟·马丁内斯
(Arthur Martinez),
西尔斯百货
(Sears, Roebuck & Company)

Competing on the Edge
Strategy as Structured Chaos

无处不在的变化是本书的前提。这意味着，许多当代企业的管理者所面临的关键战略挑战是管理变化，包括：如何迅速地做出反应，如何尽可能地做出预判，如何适时地引领变革。管理者也许可以偶尔为之，但这样还不够，他们的困难在于如何持续地保持这样的表现。我们认为边缘竞争战略是不可预测的，常常不受控制，有时甚至有些低效。尽管如此，当变化无处不在时，边缘竞争战略给出了最佳实践。

在边缘上竞争又有哪些"法则"呢？我们把本书的主题提炼成了以下十条法则或原则。这些原则阐明了关于战略、组织和领导力的关键假设和最佳实践。我们认为这是对在边缘上竞争的公司的特征最好的概括。

战略

原则一：没有永远的优势

任何战略都应该被当作是暂时的。在边缘上竞争的管理者明白，竞争优势转瞬即逝。因此，他们专注于持续不断地创造新的优势源泉。变化从威胁转变成了机遇。这些管理者思考的更多是"怎样才能把变化转变成新的机会"，而不是"应该如何在变化中保住自己的位置"。例如，看重机会的有线电视公司高管认为，充满不确定性的互联网不但不对有线电视造成威胁，而且是有线电视为用户提供高速互联网接入的机会。这些掌握了最佳实践的管理者表现得就好像今天的优势明天就会消失殆尽一样。

原则二：战略是多元的、浮现式的、复杂的

我们要依靠多元化的战略举措。战略并不是简单的一条路走到底，而是一系列多元化举措的集合，这些举措松散地聚集在一个半连贯的战略方向上。在边缘上竞争的管理者会让战略浮现出来（就像微软对待互联网机会那样），然后对战略进行提炼和阐述。这些管理者会采取大量举措，观察这些举措的结果，然后继续跟进那些有效的举措。他们拥有更广泛的战略选项，并且殷切地期望着在这些选项之间不断地转换，包括驱动品牌差异化、

推动技术突破，强化成本控制的领先优势。折扣经纪商嘉信理财（Charles Schwab）迈向全服务经纪的举动就出乎人们的预料，这些战略不仅打破了预期，也让竞争对手措手不及、疑虑重重。

原则三：重塑是目标

在边缘上竞争的管理者寻找一切机会来重塑业务，利润自然就会随之而来。他们关心的是如何找到创造价值的新方法，而不是如何成为最高效的公司。对重塑的重视让他们持续地跟踪创新性产品销售的业绩指标。3M 公司销售额的 25% 必须来自四年内推出的产品的规定，艾默生电气也要求新产品销售额要占到总销售额的 35%，这些目标都是很好的例子。对重塑的重视让他们聚焦在如何紧跟市场的变化，比如特定竞争对手的市场份额和销售出现了增长。对重塑的重视并不会让他们对利润漠不关心。相反，掌握最佳实践的管理者明白，没有一定会盈利的铁饭碗，而重塑是实现长期盈利的更明智的途径。因此，他们对"明年有哪些新的收入来源"的思考和"当下核心业务的收益是多少"一样多。

组织

原则四：活在当下

当下是最重要的时间窗口。眼前的产品发布、制造效率和销售订单都是最重要的。管理当下的方法是尽可能地保留最少的结构。在边缘上竞争的管理者会尽可能地减少业务的结构，同时留意那些完全没有结构的地方。每个人都可以倒背如流的优先级和每个人都了解的职责是必要的结构。少数严格的规则和少量需要严密监控的运营变量（例如周期时间、预订和订单完成指标）都体现了最少但是必要的结构。如前所述，适当结构化的结果是像英国航空一样提供一致性和个性化兼备的服务，或者像耐克一样提供创新且高效分销的产品。这些管理者运用足够的结构来防止业务分崩离析，让业务随时做好变化的准备，让管理者保持对新机会的敏感度。这些管理者希望获得一定的跨业务协同效应，但不是把业务变成铁板一块。

原则五：充分利用经验

尽管当下是最重要的时间窗口，在边缘上竞争的管理者比起那些没有在边缘上竞争的管理者更能利用过去的经验。他们的产品和服务平台在市场上更加经久不衰，衍生产品开发得更有效率，新区域和新客户群的拓展更加频繁。他们常常选择性地利用过去的优势打开新的机会。掌握最佳实践的管理者意识到，在追逐新的机会时，过去的积累往往是竞争优势。明智地利用过去的积累可以降低风险，释放资源集中到新的想法上。例如，盖璞的管理者回顾过去，支持推出了老海军。新的业务探索将现有的世界顶级的采购和物流与新颖的商品、店面位置、独特的零售形式相结合，吸引了新的客户群体。盖璞的高管们确实承担了一定的风险，但并不是每项决策都是险中求胜。那些在边缘上竞争的最老练的管理者仿佛能够逆转时间，他们通过向新业务学习来刷新现有业务——就像 IBM 的管理者通过收购 Lotus Notes 来提振大型机销售。但是，在运用经验的同时，这些管理者也会小心地提防，避免被过时的竞争模式束缚。掌握最佳实践的管理者虽然善于利用过去，但始终保持在时间边缘的状态。

原则六：展望未来

那些在边缘上竞争的管理者对未来有更深的认识。简而言之，他们的管理比其他大多数人的时间跨度更长。受未来不可预测的信念驱使，他们推出了更多的试验性产品和服务，建立了更多的战略联盟，关注新兴市场和技术，并比其他公司雇用更多的未来学家。受未来不断变化的偏执狂的驱使，他们经常重新审视未来。例如，他们可能会每天评估一个杂货店和银行的服务的试验组合，每月与未来学家会面，每季度监控新生企业的股权投资。然而，尽管他们经常对可能的未来进行审视和回顾，但这些管理者并没有在未来上花很多时间，也没有在规划上投入更多。相反，他们不断地博弈，逐渐找到了一种平衡——既不会对未来投资过少，导致陷入缺乏远见的陷阱；也不会对未来投资过多，被不切实际的未来所迷惑而牺牲了更重要的当下。

原则七：设定变化的时间步调

在边缘上竞争的管理者会根据时间和事件来设定变化的步调。他们明白，步调（有别于速度）是一种重要的战略武器。因此，他们会设定一种步调，比如，每年推出新产品或者新服务的数量（如艾默生电气新产品销售35%的目标），每季度的开店数量（如星巴克和加拿大的 Chapters 书店的扩张计划），品牌的刷新节奏（如英国航空公司定期刷新旅行服务品牌）或者制造能力的建设节奏（如英特尔每九个月建设一座新工厂的计划）。就像网球运动员的近距离击球、高尔夫球手的切球或足球运动员的回球一样，这些管理者也会管理节奏之间的转换过渡。例如，他们通常会精心设计产品开发项目之间的转换过渡。他们可能会像美国第一银行那样设计收购的融合，或者像吉列那样设计新市场的开拓。当他们推出产品时，他们会安排好物流，并协调好配套。如果他们没办法设定节奏，他们就会努力使自己的变化节奏与市场需求或者其他公司的节奏相匹配。那些在边缘上竞争的管理者明白节奏的力量，节奏能让他们的企业进入一种最佳状态并保持下去。

领导力

原则八：制定和实施边缘竞争战略

在边缘上竞争的管理者会像培育大草原一样发展公司业务，而不会像组装烤面包机那样只进行简单组装。这也意味着，他们并不会在同一时间执行竞争边缘战略的所有部分。为了让战略重新焕发活力，他们首先要像亚瑟·马丁内斯接手西尔斯那样，精简业务重新整合。这些管理者们会先瞄准那些最明显的问题，比如调整过于臃肿的结构或者过于松散的结构来改进当前的业务和战略。他们设定优先级、主要职责和运营措施，并且拆除已经存在的巨型结构。他们非常注重边缘竞争战略的实施步骤——以当前的业务作为转型起点，然后汲取过去的经验和教训，并与未来的机会相结合，最后再转向时间步调的变革。这些管理者在重塑业务时，从来不会从未来的业务战略着手——而是从当前的业务运作开始。

原则九：在实际业务层面推进边缘竞争战略的落地

边缘竞争战略推进的思路是让实际的业务线肩负起战略落地的责任。业务线的管理者掌握着战略的两个核心命题——"业务要达成什么样的目标"和"如何达成业务目标"。表现优异的公司的管理者们意识到，在高速发展的市场，由上至下的战略方式很难奏效。因为变化实在太多，来得太过迅速，以至于无法等待战略指令在整个层级体系中一层层传递下来。在这种市场环境下，成功来自在业务实际层面上熟练、快速、敏捷的行动。

原则十：将业务与市场重新匹配形成完整拼图

高层管理者的角色也发生了转变。当市场的变化速度比较缓慢时，将公司的组织架构与市场机会进行一一映射，就是一种非常明智的战略手段，而且还能一劳永逸；但是市场的快速变化已成常态的时候，这种做法就寸步难行了。在当今市场环境下，机会来了又走、市场集中了又分化、公司合并了又重整，任何企业业务与市场的完美匹配都会转瞬即逝。这种不断的变化给高层管理者们带来了一个严峻的挑战，那就是需要持续地重新审视单个业务的构成及其与市场的匹配状况，比如，本田公司为了适应日本市场对休闲业务线进行了重组，推出了全球化舒适型 SUV；再比如，康柏公司看到了互联网、电信和消费电子等领域的市场融合机会，进而对自身业务重新规划和调整。对于高层管理者来讲，持续地利用新出现的机会不断地重组业务，制定清晰明确的战略，偶尔塑造紧急战略以应对市场变化，已经成为他们的核心职责。模式识别和对模式本质的阐述是高层管理者的核心技能。

　　在瞬息万变的市场和行业中，将战略的两方面内容紧密结合在一起的时候，边缘竞争的十大原则才更有意义。边缘竞争的战略思想源自于复杂理论、速度本质和周期演化这些理论对变化的基本思考和深度剖析，而这些理论基础导致边缘竞争具有半连贯性的战略方向，它的独特之处在于，无法预测、不受控制，甚至效率不高，但是却异常稳健并卓有成效。边缘竞争的确非常复杂而且相当苛刻，但当我们身处"变革"之境，边缘竞争无疑是一种行之有效的战略方法。

本书的研究方法

Competing on the Edge
Strategy as Structured Chaos

我们深入实地，对来自亚洲、欧洲和北美洲的多家公司进行了研究，在这个过程中边缘竞争的理念逐渐成形。我们把研究的重点放在计算机行业上，因为这个行业是高速发展的典型，而变革管理是它们要面对的关键战略挑战。我们一共研究了 12 家公司，它们无一不是在竞争极度白热化、技术更新极其频繁的细分行业中竞争。在变革能力成为业绩长青的核心的环境中，这些公司的战略和组织是非常理想的研究对象。

研究设计

这项研究的设计是允许"重复"逻辑的多案例研究。这些案例被视为一系列独立的验证，用于证明或反证研究中浮现出来的概念洞察。我们通常从三个管理层级收集信息，并且将可能影响战略制定的来自母公司和行业的因素也纳入分析。此外，我们还在研究中同时使用了实时观察数据和历史回顾数据。

研究样本由六对公司组成。其中九家公司的总部位于北美，两家的总部位于欧洲，还有一家总部位于亚洲。每一对研究样本中都有一家被认为是其行业细分领域的领军者。与其配对的另一家公司虽然不是领军者，但也是该行业细分领域的佼佼者。两类公司我们都采用同样的标准来衡量，包括盈利能力、增长、市场份额和整体行业声誉。20 世纪 90 年代，这些行业领军者的年均收入增长超过 20%，同一时期行业佼佼者的年均收入增长约为 5%。虽然六对公司都属于广义上的计算机行业，但它们每一对都各自面临着独特的战略问题。选择多样化的研究案例是为了确保我们的发现在不同的竞争环境中具有足够的普遍性。

本书的数据主要来自我们对其中九家公司的初始研究。我们选择了业务单元层级的分析，因为在快速变化的市场中，业务单元层级是这些公司竞争的战略中心。后来，我们又补充了来自另外三家公司的数据。其中一家填补了空缺，和初始研究样本一起被分成了五对面对同样战略问题的公司。另外两家是多元化的、全球化的多事业部公司，它们是其中两家初始研究样本的母公司。

案例选择

有两家公司是前沿技术型公司。也就是说，它们运用最前沿的新技术展开竞争。这让我们捕捉到了领先技术与"尖端"技术之间非常细微的竞争动态。

有两家公司是组件集成商，它们所处的行业细分领域竞争激烈、增长迅速。对于两家公司的管理者来说，关键的战略选择在于不断在产品特性和新技术之间做出取舍，以适应竞争白热化、成本敏感的细分市场环境。

有两家公司正经历着企业转型，从大型机市场转向客户机/服务器市场。这两家公司的关键战略问题核心是如何以及何时进行转换。时机是关键的未知数。大型机什么时候会灭亡，怎样灭亡？此外，驱动这项巨大的计算机体系转变的不仅有技术和市场，还有文化和组织。与高速、激进的客户机/服务器细分领域相比，大型机细分领域的公司往往更加官僚，节奏更慢。

有两家主要的应用软件供应商卷入了标准之争。在这个行业细分领域里，对标准的控制是竞争的焦点，也是这里的关键战略问题。选择正确的硬件和软件平台，迅速扩大用户安装基数，与正确的合作伙伴建立关系网，这些都是最终主宰赢家通吃市场的关键。

有两家公司是高速增长的新兴企业。这两家公司的主要战略问题是管理过快的扩张速度。管理者的关键挑战是如何保持足够的发展速度，在保证增长的同时避免自我毁灭。随着公司逐渐成熟，阻力也会不断地产生，这项任务的挑战会越来越大。

最后两家是多元化的跨国公司。对于这些大型、复杂、多部门的组织来说，关键的战略问题是各业务单元之间的协同，同时不断地将公司与持续发展的市场机会对齐。尤其具有挑战性的是如何平衡单一业务的特殊需求和跨业务之间的协同效应优势。所有案例公司的战略处境如表 A-1 所示。

为了保护这些公司及其管理者，我们特意对案例进行了脱敏，隐去了他们的名字。为了让沟通尽可能地坦率和深入，我们向受访的高管保证他们最后会匿名。特定产品和公司地点等细节都被抹去了。在一些示例中，我们将来自多家公司的数据嫁接到一家公司上，这样做的目的是在陈述观点的同时避免透露敏感信息。

表 A-1　每章的案例选择

章	案例	战略处境
第 2 章	Royal	企业转型
	Nautilus	组件集成商
	Cruising	组件集成商
第 3 章	Jupiter	多元化跨国公司
	Galaxy	前沿技术
	Tai-pan	多元化跨国公司
第 4 章	Fable	标准之争
	NewWave	高速增长的新兴企业
	Midas	前沿技术
第 5 章	Pulsar（Galaxy 的子公司）	前沿技术
	Nautilus	组件集成商
	Titan	企业转型
第 6 章	Zeus	标准之争
	Callisto（Jupiter 的子公司）	多元化跨国公司的事业部
第 7 章	Tai-pan	多元化跨国公司
	Royal	企业转型
第 8 章	Pioneer	高速增长的新兴企业
	Jupiter	多元化跨国公司
	Titan	企业转型

数据收集

对于初始调研的九家公司，我们收集的数据来自访谈、问卷调查、实地观察和二次文献等多种渠道。其中最重要的是对 80 多位管理者的半结构化访谈。这些管理者覆盖了不同的管理层级，既有级别较低的执行层管理人员，他们负责一个独立项目或小规模的业务活动组合；也有级别较高的总经理、副总裁和企业执行官。不同管理层级的受访者都有来自各个职能领域（例如工程和营销）的代表。

我们实地走访了这些公司，在为期数天的考察中完成对管理者的访谈。

一次访谈通常会持续 90 分钟，但有时候也会花上三个小时。考察期间，我们记录下每天的印象，以及在午餐、咖啡时间和产品演示期间的非正式发现。一有机会我们就会旁听会议。这些观察构成了调研的实时数据。

我们的访谈从管理者的背景还有其公司所处的细分市场的竞争动态开始。我们会谈到公司面临的关键战略问题以及公司内部的特定产品线。根据受访者的身份，我们还会问到公司内部不同群体之间的关系，以及其部门与公司其他部门之间的关系。我们特别关注创新过程和相关的产品开发的组合，这是公司在快速变化的市场中的生命线。

除了定性数据外，我们还要求管理者提供定量的数据。我们要求这些管理者完成调查，问题包括沟通模式、协作、组织架构、角色清晰性、优先级、项目和业务绩效、竞争对手、杠杆作用和过渡过程等。我们还从首席财务官那里收集了有关公司财务表现的数据。此外，我们还从商业新闻中收集了大量次要数据，帮助我们理解市场和母公司的力量对每一家公司的影响。

完成初始调研样本的数据收集之后，我们又增加了三个额外的案例，还对许多初始调研的管理者进行了跟踪回访。这些数据的收集不像初始调研那样结构化，只是在走访时顺便通过开放式的访谈以及对高层会议的实时观察收集的。

数据分析

进行对比，再构建出概念框架。我们先把所有访谈反馈转录到一个数据库中，按照案例、面试编号、面试类型和问题编号建立索引。然后，我们将同一个问题的答案集中起来综合形成一条反馈。

利用这些综合反馈和次要文献，我们为每一家公司都编写了案例研究。这是一个需要频繁回顾数据的迭代过程，每个案例中战略和组织的重要特征会在这个过程中不断地浮现出来。尽管我们注意到了案例之间的相似性和差异性，但是为了保持重复逻辑在不同案例中的独立性，我们还是将进一步的分析放在所有案例报告完成之后。另一位研究人员通读了原始的访谈记录，形成了自己对每个案例的独立观点。我们利用这些独立观点对每一份浮现出来的案例研究进行交叉验证。我们花了半年时间完成初始案例研究的编写。

在全部独立的案例研究完成之后，我们通过案例之间的比较分析来形成概念洞察。分析过程中，我们不带任何的先验假设。首先，我们对比案例找出它们共同的困难，并提炼出每个特定案例的独特之处。其次，我们创建表格和图表来帮助做进一步比较，我们分析了连续几对案例的相似性和差异，让结构和理论逻辑浮现出来。我们迭代地调整案例的配对来完善概念性洞察。在分析过程中，我们经常停下来思考。随着分析的演化，我们的抽象水平也在不断提高。我们会回头审视原始案例证实我们的想法或者根据需要对它们进行调整。我们还会回溯原始访谈记录，确保我们的想法与数据始终保持一致。

后来，我们又增加了三个案例，面试的管理者超过了 100 人。这些新数据被用来证实并阐述我们得到的假设和概念框架，同时也提供了一个帮助我们改进思路的新鲜的数据池。两家多事业部制的公司案例特别有助于加深我们对获取跨业务协同效应的理解。

我们收集的次要文献包括书籍、教学案例和来自商业出版物的文章。这些涉及其他更多行业公司的文献帮助我们完善了这些思考在各个行业和各种战略处境中的适用性。我们把自己的想法用作教学材料进行打磨。我们还探讨了从 12 个案例中得出的见解，与我们对复杂理论和进化理论、速度本质、时间步调的研究，还有对战略和组织更通用的研究得出的见解之间的关系。边缘竞争框架就是我们这些投入的最终成果。

第 1 章

1. 这段对战略的定义来自 1997 年 3 月 1 日《经济学人》的文章 "Making Strategy"。

2. David Kirkpatrick, "Intel's Amazing Profit Machine," Fortune, 17 February 1997.

3. Michael E. Porter, "What is Strategy?" Harvard Business Review 74, no. 6 (1996)：61.

4. 我们的思考建立在许多同事关于浮现式战略的研究成果之上，他们是 Joseph Bower, Robert Burgelman, Henry Mintzberg, James Brian Quinn 和 Karl Weick。

5. Denise Caruso, "Microsoft Morphs into a Media Company," Wired, June 1996. 6.

6. 同上。

7. Stuart Kauffman, At Home in the Universe (New York: Oxford

University Press, 1995).

8. 学术界围绕复杂性和混沌边缘的含义存在一些争论（see Horgan and Johnson in the complexity area of the subject bibliography）。鉴于存在争论，我们基于自己的数据将混沌边缘概念化，对真实的公司来说具有参考意义。

9. 这里插入的是对组织变化的理解，参考了我们和其他人的大量著作，特别是那些复杂理论和进化论以及周期演化领域的著作。这些著作在主题参考书目中一一列出。

10. All 3M quotations are from Thomas A. Stewart, "3M Fights Back," Fortune, 5 February 1996.

11. Kauffman.

12. This example is taken from chapter 7 of W. Mitchell Waldrop, Complexity: The Emerging Science at the Edge of Order and Chaos (New York: Touchstone, 1992).

第2章

1. Anne Miner 和 Christine Moorman 最初激发了我们对即兴发挥的兴趣。Jo Hatch、Deb Meyerson、Beth Bechky 和 Karl Weick 为我们提供了关于即兴发挥的宝贵见解。

2. Ben & Jerry's 将社会价值作为重要的目标考量，这些目标往往凌驾于传统的财务业绩衡量标准之上。

3. Geoffrey Smith and Jeffrey M. Laderman, "Fixing Fidelity," Business Week, 6 May 1996.

4. Linda Grant, "Stirring It Up at Campbell," Fortune, 13 May 1996.

5. 金宝汤和梅赛德斯－奔驰都以更加即兴的方式东山再起。

6. Rajiv Rao, "Zen and the Art of Teamwork," Fortune, 25 December 1995.

第 3 章

1. The Time Life illustration relies extensively on the case by David Garvin and Jonathan West, "Time Life Inc. (A)," Case 9-395-012 (Boston: Harvard Business School, 1995).

2. D. Charles Galunic、Morten Hansen 和 Gabriel Szulanski 在跨企业协同效应方面的工作对我们编写本章很有帮助。我们也从与 Robert Axelrod 和 Michael Cohen 的谈话中受益匪浅。

3. Greg Burns, "What Price the Snapple Debacle?" Business Week, 14 April 1997.

4. All Time Warner quotations are from "Ted Turner's Management Consultant," Economist, 22 March 1997.

5. This vignette appears in Arie de Geus' The Living Company (Boston: Harvard Business School Press, 1996), 134 - 135.

6. Hugo Uyterhoeven and Myra Hart, "Banc One - 1993," Case 9-394-043 (Boston: Harvard Business School, 1993).

7. This communication is described in Stuart Kauffman's At Home in the Universe (New York: Oxford University Press, 1995), 267 - 271.

第 4 章

1. Erhard Bruderer, Andrew Hargadon, Daniel Levinthal, James March 和 Jitendra Singh 的见解对我们思考基因算法和重组特别有帮助。John Holand 为我们探索与开发二分法提供了来源。

2. Paul Colford, "New Cosmo Editor Won't Alter Magazine's Sassy Spirit," San Jose Mercury News, 20 February 1997.

3. Edith Updike, "Toyota: The Lion Awakens," Business Week, 11 November 1996.

4. Bill Saporito, "Fallen Arches," Time, 9 June 1997.

5. Kathy Rebello, "Spindler's Apple," Business Week, 3 October 1994.

6. "General Motors' Saturn: Success at a Price," Economist, 27 June 1992.

7. George Mannes, "Will Mario Find Love at 64?" New York Daily News, 29 September 1996.

8. Linda Himelstein, "The World According to GAP," Business Week, 27 January 1997.

第 5 章

1. Jeffrey Kluger, "Next Stop: Mars," Time, 11 November 1996.

2. Frank Sweeney, "Another Small Step," San Jose Mercury News, 13 March 1997.

3. Ron Stodghill II, "So Shall Monsanto Reap?" Business Week, 1 April 1996.

4. Peter Elstrom, "Did Motorola Make the Wrong Call?" Business Week, 29 July 1996.

5. Catherine Arnst, "AT & T: Will the Bad News Ever End?" Business Week, 7 October 1996.

6. The research of Sim Sitkin, Paul Lave, and Etienne Wenger on learning was particularly helpful in our thinking.

7. John Byrne, "Strategic Planning," Business Week, 26 August 1996.

第 6 章

1. David Kirkpatrick, "Intel's Amazing Profit Machine," Fortune, 17 February 1997.

2. 同上。

3. 我们特别感谢 Connie Gersick 在时间步调的关键见解。

4. "Canada Wins Gold in Relay," Canadian Press Newswire, 3 August 1996.

5. All Gillette quotations are from Linda Grant, "Gillette Knows Shaving—and How to Turn Out Hot New Products," Fortune, 14 October 1996.

6. Geraldine Fabrikant, "Blockbuster's Profit Is Now Seen Plunging," New York Times, 2 July 1997.

7. Lawrence A. Armour, "Can We Talk?" Fortune, 9 June 1997, 189-196.

8. For further information on implementing time pacing, refer to Kathleen M. Eisenhardt and Shona L. Brown, "Time Pacing: Competing in Markets That Don't Stand Still," Harvard Business Review (forthcoming).

第 7 章

1. "American Retailing: Back to the Future," Economist, 9 October 1993.

2. Kevin Kelly, "The Big Store May Be on a Big Roll," Business Week, 30 August 1993.

3. Carol J. Loomis, "Dinosaurs?" Fortune, 3 May 1993.

4. Patricia Sellers, "Sears: In with the New … Out with the Old," Fortune, 16 October 1995.

5. Patricia Sellers, "Sears: The Turnaround Is Ending, the Revolution Has Begun," Fortune, 28 April 1997.

6. 这个实验在凯文·凯利的书《失控》（阅读，MA: Addison-Wesley，1994）第 57-68 页中有描述。我们关于培育生态系统的想法是建立在凯文·凯利所讨论的案例以及 J. A. Drake 和 Stuart Pimm 的研究基础之上的。

7. We relied heavily on several cases prepared by Dorothy Leonard-Barton and George Thill, "Hewlett-Packard: Singapore (A), (B),

(C)，" Cases 9-694-035, -036, and -037 (Boston: Harvard Business School, 1993).

8. 本块内容的编写来源于我们自己的学术研究和 Stuart Kauffman 的研究工作。

第 8 章

1. Alfred D. Chandler, Strategy and Structure (Cambridge: MIT Press, 1962).

2. The work of D. Charles Galunic was particularly helpful throughout this chapter.

3. Stuart Kauffman's At Home in the Universe was particularly helpful in our thinking about the importance of patch size.

4. Charles Krauthammer, "Make It Snappy," Time, 21 July 1997, was the source for some of the ideas about sound bites.

5. Rahul Jacob, " Nokia Fumbles, But Don't Count It Out, " Fortune, 19 February 1996.

REFERENCE　参考文献

（扫码获取内容）